河北金融学院学术著作出版基金资助项目

Research on Bank Debt Governance
and Resilience of Private Listed
COMPANIES

银行债权治理与民营上市公司韧性研究

程京京　◎著

中国财经出版传媒集团
经济科学出版社
Economic Science Press
·北京·

图书在版编目（CIP）数据

银行债权治理与民营上市公司韧性研究／程京京著.
--北京：经济科学出版社，2024.5
ISBN 978-7-5218-5834-1

Ⅰ.①银… Ⅱ.①程… Ⅲ.①商业银行-债权-研究
②民营企业-上市公司-研究-中国 Ⅳ.①F830.33
②F279.245

中国国家版本馆 CIP 数据核字（2024）第 087972 号

责任编辑：宋艳波
责任校对：王苗苗
责任印制：邱　天

银行债权治理与民营上市公司韧性研究
YINHANG ZHAIQUAN ZHILI YU MINYING SHANGSHI GONGSI RENXING YANJIU
程京京　著
经济科学出版社出版、发行　新华书店经销
社址：北京市海淀区阜成路甲 28 号　邮编：100142
总编部电话：010-88191217　发行部电话：010-88191522
网址：www.esp.com.cn
电子邮箱：esp@esp.com.cn
天猫网店：经济科学出版社旗舰店
网址：http://jjkxcbs.tmall.com
固安华明印业有限公司印装
710×1000　16 开　15 印张　235000 字
2024 年 5 月第 1 版　2024 年 5 月第 1 次印刷
ISBN 978-7-5218-5834-1　定价：78.00 元
（图书出现印装问题，本社负责调换。电话：010-88191545）
（版权所有　侵权必究　打击盗版　举报热线：010-88191661
QQ：2242791300　营销中心电话：010-88191537
电子邮箱：dbts@esp.com.cn）

　　民营经济在我国经济发展中具有重要地位和作用，然而受制度性等环境因素制约，相比于国有企业，民营企业不仅具有生存时间短、退出率高的特征，而且还具有规模小、抗风险能力弱、脆弱性强等特点。近年来，随着国际经济环境变幻莫测，国内供给侧结构性改革深入推进，民营企业生存压力加大，一些突发的意外风险事件更是考验着民营企业的生存能力。组织韧性是关注如何使企业更好生存下来的研究，生态学、安全学、工程学、心理学、战略管理学等学科都对组织韧性进行了探讨，这些研究丰富了我们对组织韧性的理解，然而由于不同学科特有的理论基础使得组织韧性松散地包含着一系列企业现象，没有统一的理论范式以及相互关联的概念界定等，并且现有文献缺乏实证研究。为此，如何界定与衡量民营企业韧性，以及如何提升韧性以帮助企业抵御风险和适应关键发展态势从而实现高质量发展是业界与学术界亟须破解的重要问题。民营企业韧性建设面临着诸多资源"瓶颈"，最为突出的莫过于融资约束问题。在债务融资上，民营企业不仅面临着融资难、融资贵的问题，而且民营企业债务质量相对较差、违约率相对较高的事实也对银行债权治理提出一定程度的挑战。为更好地服务实体经济，银行债权人与民营企业如何构建中长期银企关系来支持民营企业韧性建设具有重要的研究价值。为此，本书基于债务契约在时间维度上的不同阶段，通过研究银行债权治理对民营企业韧性的影响，探讨提升民营企业韧性的金融服务措施。

本书的主要研究内容为构建民营企业韧性内涵，并从银行债权契约的不同阶段探讨银行债权治理对民营企业韧性的影响。具体为：首先，界定与评价民营企业韧性内涵。借鉴组织韧性的研究成果，对民营企业韧性内涵分别从韧性过程、韧性能力和韧性结果三个维度进行界定，并分别设计民营企业韧性过程、韧性能力和韧性结果的衡量指标。其次，开展银行债权治理对民营企业韧性影响的机理分析。依据债权契约治理理论，分别从契约事前、事中、事后探讨银行债权对民营企业韧性的影响机制。最后，评价银行债权治理对民营企业韧性的影响效果。对于契约事前，评价韧性过程不同阶段中银行债权对民营企业的授信筛选；对于契约事中，分析银行债权监督治理对民营企业韧性结果的影响；对于契约事后，分析银行相机治理对民营企业韧性能力的影响。同时，围绕民营企业内部经营管理探讨银行债权治理对民营企业韧性的作用机制，以及基于宏观外部环境演变与民营企业异质性，探讨银行债权治理对民营企业韧性影响的适应效应和调节效应。

本书的主要结论如下。

第一，民营企业韧性内涵可以从不同维度进行界定和衡量。首先，民营企业韧性过程包括预期阶段、响应阶段和适应阶段，可以通过比较民营上市公司在两个相邻时期的业绩表现把其划分到不同的韧性过程阶段。其次，民营企业韧性结果可以从单次风险冲击中民营企业的稳定性和灵活性表现来进行反映，即可分别从企业股价的损失程度和股价的恢复时间来衡量。另外，民营企业韧性能力可以从企业的抵御能力、恢复能力、再组织能力以及创新能力四个维度来综合衡量。综合来看，民营企业韧性过程、韧性结果和韧性能力具有相互交织、相互影响的关系，这三个维度能更好地构建立体式民营企业韧性综合概念，使民营企业韧性内涵更具科学性和丰富性。

第二，在契约事前，对于民营企业韧性过程而言，不同韧性过程阶段银行债权对民营企业的授信筛选具有显著性差异。具体而言，银行对适应阶段企业授信最多，且价格最低，预期阶段企业次之，响应阶段企业最差。为探究金融发展对民营企业韧性过程不同阶段的银行授信筛选影响，研究发现适应阶段和预期阶段企业的银行信贷筛选会随着金融发展水平的提高而更加宽松，而响应阶段企业的银行信贷筛选变动不明确。

第三，当民营企业处于韧性过程不同阶段和不同金融发展水平时，银行授信筛选受企业外部环境的影响。就政府干预强度而言，研究发现对于金融发展水平低的地方，政府干预强度上升有助于响应阶段民营企业银行授信规模的提升，而对于金融发展水平高的地方，政府干预强度的下降有助于预期阶段民营企业获得更多、成本更低的银行信贷。考虑金融科技因素后，研究发现对于金融发展水平高的地方，金融科技主要起到优化征信环境提高响应阶段的银行授信规模，并且有助于降低适应阶段的银行授信价格。而对于金融发展水平低的地方，金融科技主要起到对银行授信的替代效应，表现为对预期阶段民营企业银行授信规模起到一定的抑制作用。

第四，在契约事中，银行债权监督治理对民营上市公司韧性结果具有显著影响。由于民营企业韧性结果可以从稳定性和灵活性两方面来展示，因此，银行债权监督的影响可表现为多元综合效应。本书以 2015 年股市震荡冲击为背景，研究发现，银行债权监督与民营企业韧性结果的稳定性表现呈倒"U"型关系，即民营企业损失程度随着银行监督强度增加而增加，到达极值点后，又随着银行监督强度的增加而减小。并且，银行债权监督强度会削减民营企业韧性结果的灵活性表现，即随着银行信贷规模的扩大、短期借款比例的增大，会削弱民营企业股价从冲击中恢复过来的概率。

第五，银行债权监督治理对民营企业韧性结果的影响受民营企业特质影响。对于企业战略而言，企业战略差异程度越低，银行债权监督对民营企业韧性结果的稳定性和灵活性抑制作用越强；对于企业知识库存水平而言，企业知识库存水平越低，银行债权监督对民营企业韧性结果的稳定性和灵活性抑制作用越强；对于企业拥有的社会资源水平而言，企业社会资本越弱，银行债权监督对民营企业韧性结果的稳定性和灵活性抑制作用越强。

第六，在契约事后，银行相机治理对民营企业韧性能力产生显著的负面影响，并且银行债权相机治理主要通过提高企业管理水平和降低企业财务政策的激进程度两个渠道来降低民营企业韧性能力。

第七，银行债权相机治理对民营企业韧性能力的影响受外部环境变动和债权人保护的影响。对于宏观经济波动而言，当经济处于上行期间，银行相机治理会显著抑制民营企业的韧性能力，但当经济处于下行期间，前者对后者的影响不显著；对于经济政策不确定性而言，经济政策不确定性水平较低时，银行相机治理对民营企业韧性能力的抑制作用更大；对于契约制度水平的影响而言，契约制度水平较高的地区银行相机治理对民营企业韧性能力的抑制作用更大。

最后，根据研究结论，针对银行债权治理提升民营企业韧性给出了相应的对策建议：继续推进支持民营企业改革发展的政策落实，为民营企业营造宽松的营商环境，增强民营企业韧性；为进一步发挥银行债权人的治理作用和提升民营企业韧性，政府可以进一步完善相关法律，允许银行开展多元化的治理手段；政府对于银行信贷资源配置应制定差异化的干预政策，提升民营企业韧性建设水平；提高金融发展水平，积极发展金融科技；银行业要坚持构建中长期银企关系理念，增强对民营企业韧性的服务水平；民营企业应加强战略建设，提升知识库存水平，扩充社会资源，增强自身韧性。总之，民营企业、银行、金融监管部门、政府都应齐心协力，相互配合，做好民营企业韧性建设的金融服务工作。

在本书成稿之际，我衷心感谢所有给予支持与帮助的同仁们。感谢我的导师杨宜教授和蒋先玲教授，她们在学术上给予我宝贵的指导，更是我成长道路上的引路人。感谢薛熠老师、刘园老师、门明老师、吴青老师、程翔老师等，他们对本研究的完善提出了宝贵的修改意见。感谢冯琦雅老师以及我的硕士生李松雨、王振宇、杨召文、张瀚文等同学，他们在校对工作中提供了有益的帮助。感恩我的父母与爱人，他们无私的奉献与支持是我不断前行的动力。感谢我的孩子，他们带来的欢乐与幸福是我生活中最宝贵的财富。

程京京

2023 年 12 月 27 日

目录
Contents

第一章
Chapter 01

引　言

选题背景

党的十五大把"公有制为主体、多种所有制经济共同发展"确立为我国的一项基本经济制度，并强调非公有制经济是我国社会主义市场经济的重要组成部分。之后，党的多次会议强调民营经济在我国经济发展中具有重要地位和作用。例如，党的十九大把"两个毫不动摇"写入新时代坚持和发展中国特色社会主义的基本方略。党的二十大再次重申坚持"两个毫不动摇"，为民营企业指引了方向，也为民营经济继续坚定信心、高质量发展提供了动力。《中华人民共和国国民经济和社会发展第十四个五年规划和2035年远景目标纲要》提出要优化民营企业发展环境，健全支持民营企业发展的法治环境、政策环境和市场环境，创新金融支持民营企业政策工具，健全融资征信体系；促进民营企业高质量发展，鼓励民营企业改革创新，提升经营能力和管理水平。习近平总书记也在不同场合频繁力挺民营企业，他指出民营企业对我国经济发展贡献很大，前途不可限量。①

① 民营经济走向更加广阔的舞台［EB/OL］.（2023 - 08 - 16）［2022 - 06 - 14］. https：//www. gov. cn/xinwen/2022 - 06/14/content_5695544. htm.

改革开放 40 多年来，民营经济发展呈现出由小变大、由弱变强的趋势，对稳定增长、增加就业、改进民生等方面起到了重要作用。2012 ~ 2021 年 10 年间，我国民营企业数量从 1085.7 万户增长到 4457.5 万户，翻了两番，民营企业数量占比由 79.4% 提高到 92.1%。在国家税收上，民营企业贡献了 50% 以上份额；在国内生产总值上，民营企业占比达到了 60% 以上；在国家技术创新和新产品开发上，民营企业也贡献了 70% 以上的份额；民营企业为我国提供了 80% 以上的城镇劳动就业岗位，此外，民营企业对我国新增就业贡献率也超过 90%。① 这些"五六七八九"经济贡献成就的取得进一步印证了民营企业已成为我国社会主义市场经济的重要组成部分，成为我国经济社会发展的重要基础。民营企业是社会主义市场经济体制中极具经济活力的微观主体。

相对国有企业来说，民营企业经营更为健康。根据万德数据库统计显示，2001 ~ 2019 年，私营工业企业的年末亏损单位比例均远远小于国有规模以上工业企业。例如，截至 2019 年末，全国规模以上私营工业企业亏损比例为 14%，远低于 24% 的国有及国有控股工业企业亏损比例。此外，2022 年中国新经济企业 500 强中，民营企业数量占比为 81.4%，国有企业数量占比为 18.6%，民营企业持续占据新经济高地。②

虽然从经营表现来看民营企业经营更具活力，但是民营企业因经营环境受制度性等多重因素制约，难以获得公平的竞争地位，削弱了其竞争力。万德数据库统计显示，2019 年规模以上私营工业企业营业成本率远高于规模以上国有工业企业，前者营业成本率为 86.08%，后者为 82.07%。对于企业的融资支持而言，由于我国典型的二元经济结构，相对于国有企业，民营企业融资难问题更为突出。根据《中国货币政策执行报告》，截至 2018 年末，民营企业贷款余额为 42.9 万亿元，而国有企业贷款余额为 47.7 万亿元，后者比前者贷款余额还要高 11.2%。尽管到 2019 年末民营企业贷款增加了 3.8 万亿元，然而其增量在企业贷款中占比仅为 42.5%。可见，民营企业用较少的银行信贷资源实现了民营企业前述的"五六七八九"

---

① 资料来源：国家市场监督管理总局。
② "2022 中国新经济企业 500 强发布会"发布。

的经济贡献特征。这可能是由于我国国有控股银行在信贷供给市场上发挥了重要作用，受行政干预等因素影响，这会加剧民营企业的信贷歧视问题。

除了融资难的问题，民营企业还面临融资贵的问题。在信贷融资中，由于民营企业信用资质较低，银行对民营企业一般有较高的担保抵押要求，并且企业还需要承担房地产土地抵押登记费、抵押物评估费等其他费用，导致民营企业的实际贷款利率会更高，加上贷款手续复杂、耗时长，民营企业不仅不一定能获得贷款，而且还可能错过宝贵的商机，这些会进一步加剧民营企业的信贷歧视问题。

此外，受经济下行压力加大、国内外环境复杂多变等因素影响，民营企业除了有融资难、融资贵的问题外，民营企业债务违约问题也相对比较突出。由于民营企业处于资金链末端，聚集了众多的落后产能，在供给侧结构性改革推进中，民营企业的抗风险能力弱，容易发生更多的债务违约事件。基于锐思数据库统计分析，2017年有5家民营上市公司有银行欠款纠纷案件，2018年存在银行欠款纠纷的民营上市公司达到19家，占当年债务违约上市公司数量的76%，到2019年有35家民营上市公司存在银行债务纠纷案件，占同期违约上市公司数量的85%。2022年，中国境内共有12家民营企业发生债券违约，涉券规模达271亿元，其中不乏上市公司。①这些债务违约事件反映出民营企业在融资方面的困境。在市场竞争激烈、资金成本不断上升的环境下，民营企业往往需要承受更高的融资成本，同时面临更大的债务风险。可见，在债务融资上，民营企业不仅面临着融资难、融资贵的问题，而且其债务质量差、违约率相对较高的事实也对银行债务治理提出了一定程度的挑战。

面对民营企业融资难题，党中央多次强调要综合运用多种手段来解决这个难题。例如，要充分运用市场和政府手段，优先解决民营企业尤其是中小民营企业融资难、融资贵的问题；金融体系要发挥金融机制的积极性，改革和完善金融监管考核和内部激励制度，解决金融机构不敢贷、不

① 李思琪.2022年债券市场违约回顾及2023年展望[EB/OL].（2023-08-16）[2023-02-01].https://www.udfspace.com/article/5305467921364912.html.

愿贷的问题；扩大金融市场准入，建立多元化的融资手段，拓宽民营企业融资途径；建立民营企业救助机制；等等。就具体政策而言，2019 年 2 月中共中央办公厅和国务院办公厅联合出台《关于加强金融服务民营企业的若干意见》，文件强调应着力提升对民营企业金融服务的针对性和有效性，并且鼓励银行与民营企业构建中长期银企关系。同年 12 月，中共中央、国务院又联合出台了《关于营造更好发展环境支持民营企业改革发展的意见》（以下简称《意见》），该政策文件是首个支持民企改革发展的中央文件，为了进一步激发民营企业的活力和创造力，继续优化公平竞争的市场环境、完善精准有效的政策环境、健全平等保护的法治环境，倡导健全银行业金融机构服务民营企业体系，建立清理和防止拖欠账款的长效机制，《意见》还提出鼓励有条件的民营企业加快建立现代企业制度，完善内部激励约束机制，支持民营企业加强创新，鼓励民营企业转型升级优化重组。此外，《中华人民共和国国民经济和社会发展第十四个五年规划和 2035 年远景目标纲要》提出创新金融支持民营企业政策工具，完善融资增信体系，使民营企业综合融资成本不断降低。

虽然国家不断出台相关政策为民营企业发展提供更有利的政策支持条件，但是，近年来在国内外经济环境不确定因素增多的情形下，民营企业备受生存问题考验。从外部环境来看，在全球范围内，经济增长乏力、贸易保护主义和单边主义盛行，这些因素都导致了全球贸易形势的不确定性增加，对民营企业的国际贸易和外向型经济发展造成了困扰。具体而言，在当前全球经济环境下，许多国家实施了提高关税、限制外资进入、限制跨境数据流动等政策，这不仅会影响民营企业的出口业务，还可能影响其在海外市场的扩张，使其难以获得更广阔的发展空间。而中美贸易摩擦持续发酵升级，中国民营企业"走出去"受到了极大的负面影响，尤其是对于出口到美国的民营企业，受到的影响更加显著。

尽管民营企业在我国经济中的地位不断提高，但是内部环境变迁依然使其面临较大的挑战。内部环境对民营企业的影响主要表现在我国经济复苏的基础尚不牢固、经济转型阵痛凸显、周期性和结构性问题叠加、民营企业发展环境不够友好等方面。这些问题给民营企业的生存和发展带来了很大的压力。首先，我国经济转型升级的过程中，民营企业面临着更大的挑战。近年来,我国经济增长动能逐渐从传统制造业向服务业和高技术制造业转变。这意味着民营企业需要不断提高技术含量和创新能力,适应多变的市场需求。然而,由于创新支持的外部环境和内部条件不足,民营企业科技创新能力相对较弱,很多企业依赖于传统的制造业和低端的劳动密集型产业。同时,由于技术含量较低,民营企业的产品质量和附加值相对较低,难以获得高额利润。其次,经济周期性波动和结构性问题也对民营企业的生存和发展造成了很大的冲击。由于之前的投资过度和盲目扩张,一些产业已经出现产能过剩的情况。这导致了市场萎缩和企业间的激烈竞争,许多企业难以生存。此外,环保治理、土地政策等因素也影响了一些行业的发展。例如,2017 年,中国政府推动钢铁煤炭行业化解过剩产能,民营钢铁煤炭企业运营风险进一步增加。最后,民营企业在融资、市场准入、政策支持等方面仍然面临着较大的难题,导致发展环境不够友好。由于金融机构对民营企业的融资风险较大,许多企业难以获得银行贷款。此外,一些民营企业在市场准入方面也受到了限制。政府的政策支持不足,许多政策更多偏向于国有企业和外资企业。这些因素都限制了民营企业的发展空间和生存能力。

企业的长期生存对经济增长、社会就业有着至关重要的作用,然而我国民营企业不仅普遍面临生存时间短、退出率高的困境,而且相比于国有企业,民营企业具有规模相对小、抗风险能力弱的特点,突发的意外风险更是考验着民营企业的生存能力。以新冠疫情对企业的冲击为例,根据国海证券 2020 年 2 月调研数据统计显示,在疫情冲击对企业收入的影响上,80% 的企业收入会受到一定程度的冲击,超过 75% 的企业反映企业现金流会受到一定程度的压力。尽管企业现金流压力主要来源于经营性问题,然而也有约一成企业认为是由于银行的抽贷和贷款难以展期造成的。在企业维持时间上,超过 60% 的小微企业和约一半左右的建筑、服务业企业称企业现金流难以撑过 3 个月。可见,在风险冲击面前,民营小微企业显得尤其脆弱。

面对外部冲击,民营企业尤其是民营小微企业如何生存下来引起人们对企业韧性的关注。韧性最早源于拉丁词"resilio",也称为弹性、恢复力、抗逆力等,其本意为恢复到原始状态,用以描述经济系统、企业组织等各类主体面对外界风险、扰动时所具有的抗压、恢复和持续发展能力。萨芭蒂诺（Sabatino，2016）认为危机和经济衰退来临时，不具有韧性的企业表现最明显的迹象是企业倒闭、财务困难、失业增加等。梅耶（Meyer，1982）认为组织韧性是企业通过其能力和行为能够对企业财务危机进行成功的预测、处理和恢复。韧性可以帮助企业抵御以及适应环境变化，进而延长他们的生存时长。然而，对于组织韧性如何衡量以及如何提升，目前学术界都在尝试进行不同角度的探讨。生态学视角认为组织韧性是一种动态的组织属性，它整合了组织的适应和变革过程，具有长期性和系统性（Clement et al.，2017）。安全可靠性视角认为组织可以追求韧性，但是不可能完全实现韧性，组织韧性可以通过危机管理和业务持续管理来提高（Herbane，2013）。工程学视角认为组织韧性应聚焦于系统功能的设计和效能，强调系统在均衡附近运行（Dekker et al.，2008）。心理学和组织发展视角认为组织应该通过培训和人力资源开发来提高个人与团队的韧性，进而提升组织韧性（Lengnick-Hall et al.，2011）。战略视角认为组织为了适应环境变化实现韧性需要作出有利于实现组织竞争力的战略决策（Molina-Azorń，2014）。虽然多个学科都对组织韧性进行了探讨，但是由于每个学科特有的理论体系，造成对企业组织韧性的不同理解，以及产生不同的衡量标准，这也造成企业组织韧性概念松散地包含着一系列不同的企业现象。尽管这些研究丰富了我们对企业韧性的理解，但却没有统一的理论范式以及相互关联的概念等，并且现有文献缺乏实证研究。为此，如何界定与衡量民营企业韧性，以及如何提升民营企业韧性以帮助企业抵御风险和挑战，从而实现高质量发展是业界和学术界亟须破解的重要问题。

民营企业在建设自身韧性时面临着诸多制约与"瓶颈"，最为突出的问题莫过于融资约束问题。国内外众多研究成果表明，外部融资是影响民营企业发展的重要因素，尤其在转型经济中，外部融资的作用更为关键。然而，现有研究鲜有探究外部融资尤其是银行信贷融资与民营企业韧性的关系。

为更好地服务实体经济，对银行信贷而言，在民营企业运营不稳健、转型升级信心不足的情况下，银行债权人与民营企业如何构建中长期银企关系？尤其是银行债权人通过何种机理参与企业治理以影响民营企业韧性，这些都应纳入学术界关注的范畴。因此，银行债权治理与民营企业韧性的关系具有重要的研究价值。

第二节
研究意义

一、理论意义

在理论上，本书聚焦于银行债权治理对民营企业韧性的影响研究，构建银行债权治理与民营企业韧性建设的理论体系。

首先，首次界定民营企业韧性不同维度的内涵，为衡量民营企业韧性奠定一定的理论基础。本书分析了生态学、安全学、工程学、心理学、战略管理学等学科视角的组织韧性研究成果，集成韧性学科的共同属性，认为企业组织韧性即为企业韧性，形成企业韧性伞形概念，即分别对民营企业韧性过程、韧性结果和韧性能力3个维度的内涵进行界定。就民营企业韧性过程而言，其应包含3个连续阶段，即预期阶段、响应阶段和适应阶段。预期阶段主要指不利情况或危机发生前的一段时间，在此阶段民营企业需要积极主动地预测潜在威胁、有效应对潜在意外事件，并从这些事件中学习以提升企业的潜在韧性；响应阶段主要指由于未来意外事件的不可完全预测性，企业还需有效地应对突发的意外状况；适应阶段主要指意外事件发生之后的阶段，它不仅指企业功能的恢复，更强调企业创新能力的发展。创新作为企业韧性动态能力的重要组成部分，能够使企业主动地适应新的环境。就民营企业韧性结果而言，其可以表达为民营企业应对冲击时所表现的稳定性和从冲击中恢复过来的灵活性。富有韧性的民营企业在面对一般性冲击时会显示出较强的稳定性和灵活性，并且相对其他所有制企业而言，民营企业韧性结果表现会有所不同。就民营企业韧性能力而言，其是指民营企业动态发展的综合能力，它应包括抵御能力、恢复能力、再组织能力以及创新能力4个维度的能力。具体而言，抵御能力主要指企业吸收风险的能力，面对外部意外冲击时，民营企业能够维持自身基本结构和功能保持不变的能力；恢复能力指面对风险冲击时，民营企业在不改变自身内部结构和功能的前提下，依靠自身能力恢复到冲击之前的水平；再组织能力指民营企业为积极适应和转型发展而重构企业内部结构与功能的能力，即企业为了适应变化进而调整组织结构实现企业长期稳定发展；创新能力指民营企业为适应变化实施新的发展模式和路径而更新原有内部结构的能力，民营企业通过识别危机中的发展机遇，以涅槃重生式创新实现更高层次的发展。在此基础上，运用生存分析法、主成分分析法等构建不同维度的韧性衡量指标。

其次，基于契约理论从契约前、契约中和契约后探讨不同契约阶段银行债权治理对民营企业韧性的影响，在补充现有银行债权治理理论的基础上，为提升民营企业韧性研究奠定一定的理论基础。具体而言，就契约前在民营企业韧性过程不同阶段下企业的银行授信筛选而言，现有研究常围绕公司资本结构与投融资行为的关系开展研究，缺乏从企业发展的动态视角考察契约签订前债权人的权益保护机制，难以解释银行债权人的贷前授信筛选对动态民营企业韧性过程的适应性，为此本书在构建民营企业韧性过程哑变量的基础上，采用固定效应面板模型分析银行授信筛选对民营企业韧性过程的适应。就契约中银行债权监督治理对民营企业韧性结果的影响而言，现有文献研究银行债权与企业投融资行为的关系时常忽略环境的波动性，缺乏从危机冲击背景下考察契约中债权人的权益保护机制对民营企业韧性结果的影响。本书在构建民营企业韧性结果变量的基础上，以2015年股市冲击为背景，采用生存分析法等分析银行债权人监督对民营企业韧性结果的灵活性和稳定性的多元综合效应，进而对现有理论进行拓展和补充。就契约后银行相机治理对民营企业韧性能力的影响而言，由于债务违约涉及企业控制权的相机转移以及银行债权人的相机治理，现有研究常围绕银行相机治理对企业投融资行为的影响开展研究，缺乏从债权人相机治理机制对民营企业韧性能力影响的研究，加上民营企业的韧性能力对于企业可持续发展具有重要影响，为此本书基于民营企业韧性能力理论和指标构建基础上，以民营上市公司债务违约为背景，采用倾向值匹配和双重差分模型检验民营企业韧性能力受银行相机治理的影响，拓展现有研究。综合而言，本书在时间维度延展不同契约阶段银行债权治理的同时，审视银行债权治理对民营企业韧性不同维度概念的影响。

二、实践意义

首先，有助于优化银行债权支持民营企业韧性的路径。通过银行债权治理与民营企业韧性的关系探讨，本书以银行债权阶段化治理、增强民营企业韧性为突破口，从宏观、中观、微观多层面分别提出对策建议，有助于在维护银行债权权益的前提下，为银行债权更好地服务民营企业改革发展提供新的思路，具有较强的应用价值。具体来说，将银行债权治理分为契约前、契约中和契约后3个阶段，针对每个阶段采取不同的措施，以更好地支持民营企业的韧性。在契约前阶段，银行可以通过加强民营企业的信用评估和风险管理，筛选出具有韧性的企业进行授信。在契约中阶段，银行可以加强债权监督和治理，帮助民营企业克服外部冲击和市场波动带来的财务压力。在契约后阶段，银行可以采取更灵活的措施，如展期和重组等，帮助企业渡过难关并提升其韧性。

其次，有助于政府帮助银行等金融机构提升民营企业韧性。具体而言，就政府干预而言，本书研究发现对于金融发展水平低的地方，政府加大干预能够促进银行对响应阶段民营企业的信贷支持，而对于金融发展水平高的地方而言，政府干预强度减弱会促进预期阶段民营企业获取更多价格优惠的银行授信。就支持发展金融科技而言，由于金融科技对于金融发展水平高的地区主要起到优化征信环境、提高响应阶段的银行授信规模和降低适应阶段的银行授信价格的作用，而对于金融发展水平低的地方其主要产生对银行授信的替代效应，表现为对预期阶段民营企业银行授信规模起到一定的抑制作用，为此，政府可以针对相应政策调适需求推动不同地区的金融科技发展。对于经济政策不确定性而言，由于经济政策不确定性水平较低时银行相机治理对民营企业韧性能力的抑制作用更大，政府可以根据目标调整相应政策空间。对于地区契约制度水平影响而言，相对于契约制度水平较低的地区，契约制度水平较高地区的银行相机治理对民营企业韧性能力的抑制作用更大。因此，为提升银行相机治理能力，政府可以完善相关法律法规等制度水平。

最后，有助于民营企业增强自身韧性。本书通过研究发现，银行信贷监督会通过影响民营企业的冗余资源进而影响企业韧性结果的稳定性和灵活性；民营企业战略差异程度越低，银行信贷对企业韧性结果稳定性和灵活性的抑制作用越强；民营企业知识库存越少，银行信贷对企业韧性结果稳定性和灵活性的抑制作用越强；民营企业社会资源水平越差，银行信贷对企业韧性结果稳定性和灵活性的抑制作用越强。为此，民营企业可以通过增加企业战略的集中化，提升企业的社会资源和知识库存，加强冗余资源管理，进而增强企业自身的韧性水平。此外，民营企业应加强与银行和政府的沟通与合作，积极推动数字化转型和创新发展，共同应对市场变化和风险挑战，提升自身韧性和市场竞争力。

第三节
研究内容、框架与方法

一、研究内容

本书具体研究内容安排如下。

第一章 引言。首先，阐述本书的选题背景与研究意义；其次，梳理各章的主要研究内容，并构建研究框架，在此基础上列述本书主要采用的研究方法；最后，基于本书内容提炼本书的主要创新之处。

第二章 文献综述。首先从不同学科视角围绕民营企业组织韧性进行多角度的文献梳理；其次围绕银行债权治理整理相关文献；再次围绕银行债权与民营企业韧性的互动关系进行多角度梳理；最后根据银行债权治理与民营企业韧性相关领域的研究进展，对已有文献研究中存在的空白与不足之处进行简要的述评。

第三章 理论基础与机理分析。首先，分析组织韧性内涵的理论基础，为民营企业韧性结果、韧性过程、韧性能力的内涵界定与评价提供理论指导。其次，归纳银行债权治理的相关理论基础，为后面的银行债权治理评价奠定理论基础。最后，根据债权治理的阶段性，分别从契约前、契约中、契约后探讨银行债权治理对民营企业韧性的影响机理。

第四章　民营企业韧性内涵与衡量。首先，针对民营企业自身特殊治理结构、脆弱性与动态演化特点，借鉴组织韧性的研究成果，将民营企业韧性的内涵从韧性结果、韧性过程和韧性能力等维度分别进行界定。其次，在民营企业韧性内涵界定的基础上，参考相关文献设计民营企业韧性结果、韧性过程和韧性能力的评价指标。对于民营企业韧性结果内涵，从冲击中企业的稳定性和灵活性两个属性的表现来反映韧性结果。对于民营企业韧性过程内涵，依据公司业绩指标，借鉴企业生命周期阶段划分方法，构建民营企业韧性过程的不同阶段。对于民营企业韧性能力内涵，从企业的抵御能力、恢复能力、再组织能力以及创新能力等四个方面，采用主成分分析构建民营企业韧性能力综合指数。

第五章　契约前：韧性过程对民营企业银行授信筛选的影响。根据民营企业韧性过程划分出来的不同阶段，实证分析银行债权授信筛选受民营企业韧性过程的影响，同时分析金融发展水平对银行债权筛选的调节作用。在上述分析基础上，分别分析政府干预、金融科技对不同金融发展水平地区民营企业的银行债权筛选治理的异质性影响。

第六章　契约中：银行债权监督对民营企业韧性结果的影响。根据民营企业韧性结果评价指标，分别采用最小二乘法回归模型和生存分析法分析银行债权监督治理对民营企业韧性结果的稳定性表现与灵活性表现的影响效果，同时构建包含交乘项的实证模型，对银行债权监督影响民营企业韧性结果的冗余资源路径进行分析。在此基础上，根据民营企业在战略、社会资本以及知识资本上的异质性，分析银行债权监督对民营企业韧性结果影响的异质性。

第七章　契约后：银行相机治理对民营企业韧性能力的影响。在民营企业韧性能力指数构建的基础上，以企业债务违约诉讼为契机，使用倾向值匹配（PSM）和双重差分模型（DID）分析银行相机治理对民营企业韧性能力的影响，同时采取中介效应模型检验银行相机治理对民营企业韧性能力的作用机制，与此同时探讨银行债权治理强度受债权人在不同宏观经济环境方面预期的影响。本书拟在上述实证分析的基础上，探讨现有银行债权治理对民营企业韧性建设的能动性和适应性，以及存在的问题，为政策支持体系研究提供实证依据。

第八章 研究结论与政策建议。本书在上述理论分析和实证分析的基础上，拟通过系统研究和归纳研究，探索银行债权治理支持民营企业韧性发展的总体思路和创新路径，在基于大数据构建民营企业融资增信网络、构建中长期银企关系方案、完善相关政策体系等方面给出具体对策、措施和方案。

二、研究框架

本书致力于回答在产业结构调整、外部环境不确定冲击引发资源约束，使原本生命周期短、失败率高的民营企业脆弱性暴露得更加明显的背景下，如何构建中长期银企关系，提升民营企业韧性。具体研究思路如图 1-1 所示。

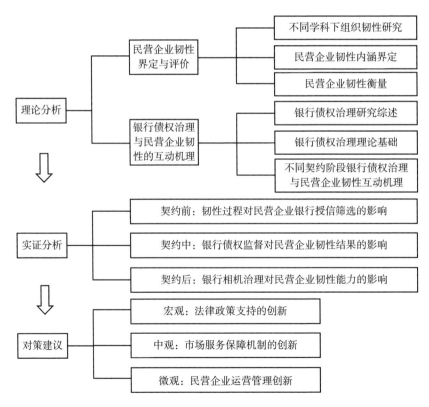

图 1-1 银行债权治理与民营企业韧性的研究框架

三、研究方法

本书所采用的研究方法如下。

一是文献研究法。文献研究法是指通过查阅、梳理和分析相关的书籍、期刊、论文、报告等文献资料，获取有关研究对象、研究问题的相关信息和资料，进而开展研究工作的一种方法，可以为研究者提供丰富、全面、深入的研究资料，对于研究问题的定位、研究假设的提出、研究框架的构建等方面具有重要的作用。本书梳理了组织韧性、债权治理、银行债权治理对民营企业韧性影响等相关领域的研究焦点，并对现有研究成果进行文献述评。通过相关文献的研究，归纳总结了组织韧性在不同学科视角下的内涵、影响因素等，多角度、深层次分析民营企业韧性。同时，本书还系统梳理了银行债权治理的利益相关者理论、不完全契约理论、委托代理理论、信息传递理论等，从银行债权治理手段、与公司内外部治理的协同、与企业投融资行为与能力的关系深刻认识银行债权参与公司治理的机制。

二是比较研究法。比较研究法是一种常见的社会科学研究方法，它的核心思想是通过对两个或多个现象、事件、社会组织、文化等进行系统的对比和分析，来找出它们之间的异同点、联系和发展规律。本书从生态学、安全学、工程学、心理学和战略管理学等学科视角对企业组织韧性研究进行对比分析，归纳总结出民营企业的韧性过程、韧性结果和韧性能力内涵，并分别进行衡量。此外，本书还对比分析了在不同外部宏观环境、企业微观环境的影响下，不同契约阶段银行债权治理的异质性效果。

三是机理分析法。机理分析法的主要目的是揭示事物内部的本质和原理，其通过剖析事物的内在结构和机制，探究事物发生、演化和变化的规律与原因，以此来解释和预测事物的行为与现象。机理分析法在自然科学、社会科学等领域都有广泛的应用，尤其是在探究复杂现象和问题的机理方面更为重要。在具体应用中，机理分析法可以分为定性和定量两种方法。定性机理分析法主要是通过理论分析、逻辑推理和实证研究等手段，构建事物的机理模型，从而深入剖析事物的本质和机制。定量机理分析法则是通过建立数学模型，应用数理方法对各种变量之间的关系进行量化分析，以此来推断事物内在机理的模型和规律。本书对银行债权治理与民营企业韧性间的互动关系进行梳理，在此基础上，基于契约理论分别从契约前、契约中、契约后分析银行在不同契约阶段的特色治理对民营企业韧性的影响机制，并根据数据特征采用不同的实证研究方法验证契约不同阶段银行债权治理与不同维度民营企业韧性间的互动关系。

四是归纳分析法。归纳分析法通过对已知的具体事实与现象进行分析和总结，从而得出一般性规律、概念和理论的方法。简单来说，就是通过对具体实例的观察和归纳，得出一般规律和结论。本书在理论分析与研究假设、研究结论等部分运用了该方法，归纳银行债权治理对民营企业韧性的影响效应及作用机制，进而从宏观、中观、微观等层次提出对策建议。

五是实证研究法。实证研究法是指利用实证数据和科学方法进行分析和解释现象的一种研究方法。它着重于观察和测量，通过收集和分析大量的数据来检验或验证某种理论或假设的有效性。实证研究法的运用广泛，常用于社会科学、经济学、心理学、医学等领域。例如，在经济学领域，研究者可以通过实证研究法来验证一种政策对经济增长的影响。本书将运用实证分析法探究不同契约阶段银行债权治理对民营企业韧性的适应性效果和影响效果，实证分析与理论分析相互印证，使研究结果更具有可信力。具体运用到的实证方法如下。

（1）主成分分析。主成分分析用于分析多个变量之间的关系，降低变量的维度，寻找变量之间的潜在结构。它的基本思想是将原来的一组相关变量，通过线性组合转换为若干个互不相关的新变量，这些新变量称为主成分，其中第一主成分尽可能解释原数据中的方差最大，第二主成分解释原数据中的方差次大，以此类推。主成分分析是通过对原始数据的变量进行降维，以减少变量的数量，简化模型，使数据更容易解释和理解。在经济学中，主成分分析被用于解释经济数据中的变异性和建立经济指数。主成分分析的优点是可以减少变量的数量，简化模型，同时可以消除变量之间的相关性，降低多重共线性的影响。本书从企业动态能力角度出发，通过主成分分析方法构建了民营企业韧性能力综合指标。在指标构成上，将企业韧性能力分为抵御能力、恢复能力、再组织能力和创新能力4个维度，从不同角度评价企业的韧性能力。抵御能力方面，本书采用了资产负债率、流动比率、速动比率等指标，能够反映企业应对外部风险和挑战的能力。恢复能力方面，本书选择了主营业务利润率、毛利率等指标，能够反映企业在遭受损失后的恢复能力。再组织能力方面，本书采用了净利润增长率、销售收入增长率等指标，能够反映企业在重新组织和调整后的表现。创新能力方面，本书选择了研发资金和研发人员投入状况等指标，能够反映企业的创新能力和技术实力。这种方法能够有效降低指标的数量，更好地反映企业的韧性能力水平。通过综合分析抵御能力、恢复能力、再组织能力和创新能力等方面的指标，采用主成分分析法得出企业整体韧性能力的评价结果，为企业提供参考和指导。

（2）生存分析法。生存分析法是一种常用的统计分析方法，用于评估事件发生的概率和时间，特别是用于评估疾病、死亡和失业等事件的发生概率和时间。生存分析法最初是为医学研究设计的，用于评估患者在接受特定治疗后存活时间的概率。后来，生存分析法在其他领域也被广泛应用，如金融、营销和人力资源管理等领域。生存分析法的基本原理是利用生存函数、危险函数和累积危险函数等概念来描述时间到达某个事件的概率与时间的关系。生存分析法的优点在于它可以对事件发生的时间和概率进行直接估计，并且可以考虑到个体在时间轴上的变化和右侧截尾的问题。此外，生存分析法还可以考虑到个体之间的差异和协变量的影响，从而更加准确地估计事件的发生概率和时间。对于生存分析方法来说，常见的生存分析方法有 Kaplan-Meier 法、Cox 回归法等。Kaplan-Meier 法主要开展单因素分析，它能比较显而易见地看出不同分组之间的生存情况差异，并绘制生存函数图像对结果做显著性检验。为此，本书将通过这一方法分析银行债权监督单一因素对企业恢复的影响。然而，相对于 Kaplan-Meier 法，Cox 回归法能很好利用样本的完全数据和删失数据开展多因素分析，它的优点是不需要对生存函数的分布作出假设，使它得出的关于企业恢复时间的结果更加稳健，为此，本书选用这个模型分析控制其他变量后的银行债权监督对企业恢复的影响。

（3）倾向值匹配。倾向值匹配是一种处理观察性数据的方法，通常用于减少处理组和对照组之间潜在混杂因素的影响，以提高因果推断的可靠性。该方法基于协变量进行数据匹配,通过选择具有相似协变量分布的样本来实现匹配。具体而言,该方法先要确定需要匹配的处理组和对照组以及协变量,然后根据协变量的分布,估计处理组和对照组的倾向值,即根据协变量的值来预测个体是否属于处理组或对照组。接下来,根据倾向值对处理组和对照组进行匹配,并比较匹配后的处理组和对照组之间的差异,以评估处理效果。倾向值匹配方法的优点在于可以控制潜在混杂因素的影响,从而减少因混杂因素带来的偏差,并提高因果推断的可靠性。本书使用倾向值匹配方法为债务违约公司寻找匹配对象,并且匹配后协变量具有平行趋势,为后续研究做铺垫。

(4)双重差分模型。双重差分模型是一种经济学中常用的计量方法,用于评估政策或治疗等干预措施对实验组和对照组之间差异的影响。该方法的基本思想是将实验组和对照组的差异与时间的变化分离,以评估干预措施对实验组和对照组之间差异的影响。在应用双重差分模型时,一是需要确定实验组和对照组,并确定干预措施的实施时间点。二是需要收集实验组和对照组在实施干预措施前后的相关数据,如收入、就业率等。三是需要估计实验组和对照组在干预措施实施前的基线值差异,并对实验组和对照组的基线值进行差分,得到差异变量。四是需要估计干预措施实施后,实验组和对照组差异变量的变化,并对得到的差异变量进行差分,即得到双重差分效应。五是需要进行假设检验,检验双重差分效应是否显著。双重差分模型的优点在于可以控制实验组和对照组在干预措施实施前的差异,同时也可以控制时间趋势的影响,从而更准确地评估干预措施对实验组和对照组之间差异的影响。本书在使用倾向值匹配方法为债务违约公司寻找匹配对象的基础上,使用双重差分模型分析银行相机治理对民营企业韧性能力的影响,进而使研究结论更具说服力。

(5)中介效应模型。中介效应模型是一种采用中介变量的方法来检验自变量对因变量作用机制的方法。中介变量指的是自变量对因变量的影响通过中介变量产生的间接效应,该效应可以被解释为中介效应。中介效应模型的基本假设是,自变量可以通过中介变量对因变量产生间接效应,同时该间接效应可以通过控制中介变量来消除或降低自变量对因变量的直接效应。在研究中，通过对中介变量进行回归分析，可以估计自变量对中介变量的影响，然后再将中介变量加入自变量和因变量之间的回归模型，以估计自变量对因变量的总效应和中介效应的大小。中介效应模型的优点在于可以帮助研究人员更深入地理解变量之间的关系和机制，同时也可以提供有关变量之间关系的更精确的信息。此外，中介效应模型还可以帮助研究人员识别潜在的干预措施，从而改进因果关系的理解。本书通过实证检验发现债务违约后银行相机治理会显著降低民营企业韧性能力。为了探究银行相机治理究竟通过什么渠道降低企业韧性能力，本书采用中介效应模型研究分析发现，银行相机治理主要通过提高企业管理水平和降低企业财务政策的激进程度两个渠道降低民营企业韧性能力。

（6）调节效应模型。调节效应模型的主要用途是评估相关特征对自变量和因变量之间关系的调节作用。调节效应模型的核心思想是通过引入交互项来捕获特征变量与自变量之间的相互作用，并从中评估特征变量对自变量和因变量之间关系的调节作用。调节效应模型的基本步骤包括确定研究的自变量、因变量和特征变量，进行多元回归分析，将自变量、特征变量和交互项作为自变量。然后，解释交互项的系数以评估特征变量对自变量和因变量之间关系的调节作用，并进行假设检验来检验交互项系数是否显著。调节效应模型的优点在于，它可以更准确地评估特征变量对自变量和因变量之间关系的调节作用，从而更深入地了解这种关系的本质。研究发现处于韧性过程不同阶段的民营企业，银行授信筛选存在差异，考虑到政府干预和金融科技对上述两者的关系存在潜在影响，为此本书引入调节效应模型检验发现，政府干预和金融科技分别对两者的关系存在异质性影响。具体而言，对于金融发展水平低的地方，政府干预强度上升有助于响应阶段民营企业银行授信规模的提升，而金融科技主要起到对银行授信的替代效应，表现为对预期阶段民营企业银行授信规模起到一定的抑制作用。对于金融发展水平高的地方而言，政府干预强度的下降有助于预期阶段民营企业获得更多、成本更低的银行信贷，同时金融科技主要起到优化征信环境，提高响应阶段的银行授信规模，并且有助于降低适应阶段的银行授信价格。

（7）分组回归法。分组回归法用于处理不同组别之间存在异质性的数据。异质性指的是不同组别之间存在着不同的影响因素，这可能导致传统的回归模型无法准确地估计影响因素的效应。因此，分组回归法可以将数据根据一些特定的变量进行分组，然后在每个组别中独立地估计影响因素的效应。这种方法可以更准确地评估影响因素的效应，从而提高研究的可信度和可靠性。分组回归法的基本步骤如下：首先确定需要分组的变量，这些变量应该能够解释数据中存在的异质性。其次对数据进行分组，将每个观测值分配到相应的组别中然后在每个组别中独立地估计影响因素的效应，可以使用传统的回归模型或其他的方法。最后对比不同组别之间的影响因素效应，评估不同组别之间的异质性。本书在分析银行信贷监督对民营企业韧性结果稳定性和灵活性的影响之后，考虑民营企业韧性结果的表现取决于多元化的背景因素，尤其是企业层面因素，为此本书采用分组回归方法从企业战略、企业知识资本、企业外部资源三个角度出发分别探讨民营企业异质性特征的影响。研究发现，民营企业战略差异程度越低，银行信贷对企业韧性结果稳定性和灵活性的抑制作用越强；民营企业知识库存越少，银行信贷对企业韧性结果稳定性和灵活性的抑制作用越强；民营企业社会资源水平越差，银行信贷对企业韧性结果稳定性和灵活性的抑制作用越强。此外，本书研究发现，在债务违约后，银行相机治理对民营企业韧性能力产生显著的负面影响，考虑到银行相机治理是企业债务违约后银行保护自身权益的需求，那么影响企业债务违约的宏观因素以及债权人权益保护制度水平等因素都可能会对银行相机治理的效果造成差异化影响，进而对民营企业韧性能力产生出不同的影响效果。本书采用分组回归方法，对宏观经济波动、经济政策不确定性、地区契约制度水平进行检验，研究发现，对于宏观经济波动影响而言，当经济处于上行期间，银行相机治理会显著抑制民营企业韧性能力，但当经济处于下行期间，银行相机治理对民营企业韧性能力的影响不显著。对于经济政策不确定性而言，相对于较高的经济政策不确定性水平，经济政策不确定性水平较低时银行相机治理对民营企业韧性能力的抑制作用更大。对于地区契约制度水平的影响而言，相对于契约制度水平较低的地区，契约制度水平较高的地区银行相机治理对民营企业韧性能力的抑制作用更大。

第四节 | 研究创新

首先，本书选题具有时代性，能够较为贴合当前民营企业融资困境和生存发展需求，具有较强的针对性。党的多次会议强调民营经济在我国经济发展中具有重要地位和作用，然而受制度性等多重因素制约，民营企业难以获得公平的竞争地位，削弱了其竞争力，尤其在信贷资源上，民营企业不仅面临融资难、融资贵的问题，还存在债务质量差、违约率相对较高等问题。为了解决这些难题，党中央多次强调要综合运用多种手段来解决民营企业融资难题，例如，改革和完善金融监管考核和内部激励制度，解决金融机构不敢贷、不愿贷的问题；建立多元化融资手段，拓宽民营企业融资支持途径；建立民营企业救助机制；等等。不过，近年来在国内外经济环境不确定因素增多的情形下，民营企业备受生存问题考验，面对外部风险冲击，民营企业尤其是民营小微企业显得尤其脆弱。为此，本书基于民营企业运营不稳健、转型升级信心不足等情况，探讨银行债权人与民营企业如何构建中长期银企关系，尤其是银行债权人通过何种机理参与企业治理影响民营企业韧性，具有一定的新颖性和创新性。

其次，在梳理不同学科韧性内涵的基础上，首次分别界定民营企业韧性过程、韧性能力和韧性结果内涵，并构建相应评价标准。具体而言，民营企业韧性过程应包含3个连续阶段，即预期阶段、响应阶段和适应阶段。预期阶段主要指不利情况或危机发生前的一段时间，在此阶段民营企业需要积极主动地预测潜在威胁，有效应对潜在意外事件并从这些事件中学习以提升企业的潜在韧性；响应阶段主要指由于未来意外事件的不可完全预测性，企业还需有效地应对突发的意外状况；适应阶段主要指意外事件发生之后的阶段，它不仅指企业功能的恢复，更强调企业创新能力的发展。民营企业韧性能力是民营企业动态发展的综合能力，它应包括抵御能力、恢复能力、再组织能力以及创新能力4个维度的能力。具体而言，抵御能力主要指企业吸收风险的能力，面对外部意外冲击时，民营企业能够维持自身基本结构和功能保持不变的能力；恢复能力指面对风险冲击时，民营企业在不改变自身内部结构和功能的前提下，依靠自身能力恢复到冲击之前的水平；再组织能力指民营企业为积极适应和转型发展而重构企业内部结构与功能的能力，即企业为了适应变化进而调整组织结构实现企业长期稳定发展；创新能力指民营企业为适应变化实施新的发展模式和路径而更新原有内部结构的能力，民营企业通过识别危机中的发展机遇，通过涅槃重生式创新，实现更高层次的发展。民营企业韧性结果可以表达为民营企业应对冲击时所表现的稳定性和从冲击中恢复过来的灵活性上。富有韧性的民营企业在面对一般性冲击时会显示出较强的稳定性和灵活性。民营企业韧性结果与其他所有制企业韧性结果内涵一致，不过民营企业的表现可能有所不同。在此基础上，采用多种方法设计民营企业韧性不同维度内涵的评价指标。民营企业韧性过程的划分采用比较企业增长率与行业平均增长率的方法；对于民营企业韧性结果的衡量，通过单次外部冲击事件的引入，使用企业损失严重程度指标即从股票价格下跌的程度对企业韧性结果的稳定性衡量，同时采用评估公司股票价格恢复到冲击前水平所需的时间，来衡量企业韧性结果的灵活性属性；民营企业韧性能力方面，从动态能力角度考察民营企业韧性能力，并积极参考评价韧性能力的文献构建民营企业韧性能力衡量框架，使用主成分分析法构建民营企业韧性能力综合指标，具有一定的学术创新性。

再次，本书依据银行债权契约，分别从契约签订前、契约维系中、契约违约后3个阶段分析银行债权对民营企业韧性的治理效果，突破传统银行债权治理的研究范围。具体而言，就契约前在民营企业韧性过程不同阶段下企业的银行授信筛选而言，现有研究常围绕公司资本结构与投融资行为的关系开展研究，缺乏从企业发展的动态视角考察契约签订前债权人的权益保护机制，难以解释银行债权人的贷前授信筛选对动态民营企业韧性过程的适应性，为此本书在构建民营企业韧性过程哑变量的基础上，采用固定效应面板模型分析银行授信筛选对民营企业韧性过程的适应。在此基础上从金融发展、政府干预、金融科技等角度考察银行授信筛选的调节效应，进而提出针对不同阶段的民营企业，银行应该采取不同的授信策略和管理模式，以保证银行债权的有效治理和企业的韧性发展。就契约中银行债权监督治理对民营企业韧性结果的影响而言，现有文献研究银行债权与企业投融资行为的关系时常忽略环境的波动性，缺乏从危机冲击背景下考察契约中债权人的权益保护机制对民营企业韧性结果的影响，本书在构建民营企业韧性结果变量基础上，以 2015 年股市冲击为背景，采用生存分析法等分析银行债权人监督对民营企业韧性结果的灵活性和稳定性的多元综合效应，并且检验发现企业的战略差异程度、知识库存和社会资源水平等特征也会调节银行信贷监督对企业韧性结果的影响的异质效应，进而对现有理论进行拓展和补充。就契约后银行相机治理对民营企业韧性能力的影响而言，由于债务违约涉及企业控制权的相机转移以及银行债权人的相机治理，现有研究常围绕银行相机治理对企业投融资行为的影响开展研究，缺乏从债权人相机治理机制对民营企业韧性能力影响的研究，加上民营企业的韧性能力对于企业可持续发展具有重要影响，为此本书基于民营企业韧性能力理论和指标构建基础上，以民营上市公司债务违约为背景，采用倾向只匹配和双重差分模型检验民营企业韧性能力受银行相机治理的影响，并且考察外部宏观经济波动、经济政策不确定性和地区契约制度水平对银行相机治理的调节效应，拓展现有研究。综合而言，本书在时间维度延展不同契约阶段银行债权治理同时，审视银行债权治理对民营企业韧性不同维度概念的影响。

最后，本书在研究方法上具有一定特色。本书针对不同研究重点与数据条件进行了较为充分的研究方法设计与准备。一是积极测量不同维度韧性内涵下民营企业韧性评价指标，如使用主成分分析法构建民营企业韧性能力指标，在评价指标构建基础上，采用生存分析法、双重差分模型等，更为直接地分析契约中、契约后银行债权治理对民营企业韧性的影响，并采用中介效应模型等进一步观测银行债权对民营企业韧性的影响机制。二是基于韧性过程内涵，对不同韧性过程阶段民营企业的银行债权筛选效果进行分析，在实证分析银行债权筛选效果的同时，使用调节效应分析金融发展对银行债权筛选治理效果的影响，反映银行债权筛选的适应性。

第二章
Chapter 02

文献综述

第一节 民营企业韧性研究

　　韧性一词源自拉丁文"resilio"，也称为弹力、恢复力等，用以描述各类事物受到干扰后恢复到原来状态的能力。这种干扰主要来自系统外部，比如自然灾害，受力事物包括生态系统、组织、个人等。韧性最早出现在工程领域，工程韧性（engineering resilience）强调系统具有单一均衡状态，当受到干扰冲击后系统能够恢复到冲击前状态，并且系统在冲击前后的结构和功能未发生变化。在此理念下可知工程韧性侧重恢复速度和程度。霍林（Holling，1973）将韧性概念引入生态学领域，衍生出生态韧性（ecological resilience）理念，该理念强调多重均衡状态，这不同于工程韧性的单一均衡理念，冲击后生态系统可以从原有均衡状态进入另一种新的均衡状态，这种新的均衡状态可能优于也可能劣于原先状态，在生态韧性理念下其侧重强调系统吸收和维持原有状态的能力。20世纪90年代，"韧性"理念拓展到人类社会系统，理论内涵得到进一步发展，形成演进韧性（evolutionary resilience）或适应性韧性（adaptive resilience）。这种理论强调系统是非平衡状态的发展变化，而扰动是系统变化的原因，其抛弃了对系统平衡的执念，关注系统非平衡的发展与演化。在该理念下，韧性不仅包括了前两种理念的恢复能力和吸收能力，还包括了系统应对干扰所具备的学习能力、适应创新能力等（Walker et al.，2004；Folke，2006）。综合而言，韧性内涵认识经历了"工程韧性—生态韧性—演进韧性"的演变历程。

随着全球化的推进，在高度动荡和不确定的时代，意外事件无处不在。企业时常会面临诸如自然灾害、恐怖袭击、技术故障、金融危机等意外事件的冲击。除了外部的意外事件冲击，企业内部也可能会出现意外事件，并且企业内部冲击事件的类型、时间、发生地点、事件频率、持续时长等都不尽相同。为了获得可持续发展，企业需要提升自身韧性。谢祖墀（2009）指出民营企业需提升自身韧性来抵御网络式经营的系统风险，李彤（2013）阐述了增强民营企业"韧性"生存力建设的重要性。然而关于民营企业韧性鲜有成熟的研究成果。尽管韧性不是一个新概念，然而在研究民营企业韧性时，较多的韧性探索式研究仍使人们对它的真正含义感到困惑。接下来我们将围绕不同学科对组织韧性的理解和分析来探讨民营企业韧性分析的文献基础，通过文献综述勾勒出组织韧性理论的轮廓，为构建民营企业韧性探讨提供理论依据。综合而言，关于组织韧性大致包括五个学科视角的研究，分别是生态学、安全学、工程学、心理学和战略管理学。

一、生态学视角的组织韧性研究

霍林（Holling，1973）从生态系统的运行规律中获得启发，将韧性定义为"衡量系统的持久性（persistence）以及吸收（asorb）变化的能力，并维持种群或状态变量之间不变的关系"。该观点认为不同程度干扰下，系统会通过控制自身不同结构和功能转变到另一种状态或稳定域。

之后，适应性循环概念拓展了该学科视角下的韧性内涵。适应性循环又称适应性韧性、演进韧性，其认为系统在不同阶段切换时，需要在资源聚合与转换、短期创造新机会间开展循环，也是说，生态系统经历了有变化的循环，而非仅向单一的稳态演化（Martin-Breen et al.，2011）。适应性循环包括 4 个阶段，分别是开发阶段、保护阶段、释放阶段和重组阶段。

在开发阶段，系统只发生很小的变化并且对积累起来的资源进行更有效的配置，进而使系统更具刚性，系统灵活性逐渐降低（Holling，2001；Walker et al.，2006）；在随后的保护阶段中，系统具有最高的运行效能和稳定性，然而此阶段系统极易受到干扰；在释放阶段，由于前期系统效率的提高，系统冗余资源减少，相关干扰的发生会造成系统坍塌（Gunderson et al.，2002），这种坍塌导致了系统的彻底改变以及临时调整适应，并引致出最后的重组阶段；在重组阶段，系统进行了自我重组，这包括两种可能的结果，一种是回到与以前相同或相似的状态，另一种是转换并呈现出另一种状态（Walker et al.，2002）。

适应性循环认为，韧性除了取决于系统所处的阶段外，还取决于系统变量间的联结性和潜力大小。前者指影响系统风险处理能力的各控制变量间耦合的紧密程度，后者指累积的资源。在开发阶段，系统的潜力和联结性较低，但韧性较高；在保护阶段，韧性降低，但联结性和潜力增加；随着一些内部或外部意外事件触发释放阶段的发生，系统崩溃；在重组阶段，系统韧性和潜力增长，然而系统联结性和内部监管较低，这为新系统的建立留下了空间（Holling，2001），大致包括三个方面。

此外，在适应性循环的不同阶段，泛政府模式（panarchy model）进一步解释了系统变化的快慢，以及这些动态变量在时间和空间上的相互作用（Winn et al.，2011）。

第一类研究认为，在适应循环的各个阶段，组织拥有较多的应对选择，这些都反映了不同的韧性程度。例如，根据冲击程度的不同，系统内成员可以基于一定的知识、情境和经验采用不同的策略应对（Linnenluecke et al.，2010），并且随着冲击程度的变化，应对策略也会发生变化，即韧性会随着组织所处阶段的变化而变化（Clement et al.，2017）。因此，组织情境中的稳态转换可能会通过有意的改变而发生。

第二类研究认为，韧性是冲击发生后系统通过选择不同的策略来体现的。韧性是通过针对意外的反应来体现的（Linnenluecke et al.，2012）。在这种观念中，抵抗和维持是一种被动性反应，在被动性反应中，变化只是偶然发生的。相反，主动性反应更具有开放性和适应性。

第三类研究强调促进组织韧性的资源和能力。韧性来源于富有韧性的团队、生态知识、生态嵌入性、生态感知和观测能力（King，1995；Whiteman et al.，2011）。具体而言，观测能力表示注意生态系统变化的能力，旨在减少系统压力和意外。具有生态知识的行动者能更好地嵌入他们所处的生态系统，这促进了生态感知，进而有助于提高系统韧性（Whiteman et al.，2011）。并且，生态嵌入性与适当的内部结构（即以团体为导向的产权关系）相结合，是一种卓有成效的韧性机制（King，1995）。同样，姜帅帅等（2021）在将企业出口韧性划分为抵御风险能力和出口恢复能力的基础上，研究发现企业嵌入全球价值链会对企业出口韧性产生"双刃剑"的影响。

综上可知，在生态学视角下，企业组织也是一种系统，韧性是"一种动态的企业属性，它整合了适应和变革过程，本质上具有长期性和系统性"（Clement et al.，2017）。韧性也可以被理解为具有两个维度的属性，即企业组织可以吸收的最大干扰程度以及恢复到相同或替代状态的速度（Mandojana et al.，2016；Des Jardine et al.，2019），在这种属性观念下，韧性也可以表现为一种结果，可以用逆境中的后果来形容。就韧性的来源而言，韧性主要来自企业系统的应对策略和行动，这是生态学学科的基本逻辑，尽管这些研究成果更多是描述性的研究。

二、安全学视角的组织韧性研究

安全概念以及其引致出的可靠性概念都发展了韧性研究（Linnenluecke，2017）。这一视角涉及风险、灾难或危机管理领域的研究成果。它源于威尔达夫斯基（Wildavsky，1988）关于系统如何实现几乎无故障操作的讨论，其中出现了两种理论：正常意外理论和高可靠性理论。正常意外理论认为，在复杂耦合的系统中，由于故障是人类活动有限理性的失败所累积起来的，因此故障是无法避免的，为此，系统必须将故障视为正常现象并加以处理。在可靠性方面，学术界的兴趣从外部事件及其后果转移到内部可靠性研究上（Linnenluecke，2017）。系统有可能做到近乎完美来确保系统的安全，并且一些策略可以使系统取得更优异的成果。虽然正常事故理论认为应减少和最小化损害，但高可靠性理论认为，在良好的组织设计和管理下，故障和事故是可以被预防、减轻或控制的（Roberts et al.，2001；Weick et al.，2007）。该视角下的文献主要围绕以下三个方面来开展研究的。

第一个方面是组织韧性的理论研究。韦克（Weick，1993）对曼恩峡谷（Mann Gulch）的火灾研究指出，氛围营造过程对组织韧性具有重要作用，这为韧性概念化奠定了基础。组织在崩溃边缘的运营能力表现为组织的韧性，或者说韧性更多出现在组织资源受限的情况下，而组织运营远离崩溃的能力依赖于组织的预期（Marcus et al.，1999）。对于考验组织韧性的冲击事件，组织不应该只关注出乎意料的事件，非新奇的事件也可能造成威胁。并且非新奇事件可能会重复发生，如果这类事件没有得到妥善处置，其风险积累到一定程度会演变成灾难。

第二个方面是围绕组织韧性是一种预防能力和保护能力来开展研究。研究表明，从他人的失败经验中学习（即横向学习）可以促进组织韧性（Crichton et al.，2009）。有学者研究了组织如何应对意外，认为能够促进组织韧性的关键因素包括组织的实践、资源和流程。韧性包含两种类型，即先兆韧性和恢复韧性（Bechky et al.，2011）。对于先兆韧性，它有 5 个先决条件，分别是组织的技术本领、对预防关键事件的认知、对规避这类事件发生的处理流程和实践、基于角色和责任的组织管理结构，以及良好的组织文化。有学者发现员工所有制的组织比非员工所有制的组织更具韧性，因为员工参与了组织所有级别的治理决策，这种高参与性增强了组织韧性（Lampel et al.，2014）。汤敏等（2019）研究 2008 年汶川地震冲击中东方汽轮有限公司的韧性时，强调组织文化（东汽的企业精神）、企业的社会网络（联盟企业）等在企业韧性构建中发挥了积极的作用。

第三个方面是围绕着组织韧性是一种综合管理系统来开展研究。这种观点强调管理系统，尤其是业务持续性管理在组织韧性方面的作用。实施业务流程管理可以实现 3 件事，分别是保护企业员工的安全、保护企业的核心业务（如基础设施、流程等）、保护业务网络结构（如供应链）。赫贝恩（Herbane，2013）认为，组织应该进一步实施业务持续性管理，并制定相应的绩效考核指标，组织韧性可以通过危机管理和业务持续性管理来提高。

综合而言，安全学视角下的韧性研究认为，韧性是企业组织可持续发展的一般特征。企业可以追求韧性，但是不可能完全实现韧性。为了实现企业的安全性和可靠性，组织结构、业务程序、功能分权或功能去中心化、冗余资源等都可以改善企业的组织韧性。如果灾难发生，富有韧性的企业会接受灾难，并通过应急计划响应来迅速解决问题。

三、工程学视角的组织韧性研究

工程学视角的组织韧性研究是在德克尔等（Dekker et al.，2008）的研究之后发展起来的，它既受生态学的影响，又受安全学研究的影响。就生态韧性和工程韧性的区别而言，生态韧性聚焦于对系统功能的维持，工程韧性聚焦于系统功能的设计和效能。前者强调系统在不稳定的边缘运行，后者强调系统在均衡附近运行，然而，设计韧性系统（即提高工程韧性）会降低系统的生态韧性（Holling，1996）。就安全韧性和工程韧性的区别而言，安全韧性强调通过严格的监控来预防意外，以确保组织安全。而工程韧性强调组织所有层级的员工，这是因为员工实践创造了组织安全性。德克尔等（2008）认为，在系统具有多个目标和有限资源下，只有员工能协调这些冲突，并将系统内部要素团结在一起。基于此，工程视角的韧性是为了实现组织的安全性将特定的资源和流程放在适当的位置，即设计具有灵活性的系统以及在干扰情况下发挥作用的流程。在工程视角下，韧性被定义为系统的发展远见和预测风险的能力，通过适当的行动或流程调整，确保组织受到冲击后仍能够正常运作（McDonald，2006）。

工程视角下的韧性文献研究主要围绕四个方面来开展。

第一个方面是围绕韧性工程原理对组织韧性进行探讨。韧性工程原理对研究组织韧性提供了一个较好的研究基础，组织需要平衡外部影响和内部韧性能力。学者认为，组织韧性是组织脆弱性和适应能力的函数（Bhamra et al.，2011）。积极管理组织的适应能力和设计冲击应对系统定义了系统的韧性。佩利西尔（Pellissier，2011）提出，如果工程韧性的想法被整合到商业研究中，它可以促进组织创新。

第二个方面是对工程韧性的测量研究。大致有两种方法，一种是建议对组织韧性的模糊测量（fuzzy measures），因为模糊测量模型能更好地反映组织韧性潜力（Omidvar et al.，2017）；另一种是试图开发组织韧性的测量量表，这类量表主要是基于案例研究开展的（Seville et al.，2007；McManus et al.，2008）。有学者的韧性测量量表包含两类因素，分别是组织规划和适应能力，它们由 13 个指标和 53 个选项构成（Whitman et al.，2013）。张秀娥等（2021）认为企业组织韧性量表包括三个维度，分别是企业的适应能力、预期能力和情景意识，作者通过对企业实践者进行调研、访谈构建了 16 个韧性测量指标。

第三个方面主要探讨通过制定员工安全条例来实现组织韧性。由于异常事件需要员工采取行动来处理，为此员工在安全制定和管理中发挥着重要作用（Antunes，2011；Borges et al.，2012；Carvalho et al.，2016）。在面对异常事件时，企业韧性与企业的风险管理能力可以等同起来，风险管理能力是一种动态能力，企业人员的风险管理能力越强，企业的韧性也越强（Branco et al.，2019）。在当前的社会经济环境中，全球竞争加剧，尤其对于资源和能力有限的中小企业来说，员工对于面临风险事件时的安全管理能力在企业的稳定、生存和发展中发挥着越来越重要的作用。

第四个方面是通过组织外部的关系管理来实现组织韧性。该系列研究侧重供应链韧性，并强调通过组织冗余和灵活性来建立韧性。学者结合了生态学、心理学和经济学的观点，发展了供应链韧性概念（Ponomarov et al.，2009）。有学者建议通过创建组织实践的灵活性、稳健性和冗余性，对供应链中的韧性进行经验测量（Azevedo et al.，2013）。有学者认为供应链韧性与恢复速度（即库存和运营中断的持续时间）和中断程度（即库存和运营中断造成的损失百分比）相关（Boone et al.，2013）。供应链韧性缓和了组织的供给侧风险（Zsidisin et al.，2011）。樊雪梅等（2020）认为，企业供应链韧性的影响因素包括供应链预测能力、供应链反应能力、供应链适应能力、供应链恢复能力和供应链学习能力。

总而言之，工程视角的企业组织韧性研究强调企业的稳健性，同时强调通过非线性思维来解决风险导致的中断问题，它通过提高企业各层级的能力，建立强大且灵活的企业流程。韧性增长也就是企业抵御危机的能力增强，它能够帮助危机中的企业整合资源、重塑流程，让企业迅速恢复并抓住机会再现增长。然而，组织韧性并不是一种单一的能力，而是一种组合，其中包含战略韧性、资本韧性、关系韧性、领导力韧性和文化韧性。

四、心理学视角的组织韧性研究

心理学视角的组织韧性研究侧重于如何使个人、团队和机构以最佳的状态运作，通过提升组织成员的心理能力，形成人力资源优势进而促进组织绩效提高（French et al.，2012）。这意味着组织的韧性水平可以通过提高员工和团队的韧性来实现（Carmeli et al.，2011；Limnios et al.，2014）。因此，培训和人力资源开发可以提高个人与团队的韧性，进而提升组织韧性（Lengnick-Hall et al.，2011）。在这种视角下，组织韧性有两种能力，一种是状态能力，一种是特质能力。对于状态能力，组织韧性可以通过培训计划、在职培训等来提升，进而表现为一种动态能力，它能够成功地应对重大变化、逆境或风险。为不断开发韧性，这需要跟踪评估组织、团队和员工层面的韧性指标（Sutcliffe et al.，2003）。对于特质能力，这意味着韧性是个人、团队或组织相对稳定的特性。

在心理学视角下，组织韧性的文献大致包括三类研究。

第一类是对组织韧性概念的研究。认为系统韧性是一个动态发展过程，即韧性是可以发展的（Sutcliffe et al.，2003）。韧性的建立是在破坏性事件之后的检测和激活过程中实现的（Burnard et al.，2011）。基于商业管理理念，韧性包含四种能力：应对业务环境破坏性冲击的能力；在恒压下应对各种业务问题并保持良好运行状态的能力；从冲击中恢复的能力；当运营管理不再适用时，良性、健康地升级到适宜管理方式的能力（Buang，2012）。组织韧性事关危机前的能力、危机中的再组织与调整以及危机后的韧性响应，韧性概念包含危机方面的知识（Williams et al.，2017）。

第二类研究认为管理者和员工在组织韧性中具有重要角色。组织韧性取决于员工韧性（Linnenluecke，2017）。有学者提供的经验证据表明，在危机时期工作环境中积极的员工关系是组织恢复的先决条件，如果员工觉得组织对待自己很好，他们与组织的关系也会更紧密，这会提高组织韧性

（Gittell et al.，2006）。一些学者对此进行补充，他们认为在韧性建设上，首席执行官在创建积极的员工关系上发挥着重要作用（French et al.，2012）。同一网络内的伙伴组织建立协作关系是增强组织韧性的关键，面对动荡的经营环境和突发事件，组织韧性是组织解决问题的决定性优势（Andres & Poler，2013）。系统韧性能力取决于系统内部关系的平衡性，具有平衡关系的系统有更强的功能恢复能力，进而更具韧性。国内学者在此方面也作了积极突破，王林等（2019）认为企业—员工共同感知有助于构建更强大的组织，而管理者韧性有助于企业—员工共同感知。乔朋华等（2021）通过实证研究发现，管理者心理韧性能够正向影响企业战略变革，进而促进企业的长期绩效，然而这不利于企业短期绩效的实现。

第三类是研究组织韧性的其他影响因素。富有韧性的组织面对冲击时能够采用适宜的策略，其不仅能够生存下来而且能够取得更大的成功（Hassan & Galal，2018）。由于男性和女性的资源（如社会资本、财力资本、人力资本等）禀赋不同，不同性别的企业主对企业韧性有不同的作用水平（Danes et al.，2010）。关培兰等（2009）通过对女性创业者的调查发现，女性创业者的积极心理资本（即心理韧性）越高，其创业发展越好。王维等（2021）通过构建企业家心理韧性的七级量表，研究得出企业家心理韧性有助于企业成长。家族企业和非家族企业的韧性是不同的。小企业的学习和过去经验更能促进企业韧性提高（Amann et al.，2012）。创造力是另一个正向影响韧性的因素（Richtnér et al.，2014）。社会资源的性质、资源丰富性、心态等对于灾难后的韧性都具有重要影响（Williams et al.，2017）。

综合而言，心理学视角下的韧性具有状态性和开放性。与工程韧性的观点类似，该视角的焦点转移到企业中个人、员工、团队的功效，以及他们的健康和乐观性方面。因此，企业组织韧性来自其内部团队的行为、经理的认知以及员工的力量，更高的运营效率、更严谨的管理能力以及更出色的客户体验是增强企业组织韧性能力的实现途径。由于危机是一种威胁，会导致企业成员产生不适感，因此员工和经理对危机的感知方式会影响企业韧性。

五、战略管理学视角的组织韧性研究

战略研究主要调查哪些因素可以解释企业与竞争者之间的业绩差异，以及如何通过组织内个体行为以及相互作用关系来解释企业业绩差异（Molina-Azorń，2014）。这一视角研究认为，为了适应环境变化，组织需要作出战略决策，战略决策主要关注竞争，以及在动荡背景下，如何通过组织韧性确保组织的生存、成功增长以及形成竞争优势。组织未来成功的关键因素是通过提高韧性进而产生竞争优势（Kiuchi et al.，1999；Marwa et al.，2013），这意味着组织能够比同行更快地了解其所处的环境、创造机会并进行资源重组（Hamel et al.，2003）。

战略管理的一个核心思想是适应性，即为了适应环境变化，组织通过采取有目的的行动来获取新的外部均衡（Lengnick-Hall et al.，2005）。根据其感知的环境类型，他们选择合适的战略反应。这方面的文献大致可分为以下四个方面的研究。

第一个方面是研究战略管理中的组织韧性。在理论上，战略管理涉及对稳定和变化的理解，以及韧性在战略管理中的地位。在外部环境的暂时变化或持续变化下，组织有必要开展适应性拟合或稳健性变革（Lengnick-Hall et al.，2005）。稳健性变革是指公司利用环境变化创造新的机会和能力，与适应性拟合不同的是，稳健性变革并不确定环境能否引致新的均衡。法茹（Farjoun，2010）认为，假设组织在交替阶段会经历稳定和变化两种状态，稳定和变化是可以同时存在的，这是由于组织拥有同时促进稳定和变化的机制（如流程、资源、能力等）。作为稳定机制的常规惯例可以提高组织效率，从而实现稳定性，但与此同时，常规惯例也可以引导创新，进而导致改变。组织韧性等同于结果的稳定性，而不是机制的稳定性（Bingham et al.，2007），这与法茹（2010）关于稳定和变化的二元论的观点是一致的。并且作者通过经验证据表明，稳定为组织学习留下了空间，促进了组织能力的发展，并最终促进了组织改变。这类文献的另一个贡献是对于韧性概念的发展。识别韧性能力的三个因素包括认知、情境和行为（Lengnick-Hall et al.，2005）。有学者根据罗马发展的经验教训，探讨如何协调扩张战略和治理战略来实现组织的韧性（Carmeli et al.，2011）。韧性具有不理想的韧性和理想韧性之分，理想的韧性可以通过积极主动地适应和发展动态能力来实现（Limnios et al.，2014）。此外，在考虑地理、发展阶段等因素，在受到市场、技术、资源环境等外部冲击后，组织会开展抵御冲击、恢复、更新发展路径等动态调整从而实现可持续发展。学者们进一步区分了韧性的四个维度：一是抵抗（resistance），即组织对冲击的敏感性程度；二是恢复（recovery），即从冲击中组织恢复的速度和程度；三是再定位（re-orientation），即应对冲击组织的再定位和适应性程度；四是更新（renewal），即更新组织冲击前的增长路径或向新路径转变的程度（Martin & Sunley，2015）。其中，李连刚等（2019）认为，抵抗和恢复是其演化过程中的两类关键过程。

第二个方面是组织内部的宏观层面研究。这方面研究主要强调产生韧性的组织机制。组织核心竞争力、管理传统和组织能力会影响组织的竞争战略与结构进而影响韧性。有学者对企业并购进行了案例研究，认为制约组织韧性的因素有两个，即收购公司和被收购公司的文化相似性，以及收购后的或有整合（Acar et al.，1994）。有研究认为韧性是关于公司如何将其制造战略与其竞争战略相结合的能力，通过这一策略，企业能获得竞争优势（Acquaah et al.，2011）。组织韧性是通过优化和更新并举来实现的（Demmer et al.，2011），韧性与战略灵活性和运营灵活性有关（Ismail et al.，2011）。此外，国内外学者普遍认为多样化的企业产业结构更有利于组织韧性的打造。一是多样化能够减弱经济波动的影响。多样化的产业结构能够分散外部冲击的负面影响，充分发挥冲击吸收器的作用。二是可以防止因产业结构单一而造成的组织区域锁定。例如，有学者通过研究欧洲各国在应对金融危机中的表现，发现制造业、建筑业比重过高的地区其区域韧性较差。徐圆和张林玲（2019）利用中国230个地级市的统计数据研究城市经济韧性，研究结果表明多样化的产业结构有助于打造更强韧的韧性。还有一些研究认为，韧性与组织创新（Akgün et al.，2014）、组织创造力（Marwa et al.，2013）、知识管理、声誉（Carvalho et al.，2016）等因素有关。国内学者张宝建等（2020）基于可持续创新理论认为，面对不确定性提升企业韧性的战略有两种，分别是技术驱动型和市场拉动型。

第三个方面是组织内部的微观层面研究。有学者发现，企业内部信息系统影响着组织韧性的建立，基于案例研究，学者发现非嵌入性的系统可增强组织的控制和操作，但由于其缺乏应对变化的灵活性进而降低了韧性（Ignatiadis et al.，2007）。另外，嵌入性的企业系统会增强随机性进而增加韧性，但对公司也可能产生一定害处。组织需要在这两种方式间找到平衡，以实现最佳韧性。有学者调查了组织中的学习活动，他们发现个人层面的学习活动可以促进组织变革，进而提高组织韧性（O'Hara et al.，2007）。富有韧性的应对策略取决于管理者的风险认知经验和紧迫性感知（Dewald et al.，2010）。有研究调查了企业创新的实施情况，认为变革管理能力是衡量组织韧性的一个指标（Ates et al.，2011），因此，必须在个人、团体和组织所有层面研究变革管理能力，企业主动承担社会责任，员工富有抱负，团体能够响应支持，这些能够增加企业利益共同体的凝聚力，有助于在危机中发现新的市场机遇，保持良好的连续经营能力。

第四个方面是组织韧性的绩效指标研究。有学者将重点放在企业业绩表现上，由于公司在不同生命周期阶段采取的策略是不同的，为此应该制定相应的业绩绩效指标。对于处于破坏和更新阶段的组织来说，韧性尤为重要，在此阶段，韧性关系到组织的价值和使命（Kiuchi et al.，1999）。有学者建议通过平衡计分卡来测量组织韧性，他们制定了一个反映组织整体韧性的指数（Mistry et al.，2014）。有学者提出了适用于特定背景的组织韧性前置因素的测量框架（Pal et al.，2014）。对于国内学者而言，李欣（2018）基于韧性的战略性思维，使用长期投资平滑度来衡量企业的长期导向韧性，研究发现家族企业长期导向韧性显著高于非家族企业。王勇（2019）在基于问卷调查的基础上，采用量表测度企业组织韧性，该综合指标包含企业适应能力、恢复能力、情景意识3个维度的9个问题，在此基础上作者通过实证分析得出，新创企业韧性有助于提升企业战略能力和资源整合能力，进而促进企业成长。胡海峰等（2020）使用企业股价下跌幅度、下跌期持续时间和恢复程度3项指标来综合衡量企业韧性，考察了2008年全球金融危机冲击中不同国家投资者保护制度对企业韧性的影响。

沙叶舟等（2020）采用短期事件研究法和长期事件研究法，基于 28 个中美贸易摩擦标志性冲突事件，考察中美贸易摩擦对中国高端制造业上市公司股票收益率的冲击反应，进而探讨企业韧性表现。

综合而言，战略视角下的相关文献有助于对企业组织韧性能力的理解。企业组织韧性及相关能力解释了企业如何在逆境或动荡中生存和繁荣。为此，企业可以通过开发韧性的相关能力和投资韧性的相关资源来实现韧性结果。此外，它还包含动荡中超越其他竞争对手的观点，这意味着企业韧性的建立可以为企业创造价值，韧性也是企业竞争优势的来源（Sullivan-Taylor et al.，2011）。此外，战略视角的韧性思维对企业为什么能够生存并保持成功提供了解释，从而引发了围绕资源观和动态能力的理论辩论。因此，在战略视角下，企业韧性不仅等同于生存，而且还可以解释如何防止企业衰败（Marwa et al.，2013；Farjoun，2010）。

六、简要述评

由于上述每个学科视角都构建了作者自己对组织韧性的独有理解，并提供了不同的研究方法来描述或评估组织韧性。虽然每个学科视角都将韧性与企业联系在一起，然而由于每个学科特有的理论体系和知识框架，对组织韧性的强调重点有所不同，并产生了不同的衡量标准。此外，在同一学科研究中，组织韧性的具体构成要素也并不明确。综合来看，作为一种团体或集团，组织的概念广度要大于企业。然而，从管理学角度来看，组织又可为企业活动系统的一部分。为此，我们可简单地认为企业组织韧性即为企业韧性。根据组织韧性的研究，企业韧性概念松散地包含着一系列企业现象，在多个学科发展的影响下，每个学科都有其特定的研究兴趣、关键词和理论基础，这丰富了我们对企业韧性的理解，但也促使了企业韧性"伞形"概念的形成，即没有统一的理论范式以及相互关联的概念等。尽管目前该领域的研究还不够成熟，并且比较缺乏实证研究，然而企业韧性的研究热情并未下降，民营企业韧性的界定与衡量也亟须突破。

第二节 民营企业韧性影响因素研究

国外一些学者在案例研究、文献梳理的基础上归纳分析影响组织韧性的主要因素（Demmer et al.，2011；Sabatino，2016；Duchek，2020）。有研究在案例分析的基础上从内外部分析了公司韧性的影响因素包括：废除对现状的忠诚（领导层需要足够的谦虚）、内部知识共享或知识网络（包括客户关系管理、挖掘员工的专业知识和使用跨职能团队）、外部知识共享或知识网络（不断从其他公司和行业、教育机构、政府以及非政府组织寻求新的信息、经验）、确定新的选择和创业机会（创业从成本和风险规避转向客户响应、发现和利用创业机会）、创新的外部化（通过并购、战略联盟和外包，特别是为了获得先进技术，将创新的某些方面外部化）、是否支持战略试验（培育一系列战略实验，以刺激创新和增长）、更新与优化并重（Demmer et al.，2011）。

此外，萨芭蒂诺（Sabatino，2016）运用适应性韧性理论来分析组织韧性的主要影响因素，在案例研究法和访谈法的基础上通过分析认为企业韧性包含 2 个一级指标，分别是企业组织结构、组织与相关市场的关系。对于企业组织结构而言，其包含的 4 个子指标分别为经营成本结构（是反映组织管理成本的直接因素）、经营决策的及时性（即决策速度，组织有简单的规则可以遵循则会有助于企业作出快速决定进而获得高性能）、参与和激励制度（涉及激励与公司战略目标的一致性）、组织结构和控制制度的类型（结构简化的组织韧性会高）。企业与市场关系包含的 4 个子指标分别为：以客户为中心的能力（衡量指标，比如新的客户、客户保留率、每户产品、客户满意度以及向他人推荐企业的客户数量）、专注于产品和质量管理（产品聚焦，即保持核心竞争力，不要开展过多的多元化）、企业文化和价值体系（反映企业的组织能力，价值观共享的企业如民族观共享的企业更具有韧性）、地理聚焦和国际化战略（公司避免盲目的地域扩张）。

杜切克（Duchek，2020）在文献梳理基础上，将组织韧性过程概念内涵和韧性能力概念内涵结合起来，在对组织韧性进行全面理解的基础上，得出组织韧性的主要前置因素为知识库，组织韧性的驱动因素为可用性资源、社会资源、权力和责任。对于先验知识库的认知而言，组织为了更具有韧性，需要开发广泛和多元化的知识库，这样在韧性的预期阶段可以更好地预测企业内外部变化，在韧性的处理阶段，广泛和多元化的知识库能帮助组织形成应对危机的多种解决方案，并选择最适合的解决方案，而韧性的适应阶段可以进一步扩充知识库，进一步扩充和增强预期阶段的知识库。对于可用性资源而言，这种资源主要指人力、财力以及时间资源，可用性资源对于韧性的三个阶段都非常重要。企业的社会资源可以通过信息共享、资源交换、跨部门协作等方式增进组织韧性，根据社会资本建立的前提条件，即企业间存在共享目标、共享知识和相互尊重的关系，这样社会资源可以通过心理过程对组织韧性产生作用，为此组织要有开放、信任和以学习为导向的组织文化。对于权力和责任而言，为了通过危机使企业开展组织学习和全面变革，培养组织韧性需要基于专业知识（expertise）和经验（experience）建立权力，而不是依靠行政等级地位，这就要求组织权力下放，形成每位成员对组织有一定的自由决定权和责任，进而提高企业韧性。

国内学者鲜有关于民营企业韧性的探讨。徐忠伟（2005）对民营企业的可持续发展研究中显示，战略资本投入、企业的激励机制、企业家创新精神与寻租活动、企业文化、组织效率这五个方面对于企业的可持续增长有显著影响。许林（2006）将企业管理、技术创新、人力资本、企业文化作为支撑企业发展的内部核心要素，同时宋运举（2012）从熵的角度将技术熵、制度熵作为影响企业可持续发展能力的关键因素。

本书在结合实证研究和文献研究的基础上，从系统内部的融资约束、企业管理、可获得资源、创新能力和企业文化五个方面探讨对民营企业韧性的影响。

一、企业内部影响因素

（一）融资约束对民营企业韧性的影响研究

有学者提出融资约束假说，即在不完美的资本市场，由于企业内外融资成本存在差异，基于成本考虑企业投资显著依赖于内源资金（Fazarri et al.，1988）。当前学者们对企业融资约束的研究较为丰富，不过专门研究融资约束对民营企业影响的文献较少，从韧性角度的研究更加有限。在危机来临时，企业是否能够获取足够的信贷资金对生存是至关重要的（Martin & Sunley，2015）。另外，企业财务状况的好坏也会在很大程度上影响企业的生存，如果企业能够在正常时期留存充足的现金流与利润，那么就可以有更大的决策空间（Knudsen，2011）。陆蓉等（2021）研究发现现金流压力是中小民营企业面临的最大难题，国家通过各种金融政策的支持可以缓解民营企业的融资约束，融资约束得到缓解后，民营企业为应对突发事件的各种应对措施和未来计划得以实施，企业生产经营逐渐恢复。

（二）企业管理对民营企业韧性的影响研究

在企业的核心竞争力中，管理能力是其重要组成部分。有学者认为危机可以为企业适应进程打开"机会之窗"，但由于危机不一定会促使企业组织进行学习和全面变革，因而这个过程权力和责任扮演着重要角色。企业需要培养整个组织的权力与责任感，培养组织韧性需要基于专业知识（expertise）和经验（experience）建立权力（Tyre & Orlikowski，1994）。企业的管理水平是企业能否获得金融支持的重要依据，同时提高企业管理能力也有助于提高企业韧性。目前在民营企业的经营中，企业的产权结构单一、企业的激励机制不到位等问题都影响着企业的发展。因此，提升企业管理、促进产权结构多元化、注重激励机制的作用是民营企业增强企业韧性的有力手段。

首先，企业的权力结构关系。一些研究发现组织中的认知过程、学习和能力与权力关系有关（Contu & Willmott，2003；Todorova & Durisin，2007；Vince，2001）。在组织努力实现其目标的过程中，强大的行为者可以促进或阻碍组织学习改变的过程，尤其是通过资源分配过程对新知识和解决方案的使用产生影响（Todorova & Durisin，2007）。此外，有研究发现权力结构的僵化导致无法将新产品与组织资源联系起来（Dougherty & Hardy，1996）。对于权力和责任而言，有韧性的组织依赖于权力下放、自组织和共享决策，这要求组织的每位成员对组织有自由决定权和责任，进而提高组织韧性。这些研究主要聚焦于复杂、动态和不确定的环境中，从组织的灵活性和适应性来解释。

其次，科学的管理制度可以使企业建立有效、公平的企业环境，吸引更多的高素质人才，也有助于员工充分发挥自身价值，为提升企业绩效作贡献。麻艳琳（2016）在研究中发现合理的产权结构、激励制度可以促进企业治理水平的提高，从而不断推动企业技术创新、吸引外部优秀人才以及调动企业员工的积极性。

最后，对于民营企业来说科学的体制结构和管理水平可以使民营企业更好地进行外部融资，帮助企业解决资金问题，促进企业的持续发展。河南省城市金融学会课题组（2003）在对民营企业金融支持问题进行研究时指出，企业在面对融资难问题时可以通过增强体制优势、提高管理水平、调整结构等措施解决，建立适应现代化生产和发展的企业制度、科学化的管理方式以及对产业结构进行积极调整等措施都可以帮助企业获得金融支持。

通过对文献的分析研究可知，有韧性的组织不是按等级管理的，而是依赖于权力下放（decentralization）、自组织（self-organization）和共享决策（shared decision-making）（Mallak，1998；Denhardt & Denhardt，2010；Lengnick-Hall et al.，2011）。综合而言，企业管理能力是企业韧性的重要因素，提升企业管理水平可以帮助企业获得金融支持，当企业有充足的资金和可靠的人才进行支撑时，即使外部环境发生变化，企业管理能力也可以通过组织管理创新开展自我革新，进而推动企业保持可持续发展。因此，企业的管理能力是企业获得金融支持的关键因素，是提高企业韧性的重要指标，同时管理水平的高低是企业能否快速适应外部环境变化的重要条件，企业应该重视自身管理能力的提升。

（三）可获得资源对民营企业韧性的影响研究

许多研究指出，需要一套广泛和可获得的资源，作为在具有挑战性的条件下作出快速和充分反应的基础（Hamel & Vaelikangas，2003；Lengnick-Hall & Beck，2009；Vogus & Sutcliffe，2007）。这类资源主要指人力、财力和时间资源，可获得资源对于韧性非常重要，并且为了保持韧性组织需要在一些方面具有冗余性，如生产力、原材料来源、处理流程等，鉴于冗余有成本势（Linnenluecke & Griffiths，2010），企业要权衡好冗余的量。

首先，可获得资源可以有效地预测不良事件。为了观察环境并确定关键发展，组织成员需要时间和余量来投入时间进行扫描活动。如果员工过多地参与运营业务，并且没有能力扫描环境，组织将无法识别关键发展。此外，环境扫描和未来重大事件的准备需要资金（即现金流）和人力资源（即技能）来制订恢复计划、模拟危机管理或培训员工和领导者。

其次，可获得资源对于应对和适应阶段也很重要。例如，财政资源可以作为缓冲器或减震器，从而遏制危机的负面后果（Pal et al.，2014）。财政资源可以帮助处理严重危机并从中恢复（Burke，2005）。

最后，组织现有资源的部署能力也决定了韧性，这是因为有韧性的组织更能理解他们正在进行的操作，依靠他们的理解，组织能够采用更具针对性和及时性的投资，这些行动能够在风险产生损害之前化解出现的风险。有韧性的组织通过预期部署而不是限制资源的方式开展，为此企业的人力资本在企业发展中占据着重要的地位，研究发现在民营企业中，员工的工作能力可以帮助企业高效达成目标，增强企业韧性（Staw et al.，1981）。李志杨（2019）认为对于民营企业来说，在激烈的市场竞争中，人才的争夺是企业发展的首要任务。员工综合实力是企业发展壮大的重要支撑，有能力的企业员工可以帮助企业快速有效地达到既定目标，在企业竞争中占据有利地位，帮助企业提高绩效。随着经济的全球化发展趋势，企业之间的竞争在不断加强，员工作为企业的人力资本，在企业竞争力中的价值得到了越来越充分的体现，同时也是影响企业可持续发展的重要因素。

（四）创新能力对民营企业韧性的影响研究

创新是第一生产力，相关研究表明研发投入是衡量企业创新能力的重要指标，创新能力代表企业未来的市场价值（Pandit，2015；马文聪，2013）。企业的创新往往都是围绕着资金和风险两个元素在进行，持续性的资金供给以及风险收益比都是必需要考虑的因素，两者的完美契合可以使企业创新技术赶超市场，增强自身核心竞争力，能够更好地迎接来自企业内外部的各种挑战以及不利冲击，进而提升民营企业韧性。有研究为了透析金融环境和提高技术创新之间的内在机制，将二者置于内生增长模型之中，认为金融环境通过评估创业者、分散转移风险、盈利预测以及现金流的预备，进一步影响技术创新的可得性（King et al.，1993）。柏建成等（2020）认为，金融业主要通过提供资金支持、加速基础设施建设和知识人才培育等渠道促进科技创新；黄国平等（2009）则认为，金融体系支持通过前瞻创新领域、预防相关风险、降低各种摩擦成本、多渠道灵活提供资金支持等机制促进企业创新。

（五）企业文化对民营企业韧性的影响研究

企业文化是企业软实力的象征。一个有韧性的企业组织是一个充满希望的系统，它建立在对环境不断地进行价值评估，以及应对意外事件时能够有效利用知识的能力。希望通过灌输一种信念，使人们相信不断更新和完善对环境评估的价值，以及组织在面对意外事件时有效利用这些知识的能力，从而帮助隔离意外事件的变幻莫测性（Groopman，2004）。

张一青（2005）在其理论研究中对民营企业文化进行了定义：民营企业文化是在一定的社会历史条件下，民营企业全体员工在生产经营和管理活动中逐步形成并共有的一套观念、信念、价值观、行为规范及制度安排等。企业文化在一定程度上也影响着企业的商业信用，翟胜宝（2015）指出当企业金融融资能力较差时，"诚信"文化企业的商业信用有助于提高企业的商业信用，从而帮助企业提高融资能力。由于企业商业信用是企业获得融资和金融支持的重要依据，因此优秀的企业文化可以帮助企业更好地获得金融支持。同时在目前世界经济形势不明朗的情形下，企业文化作为一种企业软实力可以推动企业核心竞争力的提高，以诚信为中心的企业文化可以在一定程度上减少企业恶意逃避债务、偷税漏税等不良行为，从而提高企业信用（顾建平，2010）。另外，优秀的企业文化可以帮助企业吸引外部人才，提高员工的工作满意度和积极性，是企业发展的推动力，同时当企业面对危机时，企业文化可以使企业上下团结一心、共同面对，因此评价民营企业韧性时企业文化是不可忽视的一部分。

二、外部环境影响因素

外部因素对企业起着至关重要的作用。李锐（2019）在民营企业的发展现状研究中也指出随着世界经济形势的不稳定和世界经济危机的冲击，我国的民营企业生存环境存在着许多危机，并由此从政治关联程度、社会资源、国家政策制度和国际制度环境四个方面进行分析。

（一）政治关联程度对民营企业韧性的影响研究

这里的政治关联主要是指企业中是否有同时兼任政府职位的高管或者员工人数。从资源效应角度，政治关联可以帮助企业获得更多的金融支持、减轻融资约束以及突破行业准入的壁垒，为企业发展提供其所需要的资源，这也表现为规模扩张效应，帮助企业扩大规模（于蔚，2013）。余明桂和潘红波（2008）在研究中得出有政治关联的民营企业比没有政治关联的企业能够获得更多的贷款以及更长的贷款期限，同时从实证角度分析企业政治关联的作用，也可以得出企业的政治关联对于获得更多金融支持、提高企业韧性具有重要作用。沈有华（2009）利用 DEA 评价模型通过构建投入指标（资产总额、资产负债率等）和产出指标（净利润、净资产收益率等）对国有企业与民营企业的融资效率进行对比分析，指出国有企业与民营企业相比有很大的融资优势，国有企业从国有银行获得资金贷款较为容易，而民营企业由于自身性质的原因很难直接从资本市场获得融资，这从侧面说明民营企业需要政治关联的原因以及政治关联可以为民营企业发展带来更多的金融支持。政治关联可以增强民营企业韧性，因此从金融支持民营企业韧性角度来说，政治关联可以作为其中的一个重要指标，它在一定程度上可以反映民营企业获得融资的能力。

（二）社会资源对民营企业韧性的影响研究

社会资源是企业韧性的来源之一，也是影响因素之一。社会资源通常被认为是组织复原力的来源（Gittell et al., 2006；Sutcliffe & Vogus, 2003）。例如，深厚的社会资本可以通过提供背景利益，如通过信息共享、资源交换或跨职能协作等来增强韧性（Lengnick-Hall & Beck，2009）。社会资本有助于在危机时期实现协调和成功的行动（Faraj & Sproull，2000；Gittell et al.，2006）。同样，共享目标、共享知识和相互尊重的关系会导致高水平的协调和积极的绩效影响（Gittell et al.，2001），组织成员之间的共同愿景也有助于成功实施解决方案，特别是在危机期间（Weick，1993）。基于社会资本的积极关系，"组织在应对不良事件时可以利用他们的网络来获得所需的洞察力和帮助"（Sutcliffe & Vogus，2003）、可以找到关系库存和采收率之间关系的经验证据（Gittell et al.，2006）、关系协调和弹性反应（Gittell，2008），以及社会资本资源和家族企业的韧性（Brewton et al.，2010；Danes et al.，2009）。社会资源可以通过支持性的心理过程来实现，这些心理过程被讨论为情境认知（Suchman，1987）、分布认知（Hutchins，1995）或联合认知系统（Hollnagel & Woods，2005）。在此背景下，韦克（1993）指出了虚拟角色系统的重要性，在虚拟角色系统中，每位成员都具有认知性复制组织。有学者认为社会资源来自尊重的互动，即建立在信任、诚实和自尊基础上的面对面对话（Lengnick-Hall et al.，2011）。

综合而言，社会资源可以通过信息共享、资源交换或跨职能协作等来增强组织韧性，社会资本建立的前提条件是共享目标、共享知识和相互尊重的关系。社会资源通过心理过程对组织韧性产生作用，为此企业要有开放、信任和以学习为导向的企业文化，在早期预测到即将到来的危机之后，要以有弹性的方式作出反应，并制定适当的解决办法来克服这种局势。

（三）国家政策制度对民营企业韧性的影响研究

目前，经济学家们普遍认为创新、人才、技术、物质资本是促进民营经济发展的重要影响因素。20 世纪 70 年代后，以科斯（Coase）为代表的新制度经济学肯定了制度的重要作用，随后制度才被纳入经济影响因素的分析中。在金融环境大背景下，民营经济的稳步发展与政府出台的相关法律、政策是分不开的。国家所实施的金融政策包括财政政策和货币政策，积极的政策制度对我国民营经济发展起到了积极的促进作用，并指引了行业发展的新方向。

民营经济的发展离不开政策的支持，财政政策对于民营企业发展的影响是多方面的。夏后学（2019）认为政策性支持旨在为企业发展提供良好的营商环境，具体包括金融扶持、税收优惠、行政环境、机制体系、军民融合、法律法规、文化宣传等。具体来说，一方面，解洪涛（2018）认为政府对民营企业支持政策能够降低交易成本、减少市场摩擦，改善市场中的寻租现象和制度性成本，从而引导企业加强自身建设。同时，吴超鹏（2016）经过实证分析也认为更低的交易成本有利于市场分工，引导企业专注于细分领域而非多元化经营。另一方面，余明桂（2013）认为政策性支持优化了法律制度、保护了公共服务供给，从而有利于民营企业的技术创新和风险承担。有利的政策可以帮助企业获得更多的金融支持，促进民营企业的可持续发展，帮助民营企业在一定程度上缓解发展困境问题。随着社会的发展，政策在不断地调整和发展，国家在为企业发展提供条件的同时，民营企业自身也应该抓住机会，及时调整发展的方向和策略，顺应时代的发展潮流，这样才能真正提高企业自身的韧性和可持续发展能力。

从财政政策角度看，黄耀樟（2019）认为国家财政政策给予民营企业的税收优惠、财政支持促进了民营经济的发展。有效率的财政政策、资金调控机制以及环境支撑能力会对民营经济产生积极影响。从资金调控机制角度看，财政政策会通过影响民营企业缴纳税款的额度来控制资金的流出，在国家税务制度征收费用的减免下，民营经济发展得到了很大促进，企业资金会投向与自身建设相关的部分，提升了企业的竞争力；从环境支持角度看，构造适合民营经济发展的外部环境需要借助政府的财政支出手段，如投入资金建设基础设施、完善政府服务体系、加强专业人才队伍建设，基础设施的完善会给民营企业运输原材料带来便利，人才的培养有助于民营企业技术创新，完善的政府服务体系则会提高政府处理民营企业事务的办事效率（冉和光和张冰，2012）。此外，积极的财政政策还会促进新兴产业结构发展，为此国家从科技保险、扩大新兴产业的资金来源以及支持风险投资基金三个方面完善财政支持体系。

从货币政策角度看，张新（2019）、蔡爽和冉梓阳（2020）认为宽松的货币政策为民营经济发展带来了更多的活力，紧缩的货币政策不仅会使民营企业的融资约束变大，还会加大公司外部融资的难度，同时融资环境的不平等、信贷歧视也使民营企业处境比国有企业更艰难，影响了民营企业的融资效率。在实证分析中，张新（2019）通过分析民营企业2007～2016年的经营数据可以看出其整体投资效率与其内部控制制度和货币政策等因素有关，高质量的内部控制可以通过缓解民营企业间信息的不对称来降低紧缩性货币政策引起的企业间融资效率低下的问题，通过调节上述因素可以使民营企业的投资效率极大地增加，也可以很好地解决紧缩的货币政策带来的弊端，进而促进民营经济的蓬勃发展，增强民营经济韧性。

（四）国际制度环境对民营企业韧性的影响研究

国际制度环境本身就是一把"双刃剑"，中国的经济发展也与世界经济的发展休戚相关，对于民营企业来说世界各国的制度政策等都可能会影响企业的可持续发展。首先，国际社会不同的税收政策是影响企业发展的重要因素，梁双陆等（2007）在研究国际区域经济一体化中提到了关税同盟理论，即对内取消关税和对外统一关税，并指出关税同盟可以引起规模经济效应、竞争效应、投资效应，有助于扩大市场、降低生产成本，抵御外来企业的竞争，这说明区域经济一体化、有利的国际税收政策有助于国内企业提升自身实力和竞争力。但是，受世界经济危机影响，贸易保护主义抬头，多国实行提高关税、贸易补贴的做法保护本国经济，中国的外贸出口在一定程度上受到了限制。同时，近年来一些发达国家为保护本国的商品经济对我国部分出口商品实行反补贴调查，石晓婧等（2020）利用双重差分法对美国反补贴调查对我国企业的出口绩效进行实证研究，指出反补贴调查使企业的出口成本提高、融资约束增强，不利于企业的发展。

从以上的理论和实证研究中可以看出，随着世界经济一体化的发展，国际经济政治情况会对我国的经济和企业造成影响，而这种影响是双重的，有可能对我国企业的发展带来有利影响，但是也有可能带来不利影响。对于民营企业来说，国际情况是不能自主改变的，在发展中要积极利用有利的国际条件增强企业实力，同时在国际情况发生不利变化时，要审时度势，调整发展策略避开风险，这样才能有利于企业的可持续发展。但是由于国际环境较为复杂且具有不可控性，对于国际上其他国家的经济、政治政策等无法进行预先判断和控制，同时国际情况的变化也涉及很多方面，因此国际情况主要用于分析国际贸易冲突事件等复杂事件。

银行债权治理研究

一、债权人治理的理论依据

（一）债权人治理的必要性

20 世纪 60 年代左右，利益相关者理论率先在英美等国家发展起来，该理论认为债权人应该参与公司治理。具体而言，该理论认为一家公司的发展离不开各种利益相关者的投入与参与，企业不仅要为股东谋利益，也要保护债权人、员工、消费者、供应商等其他利益相关者的利益，因为这些利益相关者为企业贡献了专用性资产，这些专用性资产的价值依赖于企业的价值，并且这类资产是处于风险状态的（Blair，1995）。为鼓励专用性资产进入公司，确保这些资产持有者的权益能够得到保障，公司需要给予这些专有资产持有人一定的监控权。然而，在传统理论中公司一旦破产，在有限责任制度的"保障"下，股东承受的损失是有限度的。而债权人投入公司的巨额资产却不能享受此类保障。有资料表明，公司破产时，债权人获得清偿的世界平均水平约为 8%（安连成，2008）。为此，作为公司利益相关者的核心成员，债权人对企业绩效也作出了显著贡献，为此也需要为债权人服务。

除了利益相关者理论认为债权人有必要参与公司治理，威廉姆森（Williamson，1988）基于交易成本经济学理论，认为相对股权融资是一种"自由的治理方式"而言，债权融资是一种"基于规则的治理方式"。此外，斯蒂格利茨（Stiglitz，1985）基于现代企业制度的监督成本考虑，认为银行作为债权人有必要参与公司治理，这是因为银行具有信息优势和人才优势，在保障自身利益的前提下，其有动力并有能力去监督公司经理人的行为。然而，由于银行监督成本与收益具有不匹配性问题，为提高银行开展监督的积极性，斯蒂格利茨认为可以使银行成为主银行或者让银行持有企业股份，密切银行利益与企业的关系。由于日本和德国是典型的以间接融资为主体的国家，有学者分析了日本和德国公司治理中银行债权人的监督，认为这两个国家的公司比较依赖银行等金融机构的债权资金，银行这类金融机构的绩效与这些企业存在紧密联系。作为一种命运共同体，为降低债权风险获得最大利益，银行债权人有必要介入公司治理活动，通过对企业事前、事中、事后的完备监督，防患于未然（Masahi，1998）。

（二）债权人治理的作用

一是降低企业代理成本。詹森和麦克林（Jensen & Meckling，1976）基于企业融资的代理成本研究债权人公司治理效应。由于代理成本的存在，在公司绝对投资不变的情况下，公司投资中负债融资比例增加即增大了经理层的股权比例。这种行为可以理解为是对经理层的激励，降低股东和经理层间的第一种代理成本。此外，为保障自身权益，债权人的有效监督还能约束大股东的私利行为，降低大股东和中小股东间的第二种代理成本。

二是传递企业质量信号。交易双方信息不对称时，信息劣势方存在通过观察信息优势方的行为来推测信息优势方拥有信息内容的激励，而信息优势方也有通过自己的行为来向信息劣势方传递自身信息的激励。由于企业投资项目价值信息在企业内部人和外部人间是不对称的，信息不对称会导致无效率的投资，进而扭曲企业市场价值。债权融资作为企业解决投资不足问题的一种工具，在投资确定性情况下可作为传递企业内部人私有信息的信号，其能有效地将企业内部人的信息传递给外部投资者，从而影响企业市场价值。罗斯（Rose，1977）研究了债务融资的信号传递功能，认为公司管理者对融资方式的选择向外部投资者传递了企业经营质量的信息。这是因为研究发现，公司破产概率与企业质量呈负相关，与公司负债水平呈显著正相关。由于债务融资有着比较高的破产成本，如果企业经营质量比较差，公司管理层不敢选择高的负债比率；相反如果企业选择高的负债率，这显示了管理者认为公司在未来有着比较好的业绩表现，即质量好的企业破产概率也低。为此，负债水平成为向外传递企业经营质量的一个信号。

（三）债权人治理分类

公司的债权工具包括银行借款、企业债券和商业信用等类别，不同类别债权工具的持有者参与债务公司治理的权利要求不同，给企业也会带来不同的治理效应。作为当事人就债权债务融资事项的一致约定，契约是债权人参与债务人公司治理的主要依据。

首先，以商业银行为代表的债权人。作为企业重要的债权人，银行具有监控企业的动力与条件。与其他债权人相比，银行债权治理效应最为重要和显著（张先治，2018）。根据自由契约精神，企业向银行融资时，债权人银行除依法要求债务人公司提供抵押、质押担保物品，还在契约中约定债务人公司就约定资金运用行为进行约束，当债务人违反相关规定，债权人银行有权利提前回收相关资金，或要求公司增加担保。由于契约不完全性的存在，商业银行为了保障信贷资金安全，常常会较为主动地参与公司的治理，通过与贷款企业频繁的业务往来，以及自身的网络资源优势，可以较为全面地了解和掌握企业资金运营情况，并进行有效的跟踪监督，进而参与公司的财务治理。当公司业绩优良时，银行债权人会较少干预企业事务，并以此作为对公司经理的激励支持，此时股东拥有企业控制权。当公司业绩欠佳时，银行债权人可以通过干预对公司经理开展惩罚，此时债权人应当拥有企业的控制权（Beneish et al.，1993）。

其次，持有公司债券的债权人。公司债券是指股份有限公司为了筹措所需的中长期资本，向社会公开发行债券这类借款凭证。公司债的主要购买者为机构投资者或社会个人。公司债券有很多类别，根据债券是否有担保，公司债可分为有担保的公司债和无担保的公司债。依据债券持有人在约定条件下具有能否转换为股票的权利，公司债又可分为可转换公司债和不可转换公司债。无论公司债的形式如何多样，其一般都具有明确的利率和还款日期，公司需要按照债券募集资金时所约定的资金用途使用相关资金，如技术更新改造、固定资产投资、公司并购或重组等，并且还须在到期日给予偿债，否则将面临债权人介入甚至法律制裁（刘彤，2013）。就公司债的债权人干预而言，由于公开发行公司债券一般需要将其资信状况通过相关部门审核，如在我国需要向国务院授权部门或证监会申请核准，这能帮助债权人防控部分潜在风险，在一般情况下债券持有人怠于关注公司具体的经营状况，也不会过多参与公司治理。但是如果公司存在巨大的偿债风险事项，债权人利益受到威胁时，在债券的硬性偿债约束条件下，债券持有人会议作为具有临时议决职能和监督职能的社团组织，常在公司破产清算阶段介入公司治理，这种相机治理机制一般能够取得显著的约束治理效果（刘斌，2022）。对于可转换债券这类特殊类型的企业债券而言，由于其具有不确定性的权利转换和实现，复杂的设计使其公司治理效应也具有很大程度上的不确定性。

最后，商业信用的债权人。应付账款等商业信用是一种基于商品交易上的较为灵活的延期支付账款的融资方式。企业可以通过延期偿付贷款、策略性推迟等方式来获得短期融资。应付账款等债权由于偿付方式灵活、期限短等特点，不同学者对应收账款等债权人参与公司治理的可能性以及治理效果不尽一致。一些学者认为商业信用的债权人参与公司治理的可能性小，其对企业强制偿还性约束一般也相对较小。例如，周雪峰和刘淑莲（2011）认为相对银行债权治理在民营企业中具有破产威胁效应而言，商业信用未能有效发挥破产威胁效应。另外一些研究认为我国上市公司中，相对银行贷款和企业债券的弱治理效应而言，商业信用治理效应显著（张亦春等，2015）。无论商业信用是否具有显著的债权治理效应，如果长期蓄意拖延付款，均会对企业整体信用产生非常不利的影响。

二、债权治理模式

关于债权人治理模式国外主要有两种：一种是以德国、日本为代表的主银行制模式，即债权人直接、积极参与的模式；一种是以英国、美国为代表的相机治理模式，即间接、消极参与的模式。

（一）日德模式

以日本、德国为代表的大陆法系国家较为注重集体主义和群体意识，公司不应被视为股东的私有产物，还要关注债权人等利益相关者的利益，在立法上都赋予债权人具有直接参与公司治理的权利。在日本和德国，银行兼具债权人和股东的双重身份。稍有不同的是，日本实行主银行制，德国实行全能银行制。

日本的主银行制即主要银行往来制，企业可以选择某一家银行作为主要往来的银行，在该银行开设基本账户以及从该银行获得融资支持（李传君，2014）。主银行的特征主要体现在：主银行持有客户企业的股份；通过向客户企业派遣董事或经理参与企业财务管理；能够向客户企业发放系列贷款，以及从其他金融机构获得融资便利；管理客户企业的结算账户；企业经营出了问题，甚至破产清算，需主银行牵头负责。当公司经营正常时，主银行常对公司业务经营活动不进行干预，然而债务公司陷入财务困境或经营困境时，主银行利用自身的专业优势和人才优势，通过相机治理参与公司干预。由于银企间资本关联比较紧密，主银行往往能够凭借其资本和人才优势对企业运营产生重要影响，因此在客户公司治理中主银行占据着至关重要的地位。

德国的全能银行是西方经济发达国家中金融混业经营最为典型的体现，在德国经济中占据主导地位。其主要是指银行可以提供受金融业务分工限制的广泛业务，既可以从事商业银行的存、贷、汇等业务，还可以从事投资银行的证券业务、金融衍生业务、保险以及其他新兴业务，此外还可以经营包括实体投资在内的非金融业务，即可以持有非金融企业的股权。所以从业务经营范围来看，全能银行意味着集商业银行、投资银行、保险公司、非金融企业股东等多功能于一身（刘彤，2013）。全能银行不仅是金融中介，还是金融混业集团，这是混业经营的集中体现。在德国，公司的主要融资来源是银行贷款，公司只需要与一家全能银行建立资金交易关系即可满足其多元化的金融需求，银行不仅可以以股东身份直接持有公司股权，还可以代理其他股东行使对公司的表决控制权。在德国，很多公司的股票是不记名非流通股票，一些小股东和机构投资者习惯将股票委托给银行代为行使表决权。在这种情况下，银行对公司可以实施强有力的监督控制，即公司治理参与性比较强、影响性比较大。

总体来看，日本的主银行和德国的全能银行的债权人能够通过委派银行代表进入公司监督管理部门、代理行使投票权、相机治理、贷款合同制约等方式、途径积极地直接参与公司治理。

（二）英美模式

英国、美国作为高度发达的资本市场，其公司治理具有典型的市场导向特征，更加强调股东利益至上的原则。两国相关法律强调公司董事会的独立性和中立性，董事对公司债务承担信义义务。在这种情况下，债权人一般不直接参与公司治理，主要通过间接的方式，即消极的、距离式开展治理。这种治理模式主要有以下几点特征。

一是银行不能持有公司股票。美国 1933 年的《格拉斯—斯第格尔法案》规定，银行不得持有工商企业股票，将投资银行与商业银行的业务分开，并要求美国私人银行只能在投资银行和储蓄银行中择一而行。银行控股公司持有其他工商企业股票不得超过 5% 的份额，并且银行信托部投资某一公司的金额也不得超过其信托基金总额的 10%。银行与公司的关系被严格限制在信贷规模，以及银行通过信托部对企业的股权控制上（李传君，2014）。银行对公司的贷款以短期为主，并且要求抵押、担保。银行对公司治理的参与主要是依据《破产法》赋予的破产程序，通过相机治理机制来实现的。当公司经营良好且具有良好的债务履约能力时，银行对公司经营活动不加干预；当公司陷入财务困境，债务履约受到威胁时，债权人银行就可以通过法律规定获得公司控制权。就银行的信托持股而言，银行作为受托人其主要目的是实现信托人利益最大化，这与一般持股以取得公司股权的目的有着本质区别。20 世纪末《金融服务现代化法案》打破了《格拉斯—斯蒂格尔法案》限制商业银行从事投资银行业务的规定，为银行参与公司治理提供了空间。银行通过自建或控股的形式持有控股银行等非银行金融机构，通过这类子公司持有工商企业股份，进而介入企业的董事会或监事会，影响公司经营管理决策。

二是董事对公司债权人承担信义义务。在传统的美国公司法架构下，董事只需要对公司承担忠实义务和注意义务，随着业务实践和法律规定的发展，董事会还需承担善意义务，这主要缘于利益相关者理论的兴起。20 世纪 80 年代以来，英美国家公司坏账增加、失业人数上升，严重损害了公司债权人、职工等相关群体的利益。考虑到利益相关者的利益，一些公司章程增加了董事会在作出公司收购等相关事宜的决策时，应考虑该事项对公司债权人、雇员、供货商、客户等其他主体带来的影响。在此情况下，美国各州完善公司法，要求公司陷入财务困境时，董事需要对债权人承担信义义务，考虑利益相关者的利益（吕玉芹，2006）。

综合而言，日德模式的银行参与公司治理是基于银行的双重身份角色，即银行既是客户企业的股东又是客户企业的债权人，而英美模式的消极、距离式参与公司治理，主要由于银行仅行使单一的债权人角色。在日德模式中，债权人直接、积极参与公司治理能对债务公司形成内外部约束，降低企业管理层激进经营管理决策带来的经营风险，减少管理层道德风险发生的概率，缓解银企信息不对称，有助于建立稳定的银企关系，优化股东和债权人间的代理问题，然而其不足之处是抑制了债务公司股东风险承担行为，不利于资本市场健康发展。在英美模式中，债权人消极的相机治理机制是与美国资本市场高度发达的社会背景相吻合的。其债权治理模式可以在企业遭遇财务困境时避免银行由于信息不对称而遭受损失，银行可以通过及时的控制权转移机制来获得公司的控制权，通过积极有效的企业拯救措施，使银行能够更好地从债务公司中脱身，降低银行的风险。

就中国实践而言，《中华人民共和国商业银行法》禁止银行直接持有工商企业股份，银行基于自身利益考虑，依托债务契约利用财务指标条款和限制性条款来监督与约束公司管理层行为，在公司多元化的内外部治理压力下，企业管理层会尽力依照债务契约条款控制自身自利行为（赵玉珍，2012）。此外，《中华人民共和国公司法》中"公司自治"的理念为银行债权人介入提供了空间，银行债权人可派代表入驻公司监事会，也可通过资本监督，如为保证资本充实要求以交付出资保证、查阅公司财务等相关资料的方式参与公司治理，也可依据债务契约约定参与公司治理。综合而言，我国银行债权治理是一种基于债务契约的外部治理，它与公司其他内部、外部治理力量相辅相成。

三、银行债权治理手段

银行债权治理手段即银行为了保障自身权益而参与债务人公司治理的具体方法。由于债权人派代表参与公司监事会和资本监督的方式具有偶然性和不确定性，为此，我们依据贷款合同探讨银行债权人治理手段。大致而言，银行债权人合约治理手段包括债务契约条款和贷款基本要素。

（一）债务契约条款

为了更好地服务实体经济、防范金融风险，我国法律上禁止银行机构直接持有企业股份，因此银行债权治理作用的发挥受限于债务契约。作为明确债权人、债务人权利与义务的法律文书，债务契约涉及对债务企业资本流动性、会计数据、资本支出限制、利润分配、增加债务期限、股票回购等经营内容的规范。债务契约明确规定了银企等各方的权利与责任，各参与方按照契约条款内容行事，银行债权人以此对债务企业起到约束治理的作用。就具体契约条款类型而言，债务契约条款主要包括积极性限制条款、消极性限制条款、财务标准条款和违约责任条款等四类（Lloyd，1990）。

首先，对于积极性限制条款而言，债务契约主要通过积极性的承诺和消极性的承诺实现债权人对债务人的限制。积极性限制条款要求债务企业承诺在债务存续期间内其必须做什么，这些内容多与公司管理相关，通常包含信息提供条款、任命权条款、经营决策权条款和合规性条款。例如，要求债务公司确保自身经销权的稳定性、债务公司要保持最低资本额度、债务公司运营过程中要遵守相关法律法规、债务公司每年的财务报告须经审计师审计、债务公司要向债权人提供定期的财务报告或信息报告等。积极性限制条款的实施使债权人能够监控贷款的情况和潜在违约情况，确保债务人合规经营，甚至在极端的情况下，债务公司需要承诺其会按照债权人制订的计划来开展经营。在这种情况下，债务企业相当于放弃了自身的经营权，抑或是债务公司承诺在特定情况下其会任命债权人指定的提名人选进入公司董事会或公司管理层（William，2016）。

其次，对于消极性限制条款而言，该类条款要求债务人承诺在债务存续期间不得做什么，这类条款也是实践中大部分债权人控制债务人的主要方式。该类条款在肯定了公司股东以及管理层具有自主经营权的同时，赋予债权人拥有公司特定协商事宜的否决权，进而限制了公司的部分经营决策权，保护债权人利益不受损害。典型的消极性限制条款包括限制债务人股息分配的条款、限制公司资产处置的条款、限制公司发行额外债务的条款、限制公司特定投资的条款、限制公司管理层变更的条款等（Chava et al.，2008）。例如，格雷格（Greg，2009）发现32%的债务契约对公司资本支出方向作了明确规定。通过制定和实施消极性限制条款，债权人能够有效保证自身债权的安全性，防止债务人通过大量资产处置、投资高风险项目等方式损害债权人的权益。一般来说，债务契约的限制性条款越多，债权人对债务公司的控制力度也就越强。

再次，对于财务标准条款来说，该类条款设定了一些标准以保证债务公司能够维持良好的财务状况。这也有利于保证积极性限制条款及消极性限制条款控制债务人经营的目的（Lloyd，1990）。此类条款最终指向同一个目标，即对于企业经营的可被允许的杠杆程度进行定义。这类条款中的标准常与债务公司的流动性、偿债能力、资本重组等财务活动有关，往往包含企业的净资产、债务负担、营业收入以及现金流、净收益值、债务与税息折旧及摊销前利润的比值的标准，这些标准可以是绝对的数额要求，也可以是相对的财务比率要求，以此来预警企业财务困境的发生。如果由于经营状况恶化，债务公司未能符合财务指标条款规定的相关标准，债权人依据这些信息则认为债务公司已出现了财务困境。这也使债权人在重新谈判中拥有强势的地位，进而向债务公司施加压力。

最后，对于违约条款而言，它赋予债权人在债务人未能履行上述限制条款后，即公司违约后，其对于债务公司享有特定的处置权。这类条款一般包括债券回购条款、债务加速到期条款、交叉违约条款等（Gu et al.，2017），以此来防止债权违约导致债务人清偿能力受损时无任何应对手段的情况发生。为避免违约行为带来的惩罚，债务企业会尽力按照契约行事来保障债权人权益。若债务公司无法按时偿付本息，债权人也可将之诉诸法律，这也被视为债权人的相机治理。在相机治理机制下，债权人可以获得债务企业全部或部分控制权，进而可以更换债务公司董事会成员、停止有害投资者而有利公司内部人的项目等（Townsend，1979）。

综合来看，由于债务公司需要还本付息，且在债务契约的约束下债务偿付成为债务企业的法定义务，因此，债务契约是银行债权治理作用发挥的基础，也是约束公司管理层对未来现金流支配行为的工具。

（二）贷款基本要素

除了债务契约条款可作为债权人的治理工具，债务契约的贷款基本要素如规模、期限、价格、抵押质押物等也可作为债权人的治理手段。例如，有学者认为能够灵活使用抵押权，实际上就是债权人监督债务企业的一种方式（Rajan et al.，1995）。

首先，就债务融资规模要素而言，银行对企业授信规模越大，银行对债务企业的约束程度也越高。麦康奈尔和瑟韦斯（McConnell & Servaes，1995）发现，债务融资与公司业绩之间的关系受到公司成长性的影响。当公司处于高成长水平的时候，债务融资的存在有可能会促使经理人员放弃可能获利的项目，从而降低企业价值，但是当公司处于低成长水平时，债务融资的存在会使经理放弃那些高风险的项目，从而抑制过度投资，使企业价值上升。有研究发现负债率越高的情况下，公司的获利率越高（Jordan et al.，1998）。王旭（2013）认为银行对企业的授信规模越大，银行面临的信贷资金风险也越高，其更有动机去关注债务企业的资金配置效率，相应的债权人治理力度也越大。同时，对于债务企业来说，借款规模越大，企业偿债压力也越大，公司管理层经营受到自由现金流的约束更强。陈耿和周军（2004）的研究表明，债权集中度越高，其对公司的治理效果越明显。他们解释这种现象的产生是由于当债权集中时，债权人内部为达成一致时所花费的成本降低，从而使债务的治理效果更加明显。汪辉（2003）认为，总体而言我国的债务融资对公司治理有积极的作用，可以提高企业价值，但是当资产负债率过高时，债务的治理效果不明显。赵玉珍（2012）构建了公司债务融资程度综合指标，认为这些指标值的大小可反映债务融资规模对企业经理层的约束力大小。胡奕明等（2006）、邓建平等（2011）采用借款总增量、长期借款增量等动态变量来反映契约事前的银行授信筛选。一些学者也使用借款规模类指标对企业技术性违约后的银行相机治理强度进行了分析（Chava et al.，2008；Gu et al.，2017）。

其次，就债务契约的期限要素而言，债权人会使用不同的债务期限对债务企业进行差异化的约束。有学者提出短期债务可以削弱公司股东从低风险资产投资转移到高风险资产投资的动机（Barnea et al.，1980）。詹森

（Jensen，1986）认为相对于长期负债而言，短期负债的还本付息压力更大。因此，短期负债更能激励公司管理层提高自由现金流的使用效率。而长期债务在给借款企业提供长期融资资金后，由于缺乏控制手段，使企业能够在没有违反债务契约条款的情况下损害长期债权人的利益。相对而言，短期借款可以削弱债权人与股东之间的利益冲突（Leland et al.，1996），短期负债对企业经营管理人员能够产生比长期负债更强的约束和激励作用。因此，短期债务能对债务公司进行更有效的监督，它能更有效地抑制公司经营管理者的过度投资动机以及管理层较低资源配置效率的管理行为，使管理层更有压力去努力工作，进而作出最优的财务决策（Hart et al.，2005）。然而，有研究认为长期债务与短期债务的同时存在要比单一期限债务好，这是因为前者可以防止投资者进入无效率的清算，也可防止债务企业的战略性违约行为（Bergdorf et al.，1994）。赵玉珍（2012）认为相对短期负债来说，长期负债期限较长、金额较大，由于未来的不确定性高、风险大，债权人在债务契约中会设计较多的限制条款，即注重外部履约机制。综合来看，长短期负债对债务企业具有不同的激励约束作用。

最后，就债务契约的价格要素而言，布莱克威尔（Blackwell，1997）研究认为，借款公司经营风险越大其贷款利率也会越高，然而审计能够降低企业的贷款利率。有研究发现企业会计信息质量较低时，其借款利率会较高、借款期限也会较短，并且其更可能被要求提供抵押、质押物品（Bharath et al.，2008）。学者发现企业重述财务报告后，会传递出企业信息有问题的信号，为此银行将采取提高贷款利率、缩短债务期限等措施来降低银行的风险承担（Graham et al.，2008）。因此，借款企业信用风险是影响企业贷款价格以及能否获得贷款的重要因素。这些风险主要来源于企业经营风险、管理层自身特征、企业委托代理问题等。企业信用风险等级越高，企业贷款价格也越高（Hope et al.，2016）。并且，在重复博弈和交易成本理论下，债务企业如果作出损害债权人利益的行为，其信用等级将会降低，借款能力也相应下降。这意味着企业借款将需要支付更高的价格，即违反契约需要支付更大的成本（张晓玲，2012）。因而，企业为了以较低的成本获得信贷资金，就得按照债务契约行事。另外，债权人保护程度也会影响其放款价格。学者发现在债权人法律制度保护程度高的国家，银行贷款有着较低的贷款利率、较长的债务期限以及更集中的放贷人结构（Qian et al.，2007）。魏志华等（2012）认为良好的金融生态环境有助于降低金融运行风险，并且能够降低上市公司的债务融资成本。综合来看，债务契约价格要素除了与债权人保护程度相关外，还与债务公司的信用风险呈正相关关系，企业信用风险越高，债务价格会越高。

综上所述，随着人们对银行债权治理认识的不断深入，债权治理手段具有多元化特征，这些为后面的研究提供了方便。

四、银行债权治理与公司内部治理

一般来说公司内部治理包括三种方式，分别是公司管理层治理、股东治理和董事会治理（王满四等，2003）。为此，下面通过银行债权和这三种内部治理方式的互动探讨，分析银行债权对债务企业的影响机制。

（一）银行债权与公司管理层治理

首先，银行债权对公司管理层具有监督治理效应。史密斯等（Smith et al.，1979）认为银行债权监督力量来自借款企业违反契约后的或有控制权以及短期借款的还款压力。如果公司管理层持股比例较少，为躲避债权人的外部监督，他们会更多地选择较长的债务期限（Datta et al.，2005）。杰恩（Jain，2006）认为由于企业负债能带来破产威胁，为此企业银行负债会对公司管理层存在激励关系，而投资者也通过企业负债信息来识别企业。有学者通过自由现金流作用路径研究表明债权人银行对债务企业具有监督作用（Shepherd et al.，2008）。王满四等（2012）采用经理层代理成本衡量银行债权监督效应，发现银行债权人确实可以对企业管理层起到监督的作用，不过相对于国有企业，银行债权人对民营企业经理层的监督治理效应更高。惠祥等（2017）认为由于债权监督的利息支付机制会减少公司经理层奖金奖励的利润总额基数，研究发现经理层为了实现自身利益最大化，其管理防御水平越高，债权融资比例会越低。

其次，公司管理层的经营状况决定了银行的贷款政策与监督机制。布莱克威尔（1997）的研究表明，公司经营风险与银行贷款利率呈正相关，然而，审计状况、企业规模以及合作时间等因素也会影响银行贷款利率的高低。一般情况下，经过审计的企业其借款利率相对没有经过审计的企业会更低，并且企业规模越大其借款利率也相对越低。另外，借款企业与银行合作时间越长，相对而言，其借款利率也越优惠。胡奕明等（2006）研究认为，相对于长期贷款余额、短期贷款余额和短期贷款增量，企业的银行长期贷款增量对企业财务状况最为敏感，并且贷款保证方式的采用与企业财务状况也有一定关系。刘井建等（2015）发现，长期债务与公司高管现金薪酬之间呈现倒"U"型的关系，并且公司高管股票增持和股权激励也有助于公司长期债务的增多，不过公司高管股权激励强度却不利于长期债务。林炳华等（2015）发现，公司管理层持股比例与公司能否获得银行授信也存在非线性关系。

（二）银行债权治理与公司股东治理

首先，银行债权治理会约束债务公司控股股东与中小股东间的代理成本。拉·波特（La Porta，2000）认为，企业控股股东与中小股东之间的利益冲突而产生的代理成本常被称为"隧道效应"，"隧道效应"的存在使控股股东侵害中小股东的合法权益，进而影响企业价值（Sinon，2000）。马君潞等（2008）认为，债权治理机制对"隧道效应"具有约束作用，当公司存在高负债率时，银行为了维护自身债权利益，有一定的动机和能力去对控股股东的现金股利派发等资金占用行为进行监督和约束。银行债权人通过大股东机制能有效降低企业代理成本（王满四等，2017）。何融等（2018）发现，债权治理尤其是银行债权治理能够降低公司大股东的资金占用行为，即降低公司大股东掏空行为。

其次，大股东利益会影响银行债权治理效应。兰艳泽（2006）认为，企业通过大股东关联交易来获得大量贷款，这种关联贷款会造成债权治理弱化。另外，银行持股对企业绩效也会存在影响。一种观点认为，银行持有公司股份不仅可以缓解公司融资困境，并且可以有效缓和债权人与债务人的利益冲突，改善公司绩效（Gorton et al.，2000；邓莉等，2007）；而另一种观点认为，作为公司股权和债权双持有人，银行会使公司偏离利益最大化目标（Bernotas，2005）。

（三）银行债权监督与公司董事会治理

一个研究焦点是银行是否有必要进入企业董事会，参与公司治理。作为股权投资人，银行可以通过进入公司董事会和监督经营者等直接控制形式，或者通过股票买卖以及兼并等间接控制形式来影响企业投融资经营（Jiang & Shao，2010），在提高公司管理的同时增加利润来源。邓莉等（2009）认为，银行有权利通过债权转股权来获得企业的控制权，进而可以通过加入公司董事会参与公司治理。英戈尔夫（Ingolf，2010）研究发现，银行担任公司董事时，当公司开展收购兼并时，银行可能会获得咨询服务收入。然而，为了防止金融业与实体经济间的风险传递，《中华人民共和国商业银行法》禁止银行业直接持有企业股份。为了获得高额利润，一些银行会通过境外设立子公司等形式绕开监管壁垒进而开展股权投资，或者与风险资本开展投贷联动业务等间接形式来影响企业经营（朱柯达，2016）。另一个研究焦点是银行背景董事会影响公司的债务融资。一些研究发现，银行参与企业董事会时，企业的负债融资比例会降低，在企业面临资金危机时银行董事并没有发挥很大的作用（Byrd et al.，2005；Guner et al.，2008）。然而，苏灵等（2011）认为，当快速发展的高风险中小企业存在银行董事时，企业的银行贷款便利程度会提高。刘浩等（2012）研究发现，由于金融市场压抑和大股东问题的存在，我国银行背景董事的监督作用弱化，常表现为咨询作用，然而银行背景董事有助于企业获得信贷资金，该效应在金融发展落后地区以及银根紧缩时期尤为突出。翟胜宝等（2014）同样认为，银行背景董事能够给企业带来更多的融资便利。于鹏等（2020）发现，银行背景独立董事有助于公司获得更多的贷款，尤其是长期贷款，并且债务融资成本会降低。任碧云等（2020）同样发现，民营企业引进金融背景高管人员会引发公司资本结构向上调整。

此外，银行背景董事的债权监督效应也是一个研究焦点。有研究发现，当企业与银行存在利益冲突时，银行背景董事的独立性会受到影响，进而弱化银行债权监督作用（Kroszner et al.，2001）。银行背景董事会造成企业在投资决策时偏好低风险、低价值的项目，而这对企业价值来说不具有较好的增加效应（Mitchell et al.，2008）。祝继高等（2015）认为，在我国银行，关联董事对企业能发挥较好的咨询职能，然而其监督职能效果仍具有不确定性。其发现，是否受国家产业政策支持会影响银行关联董事的监督效果。如果企业属于产业政策支持的行业，银行关联董事的监督职能不能得到有效的发挥，这会加剧企业的过度投资，降低企业的价值。但如果企业属于非国家产业政策支持的行业，银行背景董事除了能给企业带来融资便利外，还能同时提高银行债务治理效果。

综上可知，银行债权治理与公司内部治理互动可以通过其与公司管理层治理、董事会治理和股东治理三个层面来开展。它们为深入研究银行债权治理对民营企业韧性的作用机制提供了参考依据。

五、银行债权治理与公司外部治理

由于公司外部治理环境对银行治理具有影响，为此接下来将从银行债权治理与公司其他外部治理力量之间的互动关系开展文献梳理。依据公司外部治理主要包括政治经济环境、公司控制权市场、产品市场竞争、声誉市场等（郑志刚，2006；邵国良等，2014），下边将分别梳理银行债权与上述四个方面的关系。

（一）银行债权与政治、法律制度

政治、法律制度会影响银行与企业间以经济利益最大化为原则的信贷契约。

首先，政治关联影响银行债权治理效应。政治关联表现为政企关系，一些研究认为，政治关联有助于企业获得更多的优惠贷款（Faccio，2006；杜颖洁等，2011）。然而，政治关联会造成企业恶性增资，对银行债权监督产生了负面的影响（张兆国等，2012）。胡旭阳等（2019）发现，尽管民营企业政治关联存在贷款效应，但是随着市场的深化与发展，民营企业政治关联在融资便利方面的作用呈现出动态弱化的趋势。

其次，政府干预会影响银行债权治理效应。政府干预可表现为政府对社会经济的调节与控制，政府干预会造成不良贷款，导致银行债权软约束问题（谭劲松等，2012）。一些学者认为，政府减少干预有助于提高银行债权治理效应（方军雄，2007）。黄轲等（2020）发现，随着金融市场化发展和银行自主权的增强，不同所有制企业间的信贷差异在不同政府干预程度的地区间不存在显著差异，即政府干预对银行信贷歧视的解释力度显著下降。

最后，债权人的法律保护对债权人治理存在影响。葛军（2005）认为，债权人出于保护自身利益的动机需求，会参与债务公司治理，然而法律制度保障能使银行更合理、更有效地参与公司治理。目前，我国保护债权人的法律制度尚不完善，这限制了金融生态环境建设改良，对银行开展债权监督也造成了不利影响（李延喜等，2014）。周元春等（2021）在研究债权人保护时发现，银行债权治理过程中的风险主要集中于担保环节，并且在债务诉讼中聘请律师是提升银行胜诉概率最为直接和有效的方法。

综上所述，银行要发挥好债权监督效应就必须处理好银行、企业、政府间的关系。

（二）银行债权与公司控制权市场

公司控制权市场是指不同管理团队在竞争公司资源管理权的时候，他们会通过收集股权或投票代理权进而取得对公司的控制，以对公司不良管理层实现接管和更换的目的。

首先，银行债权在控制权市场中的作用。债权人银行在控制权市场上发挥着重要的作用，这是由于其发现，银行债务与债务企业成为收购目标之间呈现正相关关系，此外债务企业的借款强度与并购成功率也为正相关关系（Ivashina，2005）。邓莉等（2008）研究得出我国企业的银行贷款强度与该公司成为收购目标呈负相关，我国银行贷款在控制权市场上是弱效的。罗付岩（2015）研究得出，相对于非银行关联，具有银行关联的公司开展并购的可能性更高，并且公司开展并购的次数更多。

其次，银行通过控制权市场提升公司治理水平。有研究表明，为降低劣质企业违约风险的发生，银行有动机通过向收购方传递信息的方式寻求更佳的优质客户，这种基于银行信息优势以及银行的信息传递动机会激励公司管理层提高管理效率，改善公司绩效，进而提高公司的市场价值，以降低公司被收购兼并的风险，在此过程中银行债权通过控制权市场发挥了积极的治理效应（Ivashina，2005）。邓莉等（2008）认为，作为大的债权人，银行承担的风险也较大，为了防止企业道德风险的发生，银行在授信决策过程中会严格审查借款申请者的内部信息，这会使银行获得更多的企业信息流，有助于银行纠正企业不当的管理，对公司现有管理者施加巨大的破产、被收购兼并等压力，进而倒逼管理者改进管理方式，提高企业经营效率，从而达到治理公司的目的。

综上可知，由于银行基于借贷关系掌握着企业客户的大量信息，这些信息能影响企业收购兼并过程。企业管理者为了防止控制权转移，考虑银行的信息优势会提高自身的努力程度，进而提高了银行债权对公司的治理效应（邵国良等，2014）。

（三）银行债权与产品市场竞争

产品市场竞争有助于形成公平有序的市场竞争环境，降低交易成本，提高信息透明度，降低银企间信息不对称问题。

首先，债权融资对产品市场竞争具有影响。盈利较高的企业能够积极利用债务融资获得竞争优势（Brander et al.，1986）。企业债务的增加会使其在产品市场上采取更为激进的策略（Bernard et al.，2009）。曾宏等（2008）认为，在较低的盈利水平下，企业使用债务融资则其经营风险会增加，这会诱使其竞争对手采用掠夺市场资源等攻击性行为，使企业价值降低。王满四等（2020）研究认为，相对于银行债权对公司治理发挥着积极直接的效应，银行债权通过产品市场竞争机制发挥积极间接的效应较为弱化。

其次，产品市场竞争对银行债权治理具有影响。产品市场竞争有助于银企之间传递信息，进而提高银行与企业之间的信息透明度，在一定程度上有助于解决银企之间的信息不对称问题。有研究表明，企业能通过产品市场竞争向外部传递信息，投资者更加青睐规范性好、信息透明度高的企业（Botosan，2005）。王雄元等（2009）认为，企业通过产品市场竞争向外部债权人传递信息，在缓解企业融资约束问题的同时，也有助于债权人对公司监督效应的发挥。苏川（2016）认为，在行业市场竞争程度较强时，面对激烈的竞争环境，企业会选择较为激进的财务政策，为此，产品市场机制可以通过银行债权中介渠道来对公司管理者进行约束，进而降低公司代理成本（王满四等，2020）。总之，市场体系的完善有利于银行债权治理作用的发挥，这些研究为进一步完善市场竞争以及更好发挥银行债权治理提供了经验证据。

（四）银行债权与债务人声誉

贷款前，银行如何筛选风险较小的企业为其提供贷款？学者普遍认为借款者的声誉是解决这一问题的重要参考指标。

首先，声誉影响企业贷款优惠政策。良好的声誉有助于企业获得更多贷款优惠（Cianci，2010）。企业声誉较差不仅意味着借款企业的违约风险较大，也意味着债权人出借给企业的信贷资金所面临的风险也相对较大，为此，债权人会在企业声誉评估的基础上制定贷款决策（Gopalan，2005）。企业控制人声誉问题会直接影响企业债务融资（王旭，2014）。

其次，银行会利用声誉机制提高债权治理效应。戴蒙德（Diamond，1989）认为，未来银行对企业的贷款政策与借款企业的违约记录存在密切关联，高信誉的借款企业会规避违约风险的发生，防止企业声誉受损，这有助于银行信贷资金风险的降低。为此，基于自身权益考虑，银行会发挥银行债权治理效应，督促企业加强声誉建设。黄志雄（2017）通过实证分析发现，银行授信有助于提升企业经营过程的信息透明度，这种资信再认定能够发挥信用评级的功能，增强企业声誉。从上述文献可以看出，声誉机制为银行选择合适的贷款者以及发挥债权治理效应提供了依据。

综合上述研究可知，学者们在研究银行与公司外部治理间的互动上主要研究了银行债权与控制权市场、产品市场竞争、声誉机制等之间的关系，但是对于银行债权如何与公司外部治理力量互动进而影响公司韧性，尤其是民营公司韧性，缺乏具体的研究。

第四节 银行债权与民营企业经营管理的互动研究

由于鲜有银行债权对民营企业韧性的研究成果，为此笔者主要整理了银行债权与民营企业经营管理互动关系的研究成果。具体而言，本书拟从银行债权人与民营企业的投融资行为、银行债权人与民营企业能力特征等两个方面阐述现有的研究成果，并在最后提出现有研究的空白和局限之处。

一、银行债权人与民营企业投融资行为

有学者在实证研究的基础上指出，银行是企业最主要的债权人之一，且商业银行自身业务具有较强的广泛性，相对其他机构，商业银行具有信息获取优势，因此相对而言银行债权人更能够获得债务公司实际运营情况的更多隐秘信息（Wansley et al.，1993）。作为重要的资金和信息提供者，银行债权人往往是民营企业发展的重要合作伙伴。银行债权人对民营企业的信贷配给、信贷监督等会以两者间债务契约的形式影响彼此。银行信贷供给将直接对民营企业融资行为以及投资行为产生激励或约束效应，同样，民营企业投融资行为将直接影响银行借贷资本的安全性和盈利性。

（一）债权人治理与公司债务融资行为

首先，债权治理效果预期会影响公司债务融资行为。法玛（Fama，1985）和拉詹（Rajan，1992）认为银行债权人可以凭借其独有的信息优势对借款企业发挥出更有效的监督作用，银行债权人可以更好地监督、约束管理层行为，发挥更好的治理效果。短期债务可以对公司管理层任意使用现金流的行为起到一定的约束作用（Hart & Moore，1995），如减少债务公司资产替代行为，降低管理层的代理成本，进而提升企业经营管理绩效（李扬，2011）。因此私人企业应更多发行短期债务，降低公司代理成本（Barnes et al.，1981）。然而，短期债务具有短的时间持续性、高的更换频率等特点，造成短期债务的债权人难以在有限的时间内采取有效的干预措施对企业的经营管理行为产生实质性影响。换言之，债务的短时间期限极大地限制了短期债务的债权人在企业中的话语权，并且短期债务的动态变化调整也降低了债权人行为的可观测性。因此，相对于长期债务而言，短期债务融资会为企业带来较高的财务风险和破产风险，进而短期负债能较好地约束管理层的自利行为，更好地激励公司管理层在压力状态下恪尽职

守、勤勉工作，进而作出最优的公司财务决策。相较于短期债务所存在的特征，长期债务的持续时间更长且债权人的预期监督成本相对也更高，从供给方来看债权人不偏好长期债务资金的供给，这也意味着企业难以获取长期借款（魏群，2018）。此外，长期资金一旦贷出，长期债务的债权人就无法随时退出，这一机制的存在使长期债务的债权人承担了更大的风险。在保障自身利益的驱使下，债权人在办理长期债务时，债权人会对债务人进行更严密的监督以降低贷出资金无法按时收回的风险（Tirole，2006）。王满四和邵国良（2018）指出，相较于短期债权人，长期债权人更倾向于直接监督企业生产经营管理活动。现有研究也证实了长期债权人监督的有效性，如长期借款规模与企业盈余管理的行为负相关（雷强，2010），高长期债务比例与企业审计费用之间存在的负相关关系（王宇生和余玉苗，2010），长期债务所产生的债务利息可以减少管理层自由支配的资金，同时还能抑制管理层的过度投资行为，进而提高企业的价值（D'Mello & Miranda，2010）。托马斯（Thomas，2013）以德国民营公司经验数据为样本，探讨了公司股东资本结构决策的动机，研究发现民营公司对于债权融资的依赖性低于其他类型公司，原因在于民营公司的股东进行资本结构设计的动因在于巩固公司的控制权，债权人监督效应的强弱会影响公司对负债融资的依赖程度。谭燕等（2018）利用上市公司股权质押公告，研究民营上市公司的股东兼债权人的资源功能、监督功能以及收益功能，发现财务资助的资源功能有助于企业新增银行贷款的获得，并且有助于监督功能的实现。

其次，由于债权人与民营企业间信息不对称，债权人之间的信息共享成为债权人决策的重要依据。一些研究发现，银行债权不仅能缓解代理问题，而且能降低信息不对称（Vallelado & Saona，2011；Saona & Vallelado，2010；Arena & Dewally，2012；Hoffmann et al.，2017）。优质企业可以通过提高负债融资比例的方式向资本市场传递其拥有优质投资项目的信息（Leland et al.，1977）。银行债权人为降低风险会要求企业采用相对稳健的会计政策、投资政策等，保证债务的安全回收性。故此，债务企业盈余稳健性与债权人治理呈正相关（Watts，2003）。有研究以跨国私人企业为研究样本，发现当外部债权人保护较弱并且公司存在利益挖掘风险时，债权人间的信息共享程度会对负债融资成本和融资水平产生影响（Narjess，2010）。有研究以100强跨国银行数据为样本，研究信息成本与债务报告系统对跨国银行扩张方向的影响，结果表明，银行更倾向于向私人贷款机构和债务报告系统较为完备的国家扩张，即债权人决策对债务人信息质量具有较强的依赖性（Hsiangping，2011）。由于政府干预降低了银行的风险识别能力，造成国有企业与民营企业之间存在"信贷歧视"差异（李斌等，2006；白俊等，2012；李敏才等，2012；聂新伟，2017）。相对于国有企业，由于市场机制不健全等，民营企业难以获得公平的竞争地位，为了获取更多的资源，民营企业对社会关系网络的依赖程度更高（许浩然等，2016）。在社会关系网络中，银行关联有助于民营企业获得更优惠的贷款（邓建平等，2011）。然而随着制度环境的改善、市场化程度的提高，银行更偏好对经营绩效好的非国有企业增加贷款（罗韵轩，2016），并且国有上市公司和非国有上市公司之间的超额银行借款差异逐渐减少（邓路等，2016）。尹志超（2015）通过收集的信贷数据研究得出，银企关联可以降低企业的贷款定价，何韧（2013）进一步发现银行与企业间的简单关联有助于降低贷款抵押成本，但两者长期而密切的关系则可能导致"杀熟效应"，即造成更高的贷款成本。

（二）银行债权人治理会影响企业投资行为

首先，债权治理会影响企业过度投资行为。相对于股权分红的软约束而言，债务融资是一种硬预算约束，即公司到期必须偿还本金和利息（Jensen，1986），否则一旦公司发生财务危机，公司外部相关者将会染指公司决策，使公司控制权发生转移甚至是重新分配，例如，债转股产生新的公司治理结构。可见，债务对公司经理的控制和利益形成了约束，有助于抑制公司经理的过度投资。公司发展前景越不好，其银行贷款利率越高，公司对投资项目的自由现金流越不敏感，银行贷款可以约束管理者的投资行为（Degryse & DeJong，2006）。有研究发现债权治理效应和公司的自由现金流多少及面临的投资选择有关系，当企业面临的是低回报率、高现金流的投资选择时，银行债权能够发挥积极的作用；然而当企业有良好的投资选择但缺少资金时，银行债权所发挥的公司治理效应并不明显

（McConnell et al.，1995）。由于民营企业投资中的风险承担行为会受偿债期限、偿债水平等因素的制约，因此，民营企业投资中的风险承担行为是债权人实现权益保护的重要突破口。延斯（Jens，2011）运用1995～2005年的面板数据，分析出债权人对民营公司风险承担有显著的约束效应，表明债权人参与上市公司治理的有效性。同时，债务公司短期负债比例越高，投资支出越低，短期债务对过度投资的约束力度越大（童盼，2005）。胡宗义等（2011）认为，银行债权的治理效应是较弱的，对长期贷款和短期贷款进行检验发现，两者都会增加公司的管理费用；在自由现金流上，长期贷款对其存在负向影响，即长期贷款才能让银行起到监督公司的作用，此外以上关系还与公司规模有关。罗党论等（2012）发现相对于国有企业，民营企业能更好地使用银行信贷，表现为银行授信对民营企业的过度投资影响不显著。然而，宋淑琴等（2019）发现负债可以有效抑制民营企业的过度投资行为。

其次，债权治理会影响企业创新投资行为。由于企业创新也代表着公司风险承担水平（Fu et al.，2011），有学者通过研究认为，银行债权治理对企业技术创新能力具有显著促进作用，银行债权人已由创新厌恶向创新包容演化（王满四等，2018）。也有学者认为，由于国有企业的融资软约束问题，使债权治理对民营企业提供的创新激励效应比国有企业更加显著（王旭，2017）。刘军等（2015）利用2009～2012年高科技上市公司数据进行实证研究，探讨债权人治理而非融资与技术创新的关系。研究发现，债权人治理通过影响企业创新资源和创新制度，最终决定了企业的技术创新能力，而技术创新能力是现代企业发展成长的关键和动力源泉。并且相较于国有企业，民营企业绿色技术创新中债权融资的门槛阈值较低，不过超过阈值后，民营企业债权融资的促进作用相对较弱（王旭等，2019）。

债权人治理手段会影响公司投资行为。债权人可以通过信贷供给水平、债务期限结构等途径，减弱公司投资行为的风险承担动机，进而降低债权人利益受损的可能性（Smith et al.，1979）。有研究发现，长期借款可通过再融资约束条款来抑制企业过度投资行为（Bergolf et al.，1994）。伯川德（Bertrand，2011）基于自由现金流理论分析了短期债务与公司风险投资行为的关系。李斌等（2006）发现，相对民营上市公司，国有上市公司能获得更多的长期债务融资，然而在有着较低政府干预的地区以及较高金融发展水平的地区，不同所有权性质公司的银行信贷差别行为有所减弱。詹森（Jensen，1986）认为，由于债务要求企业用自由现金来偿付，这将减少经理可用于享受其个人私利的自由现金流量，在一定程度上可以抑制经理的过度投资行为。格罗斯曼和哈特（Grossman & Hart，1982）建立了一个正式的代理模型，分析债务融资是如何缓和经理人与股东之间的冲突，作为一种担保机制，债务能够督促经理人作出更好的投资决策，为此债务在一定程度上能够降低公司所有权与控制权分离而产生的代理成本。王旭（2012）认为，短期负债对民营企业经营管理人员能够产生比长期负债更强的激励约束作用，相比于短期负债带来较高的偿债压力，长期负债可能引致债权人治理失效，甚至使代理成本递增。

二、银行债权人与民营企业能力特征

在银行债权治理与民营企业能力特征的分析框架中，大量国内外学者围绕债权治理对民营企业盈利能力、成长能力及治理特征等方面产生的影响展开研究。

在债权人治理对民营企业盈利能力的分析上，有研究以俄罗斯民营公司经验数据为样本，探讨了负债融资来源与公司绩效之间的关系。研究表明，金融危机时期依靠银行信贷资源的公司绩效远优于依靠发行公共债券的公司绩效（Denis et al.，2013）。彭熠等（2014）研究发现，债务契约可以产生节税效应，并且债务契约可以约束现金流的使用来减少企业代理成本，从而增加企业绩效。然而，王满四等（2012）以广东企业为研究样本，使用主成分分析法构建公司财务绩效指标，发现银行贷款与公司绩效之间没有表现出显著的正向关系。孙玮（2013）、严玉玲（2014）在实证研究的基础上指出，银行债权治理对于公司绩效的影响在我国仍表现为负向效应。杨国超等（2020）发现2008年金融危机期间，我国实施的经济刺激政策使大量银行信贷流入国有企业，然而这并未使国有企业盈利业绩得以改善。林毅夫等（2001）通过研究指出，内源资金是不足以维持企业发展的，由于我国银行与企业之间存在信息不对称，银行不轻易将存款贷出去，此时与银行建立紧密联系的企业更易获得信贷资金，进而缓解企业融资约束促进企业发展和价值提升。方昕等（2020）研究发现，银行信贷融资使得短期内小微企业盈利情况得到显著改善，这表明小微企业的银行信贷融资具有可持续性。然而，由于信息不对称带来的抵押物依赖性和成本限制，大部分中小公司面临着信贷配给问题（Felipe，2011），这会影响债权积极作用的发挥。拉乌尔（Raoul，2011）基于意大利制造业公司数据，认为存在信贷配额的公司出口可能性下降了39%，出口总量下降了38%。穆罕默德（Mahmoud，2011）研究表明，信贷配额随着公司资本的不断积聚和代理成本的减少而减少。姜付秀等（2011）将公司经理层激励划分为显性激励（经理薪酬）与隐性激励（在职消费），研究发现民营企业显性激励与银行负债在企业价值中的替代关系明显。杨棉之等（2011）选取资产负债率和长期负债比作为债权治理的代理变量，研究认为我国债权人治理效率较低，为此民营企业应适当增加负债比例、优化资本结构。

在银行债权对民营企业成长能力的影响方面，泽利亚（Zelia，2010）以西班牙民营公司为研究样本，研究发现公司成长机会与公司负债呈现三次方的非线性关系，当公司具有较少或较多成长机会时，负债与成长机会存在正向相关关系。然而当公司成长机会大小适中时，负债与成长机会存在负向相关关系。这主要是由于当公司存在较低成长机会时，负债能较好地约束公司经理人行为，而当公司成长机会较高时，债权人能很好地将公司识别出来。由于禀赋差异导致国有企业与非国有企业存在信贷资金配置差异（白俊等，2012）。李斌等（2006）研究表明，在较低政府干预程度的地区以及较高金融发展水平的地区，不同所有权性质公司的银行信贷差别行为有所减弱。由于企业技术创新能力对企业成长能力有重要影响，刘军等（2015）发现债权人对企业技术创新能力有影响，并且这是通过影响企业创新资源、创新制度产生的。可见，信贷配额下的融资约束在一定程度上抑制了民营企业的发展和成长。

债权人治理对民营公司治理特征的影响研究多见于国内。众多学者探索了负债融资相关变量对公司治理效应、大股东侵占等状态变量的影响。黄文青（2010）使用主营业务利润率衡量公司治理效应，探讨了负债水平、债务期限结构和债权人性质对公司治理效应的影响，得出长期借款和公司债券表现出较强的治理效应。除研究债权总体治理效应外，在债权对公司的专项治理研究中，银行借款和短期借款对大股东的侵占行为表现出显著的抑制效应，并且债权人对民营上市公司的大股东侵占的抑制作用更为显著（雏敏，2011）。相对于国有企业而言，银行的债务治理作用在民营企业中表现更强（李胜楠，2011）。王满四等（2012）采用经理层代理成本衡量银行债权监督效应，发现银行债权人确实可以对企业管理层起到监督的作用，不过相对于国有企业，银行债权对民营企业经理层的监督治理效应更高。在内部治理效应方面，林钟高等（2018）研究表明，企业高管晋升压力增加会降低企业风险承担水平，但企业的内部控制质量的提高可以缓解该关系。宋建波等（2018）研究发现，公司管理层权力越大，越倾向于投资低风险水平项目，降低公司风险承担水平，然而全面的监督机制可以减弱这种抑制作用。关于银行债权与公司风险承担，严楷等（2020）研究指出，银行竞争程度与企业风险水平呈正相关，然而在不同所有制企业，这种关系的作用机制不同，在国有企业中以融资成本为该影响的中间机制，在非国有企业中融资约束是主要作用机制。翟胜宝等（2016）研究得出我国上市公司银行关联与企业风险存在正相关关系，并且这种关系在民营、外资和小型公司中更为明显。郭瑾等（2017）实证研究发现，公司贷款利率越高其承担风险水平越高，短期化的期限结构可以弱化该关系，但短期借款规模增加会提升企业风险承担水平，此外在公司的投资机会增加或者对管理层实行激励政策时，会进一步加大银行贷款与风险承担水平之间的相关性。对于其他具体治理效应而言，王旭（2013）基于 2007～2011 年中国上市公司的面板数据，围绕债权人对两类代理成本的治理效应开展研究，两类代理成本分别是公司股东和经理层间的第一类委托代理问题，以及公司大股东和小股东间的第二类委托代理问题，研究发现，上市公司短期借款具有正的外部性治理效应，而长期借款却表现出负的外部性治理效应。王旭（2014）在分析民营公司债权人外部性治理效应时，分别考察了企业政治关联性以及金融关联性在其中的调节作用，研究发现，民营上市公司政治关联弱化了债权人治理效应，而金融关联能够弱化短期借款的治理作用。然而，王满四等（2012）以广东企业为研究样本，发现由于国有公司的国有背景，这种财务软约束会进一步恶化银行贷款对公司财务绩效的影响，尽管民营公司没有国有公司的政策优势，然而对于民营公司，银行也未显现出其应有的债权监控治理效应。此外，王满四等（2018）认为，银行对企业的外部治理效应，除了有治理效应（对公司代理成本的影响）外，还有财务效应（降低融资约束）。在债权治理的动态性上，王旭（2013）、罗韵轩（2009）都强调债权人治理在时间维度上具有动态性，即债权人通过筛选、监督和相机治理等治理机制来保障自身权益。祝延松（2016）认为，为更好地发挥债权资本在公司财务治理上的作用，债权人在贷款事前、事中和事后都应对公司财务治理进行监督与控制。

综上可知，银行债权治理对民营企业投融资行为以及公司能力都有一定影响。然而，上述研究大多聚焦于企业的某种单一经营能力或经营行为，而在银行债权人对民营企业应对冲击的适应性发展和能力塑造上还缺乏深层次的研究。

第五节
本章小结

综上所述，目前在组织韧性理论研究、银行债权人治理研究方面已经比较成熟。但是对于撑起中国经济"半壁江山"的民营企业，尤其在受到外部冲击情况下如何增强民营企业韧性的研究并不多。尽管银行债权人参与公司治理的理论和实证研究有较多成果，但考虑增强民营企业韧性债权治理的研究不足，特别是对于银行债权不同契约阶段治理能力以及民营企业韧性实现路径的研究不足，本部分为后续研究提供了思路借鉴。

第三章
Chapter 03

理论基础与机理分析

本章首先做了组织韧性内涵的理论梳理，并对银行债权治理的相关理论进行梳理分析，在此基础上，进一步揭示了银行债权对民营企业韧性的作用机理，以便为后续的实证研究提供思路借鉴。

第一节
组织韧性内涵理论梳理

在梳理组织韧性不同学科视角研究成果的基础上，我们来探讨组织韧性的内涵，以便于后面对民营企业韧性进行界定和衡量。在以往组织韧性的相关研究中，对组织韧性内涵鲜有共识。学者们基于不同学科视角以及组织韧性定义，根据具体研究目标发展自己的组织韧性内涵，但总体而言对组织韧性内涵的界定缺乏一个总体的理论框架。综合现有文献研究，大致来说组织韧性内涵可以分为三类：一是组织韧性为一种结果（outcome），二是组织韧性是一个过程（process），三是组织韧性是一种能力（capability）。

一、组织韧性为一种结果

由于跨越自然科学和社会科学，韧性概念从不同学科视角来看具有不同的含义，这也引申出组织韧性具有复杂、多面和多维的内涵。尽管"韧性"大多被认为是组织在不稳定和不确定时期的一个基本成功因素，使组织能够应对各种不利发展以及重大危机的干扰。富有韧性的组织能够成功地应对任何干扰，甚至在干扰中茁壮成长（Lengnick-Hall et al.，2011；Linnenluecke，2017）。霍恩等（Horne et al.，1998）提出韧性可视为一种结果，即组织面对冲击后能较好地从中恢复过来。梅耶（1982）认为，"韧性"只有在颠簸平息后才能看到。罗伯特（Robert，2010）将组织韧性定义为"公司在受到干扰或失败的情况下维持或恢复到可接受运作水平"。这意味着干扰不会产生重大后果，它们属于公司抵抗力可以应对的范围。然而有学者认为，"韧性"意味着组织能够从超出应对范围的冲击中快速地恢复过来（Linnenluecke et al.，2012）。在上述两种情况下，其实都重点强调组织的应对策略和迅速恢复到预期绩效水平的行为。这种组织行为可被描述为战略性防御，并且系统状态决定着不良后果的程度（Limnios et al.，2014）。在组织系统不佳时，韧性可表现为系统僵化和系统动力失调（Miller et al.，1980）。对于韧性大小、组织韧性是高还是低，取决于组织可以容忍的干扰（Limnios et al.，2014）。衡量大小有两个维度：反击（defenses）或对变化的适应（adaptation）。组织为了生存下去而改变组织结构和流程以防御变化及吸收冲击。萨芭蒂诺（Sabatino，2016）认为，"韧性"和"脆弱性"是相互对应的两个概念，危机和经济衰退来临时，不富韧性的企业或者脆弱性企业表现最明显的迹象是企业倒闭、财务困难、失业增加等。诸彦含等（2019）依托资源保护理论，认为"韧性"是企业中的员工、团队等运用自身或组织资源对组织情境中的刺激因子如压力、挫折、逆境等相互作用而产生的结果。韧性结果是在情境刺激因素作用下组织主体韧性的输出结果，它可以表现为企业在逆境中转危为安，进而实现恢复平衡状态的目标。

上述研究强调企业面对单次冲击的韧性结果，就长期来看，组织韧性是应对挑战和威胁的结果，这种结果是发展性的结果，韧性的最终目标不是在危机中恢复而是持续发展（Sutcliffe et al.，2003）。麦克唐纳（McDonald，2006）根据利益相关者理论，认为对于一家高绩效、高声誉的公司，利益相关者基于公司现在所处的成功状态，更偏好公司开展较低风险的重复性探索和经营。然而，对于一家脆弱的公司，利益相关者急需公司进入变革期，他们要求公司在持续改进和追求稳定间寻求平衡，并且这种压力有助于定义组织韧性。德梅尔等（Demmer et al.，2011）认为德默公司是富有韧性的，这是因为根据企业寿命和财务表现，德默公司生存了59年，企业不仅生存下来了，并且德默公司近年来的财务表现远远超过其大部分历史时期的收入状况。为此，作者基于战略性视角认为组织韧性与建立应对一次性危机的能力无关，重点是其能持续预测和应对影响企业核心盈利能力的长期多元化冲击。龚德华等（2015）为了探究民营企业寿命短的原因，使用层次分析法从企业领导人素质、企业内部管理的自适应力以及企业外部环境阻力3个维度26项指标探究这些指标对民营企业生存和发展的影响，文章发现民营企业领导人素质是造成民营企业短寿的主要因素，企业外部环境或者企业内部管理是较为次要的因素。汤敏等（2019）认为，企业组织韧性不仅意味着企业在动荡的环境下要进行生存和适应，而且韧性更密切关联着企业的持续竞争优势。

总而言之，这些研究认为组织韧性是一种结果，这种结果的时间跨度可长可短，面对意外事件的数量可多可少。在研究方法上，现有的研究通常采用案例分析方法、回顾性分析方法分析在危机面前组织显示或不显示韧性结果，以及韧性与企业持续竞争优势的关系。

二、组织韧性是一种过程

由于"好的结果"不足以定义"韧性"（Sutcliffe et al.，2003），为此一些研究人员试图阐述韧性过程。萨克利夫等（Sutcliffe et al.，2003）认为，组织韧性的过程理念对于幸存组织具有什么或怎么做的进行了研究补充。威廉姆斯（Williams，2017）认为，过程更能反映出组织和环境之间的互动，更能反映"韧性"的动态本质。然而，不同的"韧性"定义对应着不同的过程，因此在组织韧性过程中所包含的阶段类型和数量各不相同。

"韧性"可被定义为组织能够抵抗冲击以及从冲击中恢复过来（即对应于上述的韧性结果）（Linnenluecke et al.，2012），因此，其对应的韧性过程就应该不包括预期适应阶段。之后，一些学者将预期概念纳入组织韧性的描述中。威尔达夫斯基（Wildavsky，1988）将预期定义为在损害发生前企业对潜在危险的预测和预防。肯德拉等（Kendra et al.，2003）指出，组织可以通过准备来实现韧性，这种准备不是指对特定事件准备，而是组织开发处理任何类型的意外事件所必须具备的能力或功能。萨默斯（Somers，2009）认为，"韧性"不仅仅指生存，它还涉及识别潜在风险和采取主动措施以确保组织在逆境中茁壮成长。

相比之下，伯纳德等（Burnard et al.，2011）认为，组织韧性过程包括适应阶段，即其认为韧性过程包括检测和激活、响应、组织学习三个阶段，其中威胁检测和激活是韧性过程中的关键阶段。另外，一些韧性管理的文献也探讨了韧性过程。例如，麦克曼纳斯等（McManus et al.，2008）提出了一个韧性管理过程，该过程由三个要素组成，分别为树立形势意识、管理重点漏洞和提高适应能力，并认为这个可作为提高韧性的实践指南。此外，适应性循环理念下组织韧性应包括四个阶段，分别是开发阶段、保护阶段、释放阶段和重组阶段。在开发阶段，系统只发生很小的变化并且对积累起来的资源进行更有效的配置，进而使系统更具刚性，系统灵活性逐渐降低（Holling，2001；Walker et al.，2006）；在随后的保护阶段中，系统具有最高的运行效能和稳定性，然而此阶段系统极易受到干扰；在释放阶段，由于前期系统效率的提高，系统冗余资源减少，相关干扰的发生会造成系统坍塌（Gunderson et al.，2002），这种坍塌导致了系统的彻底改变以及临时调整适应，并引致出最后的重组阶段；在重组阶段，系统进行了自我重组，这包括两种可能的结果，一种是回到与以前相同或相似的状态，另一种是转换并呈现另一种状态（Walker et al.，2002）。杜切克（Duchek，2020）在文献梳理的基础上，根据危机管理的方法，认为在韧性过程的第一阶段，组织应试图预测关键事态的发展和潜在威胁，并作好准备；在危急情况发生时的第二阶段，组织应采取有目的应对；在危急情况发生之后的第三阶段，组织应通过变革或学习提高其适应性，避免或减少意外事件带来的负面后果。

综合上述研究，组织韧性不仅意味着在意外事件发生期间出现，并且在意外事件之前和之后企业都要有效地应对不良事件，韧性过程可以把企业资源与企业发展结果联系在一起。

三、组织韧性为一种能力

许多学者将组织韧性定义为一种能力，然而只有少部分研究深入地分析韧性的特定能力构成。富有韧性的组织拥有一组能力，这能够使组织适应、整合和重新配置内外部资源，以满足不断变化的环境要求，并且"韧性"是一种动态能力。这种能力更像是进攻型战略，或者是战略性韧性，它可以使公司能够随着环境的变化动态地开发新的商业模式和战略（Hamel et al.，2003）。

就组织韧性能力的构成而言，彼得森（Petersen，2000）认为，"韧性"是指系统对冲击作出创造性和灵活性反应的能力。这一切都取决于组织的创新能力、组织创造新机会的能力以及组织对创新的态度，这些最终体现在组织成员对冲击的灵活反应能力和处理方式的创新能力。怀特曼等（Whiteman et al.，2011）认为，"韧性"来源于系统生态知识、生态感知、观测能力、生态嵌入性等，具有生态知识的行动者能更好地嵌入他们所处的生态系统，这促进了生态感知进而有助于提高系统韧性，而系统观测能力表示组织注意生态系统变化的能力，旨在减少系统压力和意外。伊斯梅尔等（Ismail et al.，2011）认为，组织韧性源于其业务能力和战略能力。有学者则专注于解释韧性是组织的综合能力和惯例，组织的韧性能力包括认知、行为和情境因素，并且组织韧性是组织使用不同惯例应对不确定性扰动的结果。在此基础上，他们强调公司的韧性能力来自公司特殊能力、惯例、实践和过程，并且强调了人力资源管理在发展组织韧性方面具有重要作用（Lengnick-Hall et al.，2011）。也有研究认为富有韧性的组织具有的主要能力包括以下几点：识别新资源并最大限度地利用现有资源（物质和非物质）的能力；技术能力，即拥有驾驶"船只渡过风暴"的专门知识；组织技能，作出决定并立即减少危机影响的能力（Cannarellae，2014）。企业组织韧性不是一种静态属性，它是企业通过应对意外事件发展起来的一组潜在的、具有路径依赖性的能力，能够支持企业的可持续发展，有助于公司感知和缓解情境威胁，进而提升组织韧性表现（Ortiz-de-Mandojana et al.，2016）。有些学者认为，企业组织韧性在个体和组织两个层面并不是孤立的，而是相互关联、共同促进的，这表现在提高员工个人心理韧性的同时也会提高组织韧性（王勇，2019）。企业中个体或团队不仅能够维持自身资源，而且能够通过投资获取新的资源，在外部扰动刺激下，企业成员可以通过开发自身心理资源以及人际交互方式，将个体心理资源转化为社交资源，进而触发企业团队采取共同应对的集体心理状态，这样便产生了组织韧性（诸彦含等，2019）。朱钛辉和李彤月（2019）认为，组织韧性能力可以分维度进行刻画，具体从防御抵抗能力（resistance）、适应恢复能力（recovery）和学习转换能力（learning）这 3 个维度出发进行刻画。防御抵抗能力是指抵御冲击、吸收冲击的能力，即经济体系免受冲击干扰，维持系统结构稳定和功能正常发挥的能力，经济增速、就业水平等关键指标在受到冲击时不出现明显滑落；适应恢复能力是指经济体系在遭受冲击时，系统重新整合内外部资源、调整自身结构以适应新的外部环境并维持产出、就业和收入等稳定增长的能力，即经济增速、就业水平等因冲击滑落后还能回复到冲击之前的水平；学习转换能力主要是指经济体系在遭受冲击之后开启新的发展路径以及在发展路径上实现经济稳定增长的能力，即经济增速、就业水平等还能延续原来的增长趋势或者迈入更高、更快的增长路径。而杜切克（Duchek，2020）认为，"韧性"是一种综合性根本能力，它由一系列组织能力或惯例组成，且贯穿于组织韧性过程。在"韧性"的预期阶段，组织韧性包括观察内外部事态发展的能力、识别出关键事态发展和潜在威胁的能力，以及尽可能为意外事件作好准备的能力。预期阶段的能力形成了潜在韧性，因为它是一种还没有显现或实现的韧性，在"韧性"的应对阶段，即突发事件出现后，组织韧性包括接受问题的能力、开发和实施解决方案的能力。对组织而言，接受问题和开发执行解决方案都会面对认知挑战和集体行为挑战。除了前两个阶段外，"韧性"还包括适应阶段，在此阶段组织韧性包括反思和学习能力、组织变革能力。对于反思和学习能力，其主要依据先前经验、相关或类似企业的经历中来获得学习素材。对于组织变革来说，这是一种更高层次的学习进而形成新的组织规范和价值观等，当然它也会面临不同类型的阻力，这需要企业具有强大的管理能力应对。

综合上述研究成果，企业组织韧性能力得到众多学者的认同，不过作为综合能力，组织韧性包含的具体能力比较多元化，目前学界难以达成共识。

第二节 | 银行债权治理相关理论梳理

关于债权治理理论，本节将围绕着利益相关理论、契约理论等探讨银行债权人参与公司治理的理论基础。

一、利益相关者理论

20 世纪 80 年代，英美国家兴起公司并购热潮，恶意收购者通过并购获利，而公司管理层和员工的利益在并购中受到损害，例如，大量员工可能被解雇，这些引起了人们对公司股东、经营者以及公司经营性质的思考。1984 年，弗里曼（Freeman）在《战略管理》（*Strategic Management*）上发表名为《利益相关者探析》（A Stakeholder Approach）的文章，他认为，利益相关者能够影响公司目标的实现，他们是公司生存所依赖的利益主体。由于股东仅仅是公司利益相关者中的一员，这引起人们反思传统股东主权理论中公司的经营目标。之后，克拉克森（Clarkson，1994）对利益相关者作了进一步的界定，他认为在企业经营活动中，利益相关者为其投入了金融资本、实物资本、人力资本或一些有价值的东西，为此企业应为其所有利益相关者创造财富和价值，而利益相关者也因此承担相应的风险。与此同时，经济学家们常用"多维细分法"对企业的利益相关者进行分类分析。例如，查克汉姆（Charkham，1992）根据利益相关者与企业之间是否存在交易合同，把企业的利益相关者划分为公众利益相关者和契约型利益相关者。克拉克森（Clarkson，1994）根据企业经营活动中利益相关者承担的风险类型，将其划分为非自愿型利益相关者和自愿型利益相关者。之后，其又进一步根据利益相关者与企业联系的紧密程度，将利益相关者划分为首要利益相关者和次要利益相关者（Clarkson，1995）。不同类型利益相关者对企业经营管理决策的影响程度以及被企业经营管理活动影响的程度是不同的。综合来看，企业利益相关者包括股东、管理者、员工、债权人、上游供应商、下游零售商、消费者、政府、竞争者、媒体等。根据利益相关者理论，企业应考虑所有利益相关者的权益主张，而不应仅仅追求股东利益最大化。

在利益相关者理论的运用方面，与利益相关者理论兴起的同期，业界开始关注企业的社会责任，这是由于除了履行发展经济的责任外，企业还需要主动承担环境保护、公益慈善、劳动保障、社会公德等方面的社会责任，这与利益相关者理论不谋而合。面对敌意收购，为保护企业利益相关者，美国多州随后修改公司法、收购法等，要求收购企业在收购时应考虑各利益相关者的利益。到 20 世纪 90 年代，学者在公司治理上更多强调利益相关者（Moon et al.，1997）。为此，公司治理不仅需要考虑股东与经理、大股东与小股东的关系，还应考虑债权人等相关利益主体的诉求。公司治理应在保护各利益相关者权益的前提下，实现公司价值最大化。

由于资金资源是企业经营成长的重要资源，银行债权人提供了信贷资金也成为公司所依赖的重要利益相关者。随着债务契约的签订，债权人成为企业的契约型和自愿型利益相关者，债权人通过信贷配给、贷款价格、贷款规模、贷款期限等资金供给行为和监督干预行为对公司经营管理产生激励或约束作用，并且公司运营管理以及投融资行为也会对银行债权人借贷资本的安全性和盈利性产生影响。与股东一样，银行债权人对企业提供了金融资本，同样也需要承担企业经营风险。因此，企业管理层也需要关注债权人的合理诉求。然而，由于企业利益相关者不是孤立存在的，他们之间具有多元化的关系，例如，公司股东对债权人可能存在利益侵占行为，为此，公司在创造价值时可能存在不同的主体利益冲突，为了使不同相关主体利益尽量趋同，公司还应当努力寻求妥当的解决方案，进而为利益相关者创造更多价值。

二、不完全契约理论

契约是市场经济发展的重要基础，在初始的埃奇沃思方盒中，"契约曲线"展示了完美市场经济下的瓦尔拉斯一般均衡，相应地，完全契约理论要求基于理性人假设，契约环境没有外部性的情况下，每个参与者都拥有完整的信息，契约交易成本为零，债权人可以运用债务契约机制保护自身权益。然而一旦脱离新古典的完美市场假说，这种完全型契约则难以实现，相对于完全契约的不完全契约理论出现了。科斯（1937）认为，如果交易契约期限越长，随着不确定因素增多，风险预测更加困难，那么在契约中卖方越不可能以及越不合适明确规定对方的行为。现实中，由于人的理性具有有限性、信息不完全对称性，外部环境也存在诸多不确定因素，完全契约成立的条件难以满足。随后，格罗斯曼等（Grossman et al.，1986）、哈特等（Hart et al.，1990）正式开创了不完全契约理论，而这已成为契约经济学发展的重要方向。

财务契约理论是不完全契约理论在财务金融领域的重要发展，它主要采用博弈方法探讨各种财务融资工具在企业所拥有的收益权、控制权、清算权等特征，以及如何综合运用这些特征来激励企业经营管理者提高效率，激励投资者积极投资并监控管理者。对于企业的资本结构尤其是债务契约问题，财务契约理论探讨了最优债务契约条件以及债务契约结构，并且标准债务契约即为最具有激励相容条件的债务契约。

在债务契约中，就债权人监督与控制而言，首先，根据信息不对称和激励相容理论，标准债务契约要求债权人具有固定索取权，并且债权人可以以此为条件对企业管理者开展财务约束以降低债务使用中的代理成本，在财务约束的作用下企业管理者不得不运用盈余现金按期开展债务本息偿付工作。其次，债务契约结构，如期限、抵押权等基本要素对债权治理也具有重要作用。伯格道夫等（Bergdorf et al.，1994）认为长期债务与短期债务的同时存在要比单一期限债务好，它可以防止投资者进入无效率的清算以及企业的战略性违约行为。拉詹等（Rajan et al.，1995）认为，灵活使用抵押权是债权人监督企业的一种方式。另外，为了充分保障债权人权益，这些债务契约中会包括限制公司管理者行为等条款，如要求公司每年财务报告须经审计师审计、保持最低资本额度、限制公司对外举债等活动。如果公司违背约定契约条款，则被视为公司违约，这类违约行为带来的惩罚可依据契约违约条款行事。为避免违约行为导致惩罚的出现，企业就会按照契约行事，保障债权人权益。最后，如果企业无法按时清偿债务则可被债权人诉诸法律，如申请清算，这视为债权人的相机控制。汤森德（Townsend，1979）研究得出，当债务企业未按债务合约偿还债务时，债权人可夺得企业的控制权。债权人拥有这些控制权便可以更换董事会成员、迫使经理人员发放股利、停止对投资者有害而对内部人有利的项目、清算公司并获得清偿等。

三、委托代理理论

詹森等（Jensen et al.，1976）提出了代理成本概念，其缘由为企业管理人员不是企业完全所有者的事实。基于经济学理性人的假设，委托人和代理人的效用函数不一定总是相同的，加上两者之间存在信息不对称问题，使两者之间的代理关系容易出现非协作的状态。之后，阿罗（Arrow，1985）提出委托代理问题的出现主要是由于逆向选择以及道德风险问题所造成的。逆向选择是指由于委托人不能观察到所有的信息，代理人可以利用这些私人信息进行决策，进而在有损对方的基础上使自己受益。道德风险则是由于委托人对代理人行为难以观测或监督，代理人为使自身效用最大化会积极利用信息不对称条件采取不利于委托人的自私行为。

债务融资行为本质上也是一种委托代理行为，债权人即委托人将自身资金的使用权让渡给债务公司即代理人，并收取一定利息作为让渡资金使用权的补偿，而债务公司要承诺履行还本付息义务。实践上，由于委托人（债权人）与代理人（债务人）存在不同的利益目标函数，因此代理人（债务人）有可能为了自身私利作出有损债权人利益的行为。在企业中，债权人与债务人之间的冲突一般体现在债权人与股东之间。史密斯等（Smith et al.，1979）认为，债权人与企业股东的利益冲突主要表现在债权稀释、股利政策、投资不足以及资产替代等问题。例如，若企业发行更高优先级别的新债时，会削弱旧债债权人的利益，即发生债权稀释问题；如果公司实施发放更多股利的政策，这会使股东会受益，而使债权人的利益因企业偿债能力降低而受到威胁。为了减弱委托代理问题，保护自身权益，理性债权人会对公司股东行为进行约束与激励，促使代理人追求委托人设定的目标，也因此产生代理成本。詹森等（1976）认为代理成本主要包括委托人的监督支出、代理人的保证支出以及剩余损失。詹森（1986）认为，短期债务的增加能够降低公司代理成本。平狄克等（Pindyck et al., 2009）认为，委托人可以通过利润分配奖励等对代理人进行激励，以使代理人追求委托人设定的目标。

四、信息不对称理论

所谓信息不对称是指信息在相互对应的经济体间呈不均匀、不对称的分布状态，即部分人掌握某些事情的信息相对多一些。通常将信息优势方即在博弈中拥有私人信息的一方称为"代理人"，而将信息劣势方即在博弈中不拥有私人信息的一方称为"委托人"。信息是经济活动中进行决策的重要依据，在信息不对称的情况下，拥有代理人一方可以凭借信息优势而获利，而委托人一方可能因此蒙受损失。信息不对称主要包括逆向选择和道德风险两种情况。

逆向选择（adverse selection）指的是在签订契约前具有信息优势或私人信息的一方利用该优势作出有利自身而不利对方的选择。逆向选择的存在会导致交易价格不能真实反映供求双方的交易意愿，因为信息劣势的一方是在信息优势一方的虚假陈述下与之成交的，实际上资金供给方往往处于信息劣势一方。

道德风险（moral hazard）又称败德行为，指的是拥有信息优势的缔约方利用自己的信息优势作出缔约另一方无法观测和监督的隐藏性行动或不行动，从而给缔约另一方带来利益损害的情况。导致道德风险的主要原因是双方交易合约中存在的不确定性，这使责任人不承担自己行为的后果，既得不到自己行为所产生的利益，也不承担自己行为所导致的损失。这样的信息不对称使对方不能观察到责任人的行为，没有激励促使责任人努力使自己的行为产生对对方有利的效果。所以，道德风险仍然是一个外部性的问题。由于既不能享受外部利益，又不用承担外部成本，所以经济活动的参与者就没有动力去做或者不做某种行为了。这些外部性的存在就可能导致市场不能实现均衡，即使实现了均衡，从全社会来看也是没有效率的。

与逆向选择类似，道德风险在现实中也是一种普遍存在的现象，并且这两者之间产生某种关系，在交易过程中一方采取了逆向选择的行为，另一方可能就会采取道德风险的行为。逆向选择和道德风险都会导致市场失灵，从而破坏资源的优化配置，应该采取措施尽量避免。

五、信息传递理论

信息传递理论的鼻祖斯宾塞（Spence，1973）提出，由于雇主事先不能获得求职者真实的劳动生产力水平等私人信息，为此雇主时常把求职者的教育水平看成其劳动力水平发出的信号。信息传递理论认为，信息优势方和信息劣势方都会传递自身的真实信息，来缓解事前隐藏信息的逆向选择问题和事后隐藏行为的道德风险问题。之后，罗斯（Ross，1977）首次将信号传递理论应用于财务领域的研究。他假定企业拥有私人信息，通过建立信号传递模型，认为投资者对企业价值的评价只能依赖管理者对外传递的信息，其中企业的资本结构选择就是一种信息传递途径。

就银行信贷授信活动而言，企业会向银行等金融机构传递信号。罗斯（1977）认为，优质企业有动机向市场传递积极的信号，以降低外部投资者与企业间的信息不对称问题。戴蒙德（Diamond，1989）通过建立声誉模型，发现对于长期拥有好的交易记录即好声誉的借款者而言，借款者不存在明显从事高风险投资项目的动机，在此声誉价值也逐渐显现出来，借款者融资支付的价格也相对较低。

此外，企业的银行信贷获得状况也会向外部市场传递信号。由于信息不对称问题影响了金融系统功能发挥的有效性，而银行作为重要的金融中介机构，它对企业的授信状况能够产生信息流，有利于缓解企业与其他投资者信息不对称的问题。格罗斯曼等（1982）通过建立模型分析得出，负债融资可以缓解股东和经理人之间的委托代理冲突问题。由于债务的破产威胁机制能够促使经理人努力工作，减少个人享受，提高企业价值，因此，企业债务发行状况可以向外部传递出企业管理层"将追求企业利润，而非个人额外收益"的差异性信号。法玛（Farmer，1985）认为，公众债券持有者可无偿享有银行的监督服务，这是由于银行拥有更多的企业信息，能有效抑制企业的道德风险行为，因此，银行债务传递了企业具有信誉价值的信号。詹姆斯（James，1987）发现，当企业宣布其获得新的银行贷款时会产生显著的正向回报，这是由于贷款更新信号可起到暗示作用，减少了其他潜在固定受益者的评估费用，进而产生了正向的宣告效应。并且作者研究发现，相对于其他债务或权益性证券，银行债务能为企业增加更多的价值。拉詹（1992）研究发现，与企业债券融资相比，银行贷款更具有信息优势，并且银行的监督机制能更好地改善企业契约环境，为此借款者可以根据自身条件以及银行贷款的监控优势来选择外部融资方式。此外，对于不同期限银行信贷的监控作用大小而言，公司股东的风险转移动机会因短期债务得以削弱（Barnea et al.，1980）。由于银行债务存在信息传递功能，因此，企业的外部投资者会根据企业银行债务融资状况来判断企业经营状况以及声誉状况。

第三节 机理分析

在上述理论分析基础之上，本章依据债权人治理理论和组织韧性内涵，根据银行债权治理在时间维度上的阶段性，分别从债务契约缔结前银行授信筛选、债务契约维系中银行债权监督和债务契约破裂后银行债权相机治理的三种治理机制出发，分析银行债权对民营企业韧性的作用机理。由于组织韧性过程内涵体现了企业动态能力发展理论，依据信息不对称理论、委托代理理论等，不同韧性过程阶段会影响契约前民营企业的银行授信筛选机制。对于契约事中的监督治理，银行可以通过债务定期偿还要求等手段约束民营企业行为。由于契约维持中，企业会面临各种意外事件的冲击，为此，我们探讨银行事中监督对民营企业韧性结果的影响机制。另外，对于契约事后的银行相机治理，银行依据契约的控制权转移等条款影响民营企业经营，而在此阶段民营企业的韧性能力对于企业可持续发展具有重要影响，为此，我们探讨契约事后银行相机治理对民营企业韧性能力的影响机制。具体的分析机理如图 3 – 1 所示。

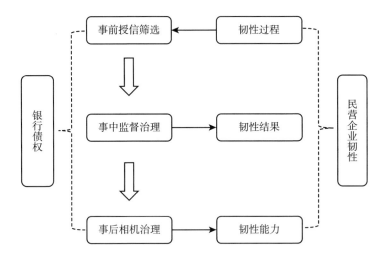

图 3 – 1　银行债权对民营企业韧性影响机理分析框架

一、契约前韧性过程对民营企业的银行授信筛选影响

在债务契约运行机制中，契约事前主要围绕着处于不同韧性过程阶段的民营企业，银行对风险债务定价模型的设计、对借款人监督机制的设计和对债务违约的设计来开展。

对于民营企业韧性过程而言，韧性过程的不同阶段体现着企业的不同发展状态，这些会影响银行的授信筛选行为。首先，对于预期阶段而言，它主要描述与"意外"相关的预防工作。由于"意外"通常不会提前宣布自己的到来，富有韧性的公司能够比其他公司更快地预测到意外事情，并对此作出反应。杜切克（Duchek，2020）认为预期阶段企业应包括三个具体能力，即观察内部和外部事态发展的能力、识别关键事态发展和潜在威胁的能力，以及尽可能为意外事件做好准备的能力。因此，我们推断在预期阶段的准备工作下，企业能充分调配现有资源实现最优配置，在长期利益和短期利益间实现较好的平衡，因此在此阶段企业经营表现比较稳定。其次，对于响应阶段而言，它表明企业在意外发生时，企业要有效地应对突发事情，降低"意外"对企业的破坏力。因此，我们认为在危险发生中的响应阶段，企业经营业绩会出现一定幅度的下降，尤其是风险冲击更具有意外性时，企业经营业绩降幅会更大。另外，对于适应阶段而言，它表明"意外"发生后，企业要利用机遇提升自己的发展能力，这与企业发展升级密切相关。杜切克（2020）认为适应阶段包括两种能力，分别为反思和学习能力、组织变革能力，即通过事后的反思学习以及组织变革，企业实现更高层次的发展。在文献梳理的基础上，我们认为在适应阶段，企业会扭亏为盈，企业经营业绩逐步上升。

对于处于韧性过程不同阶段的民营企业而言，银行债权人会给出差异化的授信筛选，具体体现在以下三个方面。

（一）债务风险定价设计

债务融资中，企业债务风险的准确测度是道难题。布莱克等（Black et al.，1973）对期权定价模型的深入研究，为连续时间的债务定价铺垫了基础。之后简约模型（Reduced-form Model）和结构模型（Structure Model）对债务定价研究进行了发展。简约模型主要由奥尔特曼（Altman，1968）提出，他使用企业营运资本比率等五项财务比率构建了著名的 Z-score 模型，该模型主要预测公司发生债务违约的概率。之后，杰诺等（Jarrow et al.，1995）又发展提出现代简约模型，在无套利情况下，与无风险债券的价格差可推算出公司违约概率，而违约强度决定了违约事件是否发生。结构模型最早由默顿（Merton，1974）提出，它运用公司权益市值、资产价值波动率等股票市场指标对公司债务违约进行预测，该模型认为，由于企业资产价值会发生不确定性的波动，当企业资产价值低于债务价值时，企业权益的市场价值为零，企业会采用违约行为实现自身利益最大化，然而这有损债权人的利益。因此，结构模型将企业价值的不确定性变动作为债务违约风险发生的根源。之后，弗朗西斯（Francis，1990）提出现时的付款义务大小会让债务企业作出是否履行合约的决策。当与企业负债发行票面利率有关的利率下降时，企业对于现有负债的未来偿付义务很高，并且获得资金进行债务履约的成本也高，在此情况下股东才会违约。综合来看，简约化模型主要计算违约概率，尽管这类模型得出的结论与现实较为符合，然而他们不能阐释公司债务违约发生的机理，而结构化模型强调债务违约是基于公司资产价值下降的前提，然而这类模型与现实具有一定差距，两类模型各有优劣。为了更好地对风险债务进行定价，利兰等（Leland et al.，1996）提出，在债务定价模型的研究上应明确债务条款、破产成本等变量对定价的影响。加尔巴德（Garbdae，1998）认为，债务定价模型应考虑公司管理层行为，如股利政策选择行为等，对这些行为的忽略会造成债权价值的高估或低估。抵押物在贷前有助于传递债务企业的质量信息，在贷中减少债务企业的道德风险，并且贷款抵押物的质量与贷款利率呈现负相关的关系（Cerqueiro et al.，2016）。银行与企业的高频互动能够降低贷款价格（Gabbi，2020）。由于韧性过程的不同阶段民营企业的违约风险不同，公司管理行为也不同，因此，它们的贷款利率也应不同。

（二）债务契约条款设计

由于债务维持中债权人会面临债务企业稀释债权、资产置换等道德风险行为，为此债权人需要对其进行监督，而监督效应的实现主要依托债务契约的三类条款，即积极性限制条款、消极性限制条款和财务标准条款。积极性限制条款主要通过积极性的承诺和消极性的承诺对债务人进行限制，其多涉及债务公司管理的问题。例如，它要求债务公司每年的财务报告须经审计师审计、债务人要定期披露财务报告或信息报告等，甚至在极端的情况下，债务人承诺在特定情况下其会任命债权人指定的提名人选进入公司董事会或公司管理层（William，2016）。对于消极性限制条款而言，债权人要求债务人承诺在债务存续期间不得做什么，以保护债权人免受债务人资产稀释等道德风险问题的影响，并且这类条款也是实践中大部分债权人控制债务人的主要方式。典型的消极性限制条款包括限制股息分配条款（债务人承诺，在债务存续期间内，对股票的股息、权益分配仅限于净利润的一定比例内）、限制资产处置条款（债务人承诺在债务存续期间，不会处分自己的全部或者大量资产）、限制投资条款（要求债务人必须根据债权人设定的相关标准，不得投资低于或高于该类标准的项目）、限制额外债务条款（债权人会要求债务人在资产负债率低于一定比率的情况下不得新增债务）、控制权/管理层变更条款等（Chava et al.，2008）。一般来说，限制性的清单越长，债权人的控制力度越强。需要强调的是，如果债务企业一旦违反限制性条款，债权人就能介入企业对其经营管理决策进行干预，以规避违约损失的发生（Dichev et al.，2002）。故此，限制性条款能够强化债权人的监督激励，可以有效避免债务企业损害债权人的现象发生（Nikolaev，2010）。另外，对于财务指标条款而言，债务契约设定了一些维修测试标准，这些标准涉及流动性、偿债能力和资本重组度等，以要求债务人确保自身处于良好的财务状况（Lloyd，1990）。如果由于经营状况恶化，债务公司未能符合财务指标条款规定的相关标准，债权人依据这些信息则认为债务人已出现了财务困境。在这种情况下，这也使债权人在重新谈判中拥有了强势的地位，进而向债务人施加压力。对于韧性过程不同阶段的民营企业，为了更好地保障自身权益，银行可以有效地组合不同类型的契约条款，对企业实现不同程度的控制。

（三）债务违约设计

这个在债务契约中主要通过违约条款来实现，债务企业一旦未履行契约的限制条款，债权人将对债务人享有特定的权益措施。它可表现为交叉违约条款（若债务企业其他借贷契约发生违约，则本借贷契约也视同违约）、债券回购条款（如果债务人违反相关条款，则债权人有权要求债务人以一定的溢价回购债权人持有的债权）、加速到期条款（如果债务人违反相关条款，债权人有权宣布贷款提前到期）等（Lloyd，1990）。为避免违约行为造成的惩罚，债务企业就会尽力按照契约行事来保障债权人权益。若债务公司无法按时偿付本息，债权人可以将之诉诸法律，这被视为债权人的相机治理机制。在相机治理机制下，债权人可以获得债务企业的全部或部分控制权，进而可以更换债务公司董事会成员、停止有害投资者而有利公司内部人的项目等（Townsend，1979）。此外，现实中标准债务契约出现演化并引入了债务重新谈判机制。例如，债权人在对财务困境企业进行正式清算之前会被股东说服采取暂时性的债务减免政策，即策略性债务偿还（Bergman et al.，1991）。安德森等（Anderson et al.，1996）认为，策略性债务偿还可以减除债务企业的直接破产成本和投资不足问题。戈登等（Gorton et al.，2000）认为在设计贷款契约时，银行可以通过债务重组谈判来控制借款企业的风险承担行为。由于韧性过程不同阶段民营企业的违约风险、债务重组条件等都不同，银行债权人可以设计更有针对性的违约条款，进而实现差异化的相机治理。

二、契约中银行债权监督对民营企业韧性结果的影响

考虑债务契约的不完全性，债务契约签订后需要有效的监督履约机制来保证债务企业的正常履约以及保障债权人的正当权益。由于契约维持中，债务企业会面临各种意外事件的冲击，为此，我们探讨银行事中监督对民营企业韧性结果的影响机制。一般而言，履约机制主要有三种，分别为强制履约机制、自我履约机制和监督履约机制。

（一）强制履约

债务契约的强制履约需要依赖法律的力量来保障（罗韵轩，2009）。首先，作为解决利益相关方纠纷的一种解决办法，法律能使人们形成稳定的预期。法律可以通过稳定的预期产生威慑力量，进而规避契约维持中相关利益方的机会主义行为发生。其次，作为债务契约强制履约的基础，法律也为相关利益争执方开展私下协商解决提供了参照标准。这种私下协商可以避免高昂诉讼成本的发生，降低履约成本。最后，法院作为独立的法律执行机构也可直接参与债务契约纠纷的调解和判决，进而克服法律规则的不完全性缺点，使债务契约得到更有效的执行，不过这种契约执行成本也较高（张晓玲，2012）。综合而言，法律的预期作用和参照作用不仅可以节约履约成本，并且庭外就可以解决债务契约纠纷，而第三方法院通常是最后的诉诸渠道。

（二）自我履约

自我履约是指债务契约参与者依靠自身信念主动履行债务契约。罗韵轩（2009）认为，债务契约各方是否自主履约取决于其在动态博弈过程中的收益和成本，这涉及参与方的信誉价值。若银企之间的债务契约关系是一次性的，低的未来收益贴现会降低债务企业的违约成本，债务企业违约可能性变大。若银企之间的契约关系能够多次开展重复博弈，债务企业的声誉机制发挥作用，考虑到未来收益，债务企业会自主进行履约。对于声

誉机制而言，声誉资本以参与者过去的履约记录进行积累，这会督促债务契约各方，尤其是债务企业主动履约，但是这一过程要求债务契约各方要有足够的耐心（张晓玲，2012）。此外，夏传文等（2018）依据经济利益圆周假说的合作与非合作协调机制，基于动态博弈论从自我履约机制探讨债务资本参与公司治理的动态机理。

（三）银行债权人通过主动的监督履约机制参与公司治理

银行债权人可以通过债务契约约定参与公司治理。例如，在贷款合同中约定，在债务人破产概率增大时债权人有权分享公司的控制权；企业在进行重大的资产调整时，需要征求大的债权人的意见。戴蒙德（Diamond，1984）认为金融中介尤其是银行不仅能够收集企业的有用信息，并且具有成本优势，能够激励约束债务企业内部行为，并据此提出大债权人监督理论。詹森（Jensen，1986）、格罗斯曼等（1988）等都认为银行债权人可以通过约束企业自由现金流对公司经理层起到监督的作用。麦康奈尔等（McConnell et al.，1995）发现，当企业投资机会多而现金流不充裕时，银行债权监督作用不明显，而当企业现金流充裕并且投资机会的回报率比较低时，银行债权可以通过抑制企业投资而发挥积极的监督作用，因此作者认为，企业的投资机会与自由现金流量的多少都会影响债权治理效应的发挥。由于高负债公司具有较强的债权人约束，公司的审计风险降低，相应的审计费用也会降低（Gul et al.，1998）。德格里斯等（Degryse et al.，2006）依据 Tobin Q 值将企业分为前景好的企业和前景不好的企业，研究发现拥有更高银行债务的前景不好的企业具有更低的投资—现金流敏感度，为此作者认为，银行负债具有降低企业管理层自主性以及企业过度投资的机制。谢帕德等（Shepherd et al.，2008）提出，银行作为企业重要的利益相关者可以通过监督企业经理人的行为来降低代理成本，表现为企业自由现金流与企业价值呈现了正相关关系。对于低负债企业，债权人分享的企业控制权较少，而对于高负债企业，债权人分享的企业控制权多，相应的参与公司治理的程度也越深（陈耿等，2003）。然而，我国的银行债权监督效用仍然比较弱（王满四等，2017）。因此，银企债务契约签订后，债权人多会监督债务企业资金使用状况、企业信息披露状况等。

债务契约维持中，在多种履约机制作用下，面对发生的意外冲击事件，民营企业韧性结果会受到银行债权监督的影响。对于民营企业韧性结果而言，企业对冲击反应的结果表现代表着企业韧性结果，这可以从民营企业韧性结果稳定性和灵活性表现上进行体现（Ingrisch et al.，2018）。就银行监督对民营企业韧性结果的影响而言，冲击发生后，在银行债权监督下银企关系发展方向具有不确定性。这一方面体现在不同的预期和处理手段下，银行对企业的可用资源会产生不同方向的影响；另一方面银行债权监督会基于信息传递、委托—代理等理论，影响企业与其他利益相关者的关系，进而影响企业与外部社会系统之间的相互依存关系（Desjardine et al.，2019），这些都会影响民营企业在意外发生时的稳定性和灵活性，即企业韧性结果。

三、契约后银行相机治理对民营企业韧性能力的影响

根据债务契约违约条款，债权人在特定情况下拥有债务企业的部分控制权（Williamson，1988），这时银行债权的相机治理会对民营企业韧性能力产生重要影响。当债权人与债务企业的潜在利益冲突不能由债务契约完全消除掉时，债权人可以通过清算或重组的方式对债务企业进行控制（Aghion et al.，1992）。前者即企业解体，通过财产清算，债权人依据优先顺序进行利益分配，不过该种处置方式成本也较高；后者是公司债权人、股东、管理层等参与协商重组方案，若公司重组价值优于公司清算价值，则公司可能会进入重组程序。

首先，对于清算而言，罗比切克等（Robichek et al.，1966）基于债务融资存在的节税效应和破产成本，提出企业最优债务融资水平的概念。哈里斯等（Harris et al.，1990）提出，企业一旦债务违约，债权人可以迫使企业停业清算，这对投资者传递了有用的信息，投资者可以根据这一信息调整企业经营决策，约束企业经理层活动，因此债务可以看作一种惩戒工具。认为在债务融资的相机控制权转移机制作用下，清算或重组方式都会使债务企业经理人丧失私有权益（Aghion et al.，1992）。张维迎（1996）指出，当债务公司面临着偿债和诉讼压力时，其及时清算或退出产业的可能

性也大。清算意味着公司的解体，公司经理人职位和控制权也相应丧失，即使原有经理人得以保留，然而债权人介入企业决策活动，也会造成经理人实际控制权的大量丧失。从这种意义上来说，清算威胁不仅可以减少债务公司的代理成本，并且使债权人控制成为比股东控制还严厉的控制方式（陈耿等，2003）。不过，王满四（2003）提出债务融资的控制权转移依赖于公司股权与债权的比例关系。我国《破产法》等相关法律明文规定债务企业发生财务困境时，债权人对债务企业享有较为优先的控制权。然而，由于受信息不对称、地方政府干预等因素的影响，拥有较为优先求偿权的债权人并不能有效地保障自身相关权益。这也表明债权人有必要从事后的权益索取延伸到事前和事中参与公司治理，进而预防债务企业财务困境的出现，尽力保障债权人在企业享有的权益。并且为避免破产清算程序的发生，债权人还会与债务企业进行主动协商和解，如对部分债务进行延期或本息豁免等，尽力降低自身损失（王琴，2016）。

其次，对于重组而言，债务契约违约事后的重组或重新谈判是一种帕累托改进，即一方当事人状况会得到改善，并且另一方当事人状况至少和以前一样好。有学者以跨期长项目的融资企业为研究对象，企业在项目中期进行再融资时，借贷双方将不得不对借款条件进行重新谈判，并且当企业陷入财务困境时，为了避免破产的成本损失，债务企业会提出减少还款金额等债务重组要求（Dewatripont et al.，1990）。哈特等（1989）同样以跨期长的项目融资企业为研究对象，认为借款企业为了追求项目的风险承担行为不变会申请债务重组，而考虑到借款企业清算时资产价值非常低，银行债权人也愿意接受债务重组。就债务重组的方式而言，里迪奥夫等（Riddiough et al.，1994）认为，债务重组中债务减免方式可以消除与清算有关的债务成本。有学者认为，对债务契约期限的重新谈判也是一种常见的债务重组形式（Asquith et al.，1994）。在契约再谈判和控制权再配置中，剩余控制权的相机转移和剩余索取权的配置能进一步发挥债务融资治理效应（Nini et al.，2012），通过债务融资治理将控制权赋予外部债权人，使具有非效率经营行为的管理者在投资失败时交出企业控制权。目前国内主要关注资产管理公司参与下的企业债务重组（田艳杰，2017；叶麦穗，2019）、资产重组（薛楠等，2005；成静，2019）等方式。总之，当公司经营状况良好，较好的现金流可以保证债权人利益的实现，此时股东拥有公司剩余控制权；而当公司经营状况不佳，企业资不抵债时，债权人会相机获得企业部分或全部剩余控制权，并且债权人有权决定采用清算还是债务重组的方式来保障自身信贷权益，这在一定程度上可以防止股东资产替代行为，以及债权人的非效率清算行为出现等。

在银行债权相机治理机制作用下，民营企业韧性能力会发生变化。民营企业韧性能力综合体现了组织抵抗不利情况的能力，或者组织在受到干扰后恢复到常态的能力，它包含一系列子能力，如有研究认为韧性源于企业业务能力和策略能力的发展（Ismail et al.，2011）。杜切克（Duchek，2020）认为企业韧性过程的每个阶段都对应着一系列韧性能力，它们共同构成了组织韧性综合能力。对于韧性的预期阶段能力而言，其包括观察内部和外部事态发展的能力，识别关键事态发展和潜在威胁的能力，以及尽可能为意外事件做好准备的能力；对于韧性响应阶段的能力而言，它包含两种子能力，分别是接受问题的能力、开发和实施解决方案的能力；对于韧性适应阶段的能力而言，它包括反思与学习能力、组织变革能力。虽然组织韧性能力具有多元性和综合性，但组织韧性能力总体上反映了企业资源的再组织能力和创新能力。而债务违约后，银行债权人和公司会进入再协商程序，这些行为对企业组织资源的再配置以及创新水平等都会产生重要影响。

综上可知，在银行债权治理中，债务契约的三个阶段在一定程度上反映了银行债权人治理在时间维度上的阶段性，债权人可分别采取事前授信筛选、事中监督管理和事后相机治理三种治理机制保证自身权益的实现，这些行为不仅受民营企业所处韧性过程阶段的影响，而且还对民营企业韧性建设产生重要影响。

第四节 本章小结

本章涵盖了全书研究的理论基础与逻辑框架，着重介绍了组织韧性内涵、银行债权治理的理论基础，以及银行债权治理与民营企业韧性的互动机理。基于组织韧性理论，民营企业韧性可以从韧性过程、韧性能力和韧性结果三个维度进行界定，这些为后续的理论和实证研究奠定了基础。对银行债权人治理而言，作为公司的利益相关者，由于信息不对称、不完全契约等因素，银行债权人与债务公司产生了委托—代理成本，当委托—代理问题转化为债权人风险时，债权人参与公司治理便开始运作，这可以体现在契约前的授信筛选、契约中的监督治理、契约违约后的相机治理。在分析银行债权治理与民营企业韧性的互动机理上，可以分别基于契约前、契约中、契约后，分析银行债权治理对民营企业韧性的影响机制，这也是全书得以顺利展开的重要基础。

第四章
Chapter 04

民营企业韧性内涵与衡量

本章基于组织韧性内涵梳理，针对民营企业特征，分别对民营企业韧性过程、韧性结果和韧性能力三个维度内涵进行界定与衡量，为后面实证研究提供方便。

第一节
民营企业韧性过程内涵与衡量

一、民营企业韧性过程内涵

在高度不确定的时代，企业经常面临诸如自然灾害、技术故障等意外事件。对于"意外"的定义，一些人认为是"罕见事件"（Marcus et al.，1999），一些人称其为"惊喜"（Bechky et al.，2011）、"灾难"（Weick et al.，1993）或"危机"（Rerup，2009）。意外可能来自企业内部或外部，并具有一定的行业属性，它会对企业产生显著影响。一些学者将对意外的预期纳入组织韧性的研究中。威尔达夫斯基（Wildavsky，1988）将"预期"定义为"在损害发生前对潜在危险的预测和预防"，并将该术语与"韧性"进行了对比，他将"韧性"定义为"在意外显现后，系统学会反弹的能力"。一些学者认为预期和韧性并不是对立的。肯德拉等（Kendra et al.，2003）指出，组织通过准备来实现韧性，萨默斯（2009）认为"韧性"不仅指生存，它还涉及识别潜在风险并采取积极措施确保企业在逆境中茁壮成长。在此观念下，韧性具有了过程化概念。

作为最早的研究者之一，萨克利夫等（Sutcliffe et al.，2003）认为，组织韧性的过程认知补充和丰富了之前对幸存企业拥有什么或做了什么的研究。不同的韧性认知下，韧性过程的阶段类型和数量各不相同。例如，有学者将韧性理解为企业被动地抵御风险以及从中恢复过来，他们基于过程导向将企业预期适应和韧性纳入研究阶段，其研究阶段包括预期适应、暴露冲击事件中、恢复、冲击事后企业韧性评估、未来适应等五个阶段，其中只有阶段三（恢复）和阶段四（冲击事后企业韧性评估）指的是韧性（Linnenluecke et al.，2012）。相比之下，有学者将企业的主动性适应纳入韧性的定义，即为应对不确定的意外，富有韧性的企业会对如何响应意外提供一个概念性框架。他们建议韧性过程包括三个阶段：意外识别与检测、组织响应、组织学习，作者特别强调意外识别与检测、组织响应是关键阶段（Burnard et al.，2011）。此外，韧性过程的划分方法出现在更多的韧性管理文献中（McManus et al.，2008）。尽管这些韧性过程划分方法存在一定差异性，但是这些阶段划分为构建民营企业韧性过程提供了重要见解，它们定义了韧性过程不同阶段的影响要素，从而有助于打开从输入韧性资源到产出韧性结果之间的"黑匣子"。正是韧性的动态本质为研究企业韧性的长期发展奠定了基础。

尽管学者对韧性过程的阶段划分不一致，但是综合来看作为企业和环境之间的互动，韧性具有动态本质（Williams et al.，2017）。这意味着韧性不仅包含不良事件发生时的有效应对，还应包含不良事件发生之前、发生之后的所有应对（Linnenluecke et al.，2012；Williams et al.，2017）。相对于国有企业，民营企业所有者能更好地进行管理，其动态发展过程更能反映出企业面对外部环境变化开展的最优资源配置行为。因此，我们认为，民营企业韧性过程应包含三个连续阶段，即预期阶段、响应阶段和适应阶段。预期阶段主要指不利情况或危机发生前的一段时间。在此阶段，民营企业需要积极主动地预测潜在威胁、有效应对潜在意外事件并从这些事件中学习以提升企业的潜在韧性。响应阶段主要指由于未来意外事件的不可完全预测性,企业还需有效地应对突发的意外状况。适应阶段主要指意外事件发生之后的阶段,它不仅指企业功能的恢复,更强调企业创新能力的发展。创新作为企业韧性动态能力的重要组成部分,能够使企业主动地适应新的环境。为了更形象地展示民营企业韧性过程,图4-1初步展示了韧性过程的三个连续阶段,即冲击前的预期阶段、冲击中的响应阶段以及冲击后的适应阶段,并认为富有韧性的企业不仅对过去(适应性行动)或当前问题(同时行动)作出反应,而且对未来(预见性行动)作出反应。

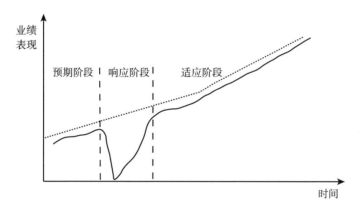

图4-1 民营企业韧性过程

民营企业韧性过程的不同阶段与企业经营、组织特征有一定的关联性。首先是预期阶段,预期是企业韧性过程的第一个阶段,它描述了与干扰相关的预防工作。它指的是发现公司内部或外部环境中的关键态势并主动地去调整(Somers,2009)。尽管危机通常不会提前宣布自己的到来,然而富有韧性的公司能够比其他公司更快地预测到意外事情,并对此作出反应,而另一些公司则抱着"等等看"的心态,错过最佳时机。有学者指出,系统需要具备预期能力,进而避免威胁发生,或者至少将潜在的负面后果降到最低。他们将预期定义为"一种洞察能力,以确定环境预计将如何变化,并在当前作出决定以及采取行动,绕过未来的干扰,促成理想结果的出现"(Madni et al.,2009)。根据先前在韧性定义中纳入预期概念的研究(Kendra et al.,2003;Somers,2009;Burnard et al.,2011),杜切克（2020）认为，预期阶段企业应包括三个具体能力，即观察内部和外部事态发展的能力、识别关键事态发展和潜在威胁的能力，以及尽可能为意外事件做好准备的能力。因此，我们推断在预期阶段的准备工作下，企业能充分调配现有资源实现最优配置，在长期利益和短期利益之间实现更好的平衡，因此在此阶段，企业经营表现比较稳定，见图4-1中的预期阶段。

除了对危急事件的预期和准备之外，韧性还意味着"在意外危险变得明显之后"（Wildavsky，1988），即韧性的应对响应阶段。文献中有许多应对响应的同义词，例如，处理未知的危险（Wildavsky，1988）、对重大变化作出有效的反应（Horne et al.，1998），或设计和实施与当前情况相匹配的积极适应行为（Mallak，1998）。很明显，所有这些术语都是指有效地处理突发事件以抵御破坏。应对意外事件的总体能力与危机管理密切相关，杜切克（2020）将韧性应对阶段的能力分为两个子类别，即接受问题的能力、开发和实施解决方案的能力，这些能力意味着应对意外事件的立即或短期行动。因此，我们认为在危险发生后的响应阶段，企业经营业绩会以一定幅度下降，尤其是风险冲击更具有意外性时，企业经营业绩的降幅会更大（见图4-1的响应阶段），如2008年全球金融危机对企业的冲击等。

除了上述两个阶段之外，企业韧性还包括适应阶段，即企业适应关键的发展态势，并利用机遇提升自己的发展能力。在此意义上，适应阶段指的是危机之后的企业调整，与企业发展升级密切相关（Limnios et al.，2014）。如果企业发展升级转型成功，便会进入一个更高水平的增长通道。民营企业在适应阶段的发展增长速度会高于冲击前即预期阶段的增长速度。此外，适应阶段的不断学习能够增加公司的知识库存，这也为下一循环的预期阶段提供铺垫（Madni et al.，2009）。因此，适应是帮助企业避免或减少意外事件带来的负面后果的关键阶段之一（Carley et al.，1997）。杜切克（2020）认为适应阶段应包括两种能力：反思和学习能力、组织变革能力。通过事后的反思学习以及组织变革，企业实现更高层次的发展。根据上述文献梳理，我们认为，在适应阶段企业会扭亏为盈，企业经营业绩逐步上升，如图4-1所示的适应阶段。

二、民营企业韧性过程衡量

企业韧性过程概念已经得到许多文献的认同，先前文献主要采用经验研究，对于在危机面前显示（或不显示）韧性结果的组织，使用回顾性分析或案例分析来确定在特定背景下对韧性产生正面或负面影响的因素（Reinmoeller & Van Baardwijk，2005；Carmeli & Markman，2011）。一些研究也采用观察法或访谈法来研究组织如何在多变的环境中发展，以及在面临危机时它们如何发挥其竞争优势（Teixeira & Werther，2003）。之后，一些学者通过文献梳理探讨组织韧性的关键能力，采用调查问卷的方式，以定量捕捉组织韧性能力，并开展相关方面的实证研究。然而，在实证研究中还鲜有对韧性过程阶段的划分方法。企业动态发展演进类指标如生命周期的构建方法对民营企业韧性过程研究提供了有益参考。例如，一些文献综合企业股利支付、销售收入增长、资本支出、研发支出、市账比、销售增长率、企业年龄等变量的表现，把企业划分为不同的生命周期阶段（Anthony et al.，1992；Bens et al.，2002；Hribar et al.，2007）。留存收益与总股本比率可以作为企业生命周期阶段划分指标（DeAngelo et al.，2006）。国内学者王旭（2015）根据企业创新的三个阶段，即创新投入、创新产出、成果转化，将企业的创新过程划分为创新资源吸收过程、资源利用效果和创新成果转化三个阶段，通过运用因子分析法删除变量数据间的冗余信息，提取、整合技术创新能力因子，建构技术创新能力分析维度，并获取最终分值。另外，王旭（2018）为了反映企业处于生命周期的哪一个阶段，结合多指标分析和综合打分法对企业生命周期进行划分。在指标选取上，将销售收入增长率、留存收益率和筹资净额增长率作为生命周期指示变量。他以三分位数为划分标准对指标赋值，具体而言将处于销售收入增长率上三分位数的样本赋值0分，中三分位数的样本赋值1分，低三分位数的样本赋值2分。根据指标综合得分，将0~2分的样本标记为成长期样本，3~4分的标记为成熟期样本，5~6分的标记为蜕变期样本。相对于上述从企业内部考察生命周期阶段，赵蒲等（2005）采用产业经济学增长率考察不同的产业生命周期阶段对于资本结构决策的影响。尽管生命周期的划分还没有公认的一致方法，根据不同生命周期测度方法的参考价值、民营企业韧性过程阶段的绩效表现，以及意外冲击的行业特性，我们借鉴赵蒲等（2005）的方法来划分民营上市公司韧性过程的预期阶段、响应阶段和适应阶段。

在企业韧性过程不同阶段的划分上，本书假定意外事件冲击是负面冲击。在衡量指标选择上，马克曼等（Markman et al. , 2014）使用企业业绩指标，即使用每家公司相对于行业长期股本回报率（ROE）的标准差来判断企业是否具有韧性。有学者依据企业财务波动性高低、增长率高低等来判断企业是否具有韧性（Otizde-Mandoiana et al. , 2016）。德梅尔等（2011）根据企业寿命和业绩表现认为德默公司是富有韧性的公司。李欣（2018）使用长期投资平滑度来衡量企业长期导向韧性。姜帅帅等（2021）以企业出口业绩来考量企业出口韧性。参考上述研究，本书拟选用企业业绩增长指标即企业销售收入增长率来划分企业韧性过程阶段。根据企业韧性过程在不同阶段的表现特征，以及考虑意外冲击具有典型的行业特征，本书认为如果两个相邻时期企业增长率都低于行业平均增长率的话，则公司处于响应阶段，并赋值为1，详见表4-1。如果企业增长率在前一时期高于行业平均增长率，在后一时期与行业平均增长率相当（即在10%的浮动空间内）的话，则公司处于预期阶段，并赋值为2。如果企业增长率在两个相邻时期都高于行业平均增长率，或者前一时期企业增长率与平均增长率相当（即在10%的浮动空间内），后一时期高于行业平均增长率，企业则处于适应阶段，并赋值为3。

表4-1　　　　　　　　　企业韧性过程阶段划分依据

时期	指标公式	响应阶段赋值1	预期阶段赋值2	适应阶段赋值3	
前一期	公司销售收入增长率减去行业平均销售收入增长率	−	+	+	~
后一期	公司销售收入增长率减去行业平均销售收入增长率	−	~	+	+

根据本书研究目的与布局，我们以两年为一个时期来考察企业韧性过程阶段。若我们以2018～2019年作为相邻的两个时期来考察并划分企业韧性过程阶段，对于民营上市公司来说，根据韧性过程阶段划分方法，在样

本期间内处于响应阶段的企业共有 792 家，处于适应阶段的企业共有 41 家，处于预期阶段的企业共有 8807 家，可知约 91% 的民营上市公司处于韧性的预期阶段。然而，对于国有上市公司而言，约 48% 的企业处于响应阶段，约 51% 的企业处于预期阶段。可知，在 2018～2019 年，相对于更多国有上市公司处在响应应对风险冲击的阶段时，民营上市公司更多处于积极准备预防不确定风险的预期阶段。不过值得注意的是，处于适应阶段的民营企业占比过低，这在一定程度上来说也反映出民营企业需要通过转型升级进一步提升发展活力。

第二节　民营企业韧性结果内涵与衡量

一、民营企业韧性结果内涵

在冈德森等（Gunderson et al.，2002）对组织韧性定义视角下，组织韧性被视为一种结果（outcome），即组织在危机中表现良好或从中断中恢复过来。例如，一些研究认为，由于韧性的差异化，遭受冲击之后组织系统大致会呈现以下四种不同的增长路径：路径一是在冲击中把握机遇，不仅恢复到原有的增长状态，而且迈向更高水平的发展路径；路径二是恢复到原有的产出水平，并且保持原有的增长速度；路径三是恢复到原有的增长速度，但是不能马上恢复原有的产出水平；路径四是既回不到原有的产出水平，也恢复不了原有的增长速度（Simmie & Martin，2010；Martin & Sunley，2015）。现有的组织韧性研究通常确定哪些组织属性有助于组织韧性的建立并帮助组织在外部干扰（如金融危机、社会运动、自然灾害或供应链中断）中生存下来，即组织韧性结果的实现。最常被提及的属性有组织战略（Carmeli et al.，2011）、充足的资源（Gittell et al.，2006）、积极的雇员关系（Gittell et al.，2006）、流程制度（Crichton et al.，2009；Demmer et al.，2011）、集体响应（Weick，1993）等。例如，有学者发现，美国"9·11"恐怖袭击发生后，西南航空公司比竞争对手恢复得更快，他们将此归因于该航空公司长期保持的良好员工关系。这是由于保持牢固的员工关系有助于企业财务储备的建立，这样在危机时期西南航空公司就不需要采取像竞争对手一样的裁员手段来实现快速复苏（Gittell et al.，2006）。韦克（1993）在对曼恩峡谷（Mann Gulch）火灾的研究中，发现了韧性潜在来源有集体的临场发挥表现、临时角色系统的运行状况、对待危机的态度是否智慧，以及人员间是不是相互尊重的合作关系。这四个集体行动要素可以帮助组织避免意外事件造成的巨大负面影响。总而言之，企业必须通过提升资源、行为、战略和流程管理等来增强企业组织韧性。

尽管跨学科特性使得韧性结果概念有一定的模糊性，然而大量影响组织韧性属性因素的研究对组织韧性结果概念有了更多的探讨。大体上有两个基本因素存在不同的韧性结果概念中，一是系统性观点，二是对稳定性（stability）和灵活性（flexibility）属性的强调。从系统性角度来看，民营企业韧性是一个环境应对系统，这个系统由许多相互关联的要素组成，这些要素间的复杂联系使干扰对民营企业的影响结果难以预测。在干扰发生时，有的企业运行不会发生根本性改变，而有的企业会发生根本性改变，如破产（Plowman et al.，2007）。在应对环境变化中，系统的复杂变化表现为不可预测结果的非线性特征，这种非线性特征可以由系统的稳定性（持久性）和灵活性（变化）来反映，而这表现为民营企业的韧性结果。例如，韦克等（2008）认为富有稳定特征的组织能够在动态的环境变化中保持其核心组织属性，如组织功能。有研究认为，具有灵活特征的组织会创新并适应这些变化（Van Der Vegt et al.，2015）。为此，韧性为企业提供了吸收干扰的能力，即稳定性，同时在面对长期压力、变化和不确定性时转变其结构与运作方式，即灵活性。稳定性能使公司在面对干扰时保持其关键的组织属性，而灵活性需要大量灵活和多样化的资源，以开发针对干扰的解决方案（Sanchez，1995）。有韧性的企业能够更好地保护其核心结构从挫折中恢复过来（Ortiz-de-Mandojana et al.，2016）。因此，民营企业韧性结果可以表达为民营企业应对冲击时所表现的稳定性和从冲击中恢复过来的灵活性上。富有韧性的民营企业在面对一般性冲击时，会显示出较强的稳定性和灵活性。民营企业韧性结果与其他所有制企业韧性结果内涵一致，不过民营企业的表现可能有所不同。

二、民营企业韧性结果衡量

对于韧性结果的实证分析，目前研究人员主要通过两种方式来衡量。

第一种方法是在很长一段时间内跟踪调查企业的发展结果。马克曼等（2014）认为，富有韧性的公司有着不少于 10 年的持续卓越业绩，使用每家公司相对于行业长期股本回报率（ROE）以及标准差等来综合衡量，这是由于股本回报率既能反映市场情绪，又不易受公司管理者影响，是一种较好地衡量公司长期韧性的指标，并且为了与公司长期使命保持一致，公司业绩衡量标准至少横跨 10 年。在此观念下，企业韧性体现在卓越的长期财务业绩和低波动性。有学者进行跨期超过 15 年的研究，发现预测并适应环境的公司将经历低财务波动性、高增长和高存活率（Otizde-Mandoiana et al.，2016）。德梅尔等（Demel et al.，2011）认为，经过 58 年发展的德默公司不仅生存下来，而且发展相对更好。根据企业寿命和业绩表现，德默公司可被归类为富有韧性的公司。在此基础上，作者提出战略韧性概念。战略韧性与建立应对一次性危机的能力无关，重点是系统能够持续预测和应对可能损害其核心业务盈利能力的深层次、长期趋势。因此，这种基于很长一段时间内跟踪调查企业发展结果的韧性可以称为战略性韧性，他强调在面对动态环境冲击时，企业能够实现更好的发展。在这种长期性的观念下，组织韧性与可持续发展战略之间存在着密切的逻辑联系。一方面，有效的组织韧性建立在不同的策略之上，在战略实施过程中，组织韧性水平会出现积极反馈，通过这些策略的灵活运用来增强组织的"软""硬"能力。另一方面，组织韧性在帮助企业进行有效响应、变革的同时，成功地帮助企业应对灾难性事件，从中学习，为组织提供有价值的竞争优势。例如，组织韧性帮助企业在环境变化时动态地重塑战略和商业模式。扎根于"持续地重建"产生战略选择的公司，较竞争对手而言，能更快地调整资源，从而获得决定性优势。组织在遭遇逆境或危机之后的发展，可能将组织韧性提升到新的层级水平，而组织的发展也依托于组织韧性的提升来实现更高层次的均衡（汤敏等，2019）。

　　第二种方法是调查单一环境冲击中（如金融危机、社会运动、自然灾害等）的企业发展结果，即通过企业对冲击的反应表现来推断企业韧性水平。企业韧性是一种系统在逆境中忍受的能力，以及受到冲击时恢复和维持现有结构的能力。这种方法解释了不同单一冲击中企业韧性表现结果是有效的（Brand et al.，2007）。有学者调查了航空公司从美国"9·11"事件中恢复的情况（Gittell et al.，2006）。也有学者发现，世贸中心于2001年9月11日遭受恐怖袭击后，企业通过快速搬迁使其潜在业务中断损失减少了72%（Rose et al.，2009）。有学者估计，中国汶川地震后，随着投资基金的增加和快速反应，地区业务中断损失减少了30%，恢复时间减少了一年（Xie et al.，2015）。因此，韧性是系统在发生业务中断后才显示出来的（Dormady et al.，2019），富有韧性的系统能够将外部干扰的影响降至最低，并从干扰中恢复过来（Ingrisch et al.，2018）。

　　综合来看，第二种韧性衡量方式是对单一冲击中企业韧性结果的衡量，更强调企业响应阶段的韧性。根据研究需求，本书认为这种衡量方式更切合民营企业韧性结果内涵。在韧性结果衡量上，干扰影响可以通过系统状态的变化来进行量化。具体而言，一个用冲击程度来衡量，即系统干扰前状态与干扰影响高峰时企业状态之间的差异，另一个使用恢复率来衡量，即用干扰后单位时间内系统状态的变化来量化，并且两者可以通过联动形式或独立的形式影响韧性（Ingrisch et al.，2018）。也有学者针对2008年全球金融危机的冲击，利用公司股价采用冲击程度和恢复率等来衡量韧性（Desjardine et al.，2019；胡海峰等，2020）。为此，我们利用单次环境冲击中企业损失程度和恢复时间两种指标来衡量民营企业韧性结果，并且它们分别对应于韧性结果稳定性和灵活性两方面特征。损失程度越小意味着企业受冲击程度较弱，较容易恢复，而较短的恢复时间可保护企业免受环境冲击的持续性损害。这两个衡量标准较好地捕捉到了企业维持核心业务功能以抵抗后续干扰的能力。

　　综合银行债权性质，为了考量金融侧冲击对上市民营企业韧性结果的影响，我们从股票市场表现评估企业韧性结果的两个指标，因为股票市场价格主要受股票价值决定，尽管股票价格的影响因素众多，然而它能较好地反映供求关系。为了衡量企业韧性中的稳定性属性，我们评估了冲击中企业股价立即下跌的程度。为了评估企业韧性中的灵活性属性，我们评估了公司股票价格恢复到冲击前水平所需的时间（Desjardine et al.，2019）。对于金融冲击事件，相比 2008 年全球金融危机以及 1997 年亚洲金融危机，2015 年股市危机是中国股市最严重的冲击。虽然 2015 年股市震荡并非由大规模投机资本流动带来的压力，或金融机构交叉持有大量有毒资产引致的，然而多项原因触发了这轮股灾的发生。例如，市场对经济政策的过度解读、股价估值偏高、杠杆资金撤离、高管减持等。并且这轮股市跌幅之大、速度之快是中国股市从未有过的，上市公司几乎都深受其影响。由于投资者信心下降，市场流动性风险和金融系统性风险凸显，实体经济发展也受到一定程度的影响。为此，2015 年股灾提供了一个独特的自然环境来探索民营企业韧性结果。

首先，对于企业韧性结果的稳定性，我们使用企业损失严重程度指标来衡量。中国股市在 2015 年 6 月 15 日至 7 月 9 日的 18 个交易日内，上证指数跌幅达 34.8%，其间多次出现上千只股票连续性开盘跌停，最严重的一天共有 1717 家公司出现跌停，市场股票异常波动令人触目惊心。参考相关学者的做法（Desjardine et al.，2019；胡海峰等，2020），我们以每家公司股票价格在危机前的收盘价（即 2015 年 6 月 12 日的收盘价）与单位时间内达到的最低收盘价之间的百分比变化来计算企业损失的严重程度。损失程度的值越高，表明该时间段内企业股价损失越大，稳定性越差。根据对图 4 - 2 所示的股票日均收盘价的观测，金融冲击中市场股价下跌到最低点大概是在 2015 年第三季度，据此，使用 1 年左右的研究窗口具有较强的合理性。

其次，对于企业韧性结果的灵活性，我们使用企业恢复时间来衡量。参考相关学者的做法（Desjardine et al.，2019；胡海峰等，2020），对于企业从 2015 年股灾冲击恢复所需的时间，我们将用公司每月收盘价完全恢复到危机前水平所需的时间（即 2015 年 6 月 12 日）来衡量。从图 4 - 3 可知，根据对股票月度平均收盘价的观测，股票市场月均收盘价在 2015 年 6 月至 2019 年发生多次较剧烈的波动，表示部分股票有可能恢复到冲击前的价格。

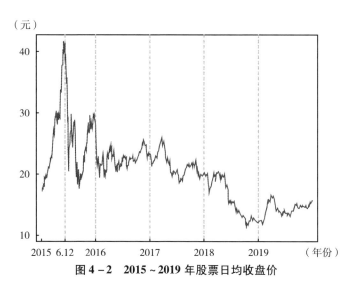

图 4 - 2　2015 ~ 2019 年股票日均收盘价

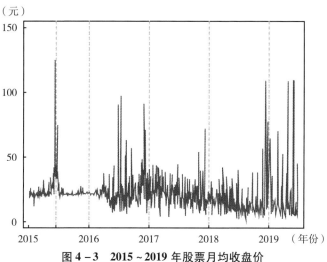

图 4 - 3　2015 ~ 2019 年股票月均收盘价

第三节

民营企业韧性能力内涵与衡量

一、民营企业韧性能力内涵

许多学者将组织韧性定义为一种能力。有学者认为组织韧性是指通过创新实现自我更新的能力（Reinmoeller et al.，2005）；也有学者认为组织韧性能力是指企业对发生的意外作出有效地吸收和响应，最终利用这些意外开展变革性活动的能力（Lengnick-Hall et al.，2011）；也有学者认为组织韧性是组织对环境进行预测以及适应的能力（Ortiz-de-Mandojana et al.，2016）。综合来看，这些研究将韧性定义为企业抵抗不利情况的能力，或者企业在受到干扰后恢复到常态的能力。然而，企业韧性具体包含哪些能力？由于不同研究涉及不同的研究背景，关注企业问题的角度不同，研究方法也不尽相同，它们更偏好洞察企业韧性的某方面特定能力。例如，伊斯梅尔等（2011）使用两个制造业中小企业案例研究得出，韧性源于企业业务能力和战略能力。有研究解释说，企业的韧性能力由认知、行为和情境因素组成，在此基础上，进一步提出公司韧性能力"来自一套具体的组织能力、惯例、实践和流程，公司通过这一套具体的能力、惯例等确定自己的发展方向，并创造一个多样化和可调整的整合策略"（Lengnick-Hall et al.，2005）。在这篇论述性论文中，他们特别关注战略性人力资源管理实践在发展企业韧性方面的作用。有学者认为组织韧性不是一个静态属性，而是组织通过应对意外事件发展起来的一组潜在的、具有路径依赖性的能力。他们使用倾向值匹配方法，展示了与企业业务可持续发展相关的企业社会责任实践有助于公司感知和缓解外部威胁，进而提高组织韧性（Ortiz-de-Mandojana et al.，2016）。杜切克（Duchek，2020）认为，企业韧性过程的每个阶段都对应着一系列韧性能力，它们共同构成企业韧性，对于预期阶段能力而言，其包括观察内部和外部事态发展的能力、识别关键事态发展和潜在威胁的能力，以及尽可能为意外事件作好准备的能力；对于响应阶段的能力而言，它包含接受问题的能力、开发和实施解决方案的能力；对于适应阶段的能力而言，它包括反思与学习能力、组织变革能力。总体而言，基于能力观的韧性研究为如何在实践中实现韧性提供了重要的见解，它们洞察了韧性的内部工作原理和发展的条件。然而，这些研究中缺乏对民营企业韧性能力的评定。

为了界定民营企业韧性能力，结合韧性过程内涵、韧性结果内涵的研究结论，本书将从动态能力角度考察民营企业韧性能力的潜在构成。有研究认为，经济系统的防御抵抗能力、适应恢复能力和转换学习能力共同决定了经济韧性的大小（Simmie et al.，2010，Martin et al.，2015）。国内学者胡晓辉（2012）结合区域经济韧性的动态演化性、复杂适应性以及非均衡性等特征，从抵御能力、恢复能力、再组织能力、更新能力构建区域经济韧性评价体系。曾冰（2018）同样也认同经济韧性包括抵御力、恢复力、再组织力以及更新力。同样，程翔等（2020）认为，民营经济韧性是一个连续的动态发展过程，从民营经济的抵御能力、恢复能力、再组织能力以及创新能力四个维度评价各省份民营经济韧性水平。除了较为宏观的经济系统韧性能力研究外，在微观企业层面上，龚德华等（2015）从企业领导人素质、企业内部管理的自适应力以及企业外部环境阻力三个方面来探究民营企业寿命短的原因。樊雪梅等（2020）认为，企业供应链韧性能力包括预测能力、反应能力、适应能力、恢复能力和学习能力。王勇（2019）从企业适应能力、恢复能力、情景意识来评价企业组织韧性。张秀娥等（2021）认为，企业韧性可以从适应能力、预期能力和情景意识三个方面综合评定。

在吸收借鉴他人研究成果的基础上，本书认为民营企业韧性能力是民营企业动态发展的综合能力，它应包括抵御能力、恢复能力、再组织能力以及创新能力四个维度的能力。具体而言，抵御能力主要指企业吸收风险的能力，面对外部意外冲击时，民营企业能够维持自身基本结构和功能保持不变的能力。恢复能力指面对风险冲击时，民营企业在不改变自身内部结构和功能的前提下，依靠自身能力恢复到冲击之前的水平。再组织能力指民营企业为积极适应和转型发展而重构企业内部结构与功能的能力，即企业为了适应变化进而调整组织结构，实现企业长期稳定发展。创新能力指民营企业为适应变化，实施新的发展模式和路径而更新原有内部结构的能力，民营企业通过识别危机中的发展机遇，通过涅槃重生式创新，实现更高层次发展。

二、民营企业韧性能力衡量

萨默斯（Summers，2009）根据马拉克（Mallak，1999）确定的组织韧性原则，构建衡量韧性的项目，它们定义了企业韧性路径如何演变出积极的结果,即对某些脆弱性因素组织特定的外部或内部变化力量作出很好的平衡的能力。有研究建立了一个关于组织效能的特别量表,并插入了一些与员工之间的合作感(集体能力)和长期愿景(使命感)相关的韧性选项(Bohn,2010)。有学者开发的韧性量表,除了组织文化等外,组织韧性量表主要集中在组织的灵活性上(McCann et al.,2009)。还有研究认为,组织韧性量表包含 3 个因素,即态势感知(situation awareness)、关键漏洞管理(management of keystone vulnerabilities)和适应能力(adaptive capacity)(Stephenson et al.,2010)。有学者在研究家族企业韧性的决定因素时,用问卷调查家族企业的结构完整性来衡量企业韧性,具体为:公司所有者被问及由于公司问题(即角色明确、决策权、所有权平等、薪酬公平、未能解决公司冲突、工作量不公平以及家庭和公司之间争夺资源)造成的家庭生活的 7 个紧张局势(tensions)的认知,问题答案选项从 1(完全没有压力)到 5(同意压力),这些答案被反向编码求和。分数越高,表明公司的韧性越强,因为他们围绕公司构建了良好的互动关系,这为公司持续增长奠定了基础。这在稳定时期为有效解决问题创造了一种韧性能力,以应对规范性和非规范性中断带来的压力。在此基础上,作者通过描述性统计和最小二乘法发现,人力资本、社会资本、金融资本、冲击事件、联邦灾难援助会造成城市家族企业韧性和农村家族企业韧性出现显著差异(Brewton et al.,2010)。为了探讨员工行为和信念如何构建组织弹性能力,有研究通过构建组织韧性能力量表,从行为角度探讨组织韧性能力(Sonnet,2016)。王勇(2019)运用企业组织韧性量表,通过企业管理者或对企业发展具有较深入认知的员工填写问卷,采用主成分分析法提取企业韧性的 4 个因子(应变能力、计划能力、情境意识和韧性承诺)共 28 个题项的企业组织韧性量表。此外,王勇(2019)在问卷调查的基础上,采用坎图尔(Kantur)等发展的量表测量企业组织韧性,从企业适应能力、恢复能力、意识 3 个维度构建组织韧性指标,进而探讨组织韧性、战略能力与新创企业成长的关系。研究结果显示,组织韧性有助于新创企业成长,此外还有利于新创企业战略制定能力和资源整合能力的提升。战略制定能力和资源整合能力在组织韧性与新创企业成长的关系中均起着一定程度的中介作用。

综合而言，这些研究都是基于对组织韧性能力的理解上通过问卷调查构建相关指标，然而由于企业韧性能力是一种元能力，具有多元化和不易衡量性，这些研究都有一定的局限性，并且韧性的可得性或可测性方面也不太理想。一些学者构建的影响组织韧性能力的关键要素为本书的研究提供了一定参考。例如，杜切克（Duchek，2020）在文献梳理基础上，将组织韧性过程概念内涵和韧性能力概念内涵结合起来构建组织韧性多维角度评价。作者拟从动态能力角度考察民营企业韧性能力，并积极参考评价韧性能力的文献构建民营企业韧性能力衡量框架。与以往基于静态数据研究组织韧性不同，首先，在数据类型上，由于问卷调查法获得的截面数据不能很好反映地企业在样本期间内的动态能力演化（肖丁丁等，2016），为此，作者使用面板数据来动态分析民营企业韧性能力，即使用1989~2019年民营上市公司的年度数据。其次，在指标构成上，参考莱文等（Levine et al.，2018）、特雷西等（Tracey et al.，2017）使用财务指标、市场业绩、组织结构等指标来衡量公司韧性，将使用民营上市公司数据来分别评价企业抵御能力、恢复能力、再组织能力以及创新能力，进而构建民营企业韧性能力指标。

抵御能力是民营企业韧性能力的基础，它主要关注企业自身实力强弱，保证了民营企业在受到单一外部冲击时不会进一步引致叠加风险进而使公司陷入破产的境地。尽管公司自身实力受多方面因素影响，然而考虑到民营企业特征与数据的可得性，以及偿债能力对于防止潜在风险叠加的重要性，本书选择的代表性指标有资产负债率、流动比率、速动比率、现金比率、利息保障倍数等。对于资产负债率指标而言，非国有企业在资本结构决策中会更多地考虑债务的税盾作用（王跃堂，2010）。这是由于国有企业股权融资具有便利性，非国有企业的资产负债率相对更高（Chang et al.，2014），并且企业负债过高时会引致较高的财务风险（胡援成，2002），削弱企业的抵御能力。对于流动比率而言，郑茂（2003）构建上市公司财务风险预警模型时考虑了企业流动比率。企业流动比率越高表明企业应对风险的能力越强，抵御风险的能力也越高。另外，速动比率、现金比率、利息保障倍数等指标在反映企业偿债能力大小的同时，也反映了企业应对意外风险能力的大小，这些指标越高，表示民营企业抵御风险的能力也相应越高。具体指标定义如表 4 - 2 所示。

表 4 - 2　　　　　　　　　民营企业韧性能力构成与变量释义

变量	一级指标	二级指标	定义或计算方法
民营企业韧性能力	抵御能力	资产负债率	总负债/总资产
		流动比率	流动资产/流动负债
		速动比率	(流动资产 - 存货)/流动负债
		现金比率	(现金 + 现金等价物)/流动负债
		利息保障倍数	息税前利润/利息支出
	恢复能力	主营业务利润率	主营业务利润/主营业务收入
		净资产收益率	净利润/所有者权益
		成本费用利润率	利润/(主营业务成本 + 营业费用 + 管理费用 + 财务费用)
		销售增长率	(本期主营业务收入 - 上期主营业务收入)/上期主营业务收入
		净利润增长率	(本期净利润 - 上期净利润)/上期净利润
		总资产增长率	(本期总资产 - 上期总资产)/上期总资产
	再组织能力	高管年龄	公司高管平均年龄
		高管学历	公司高管的平均学历水平,中专或中专以下为1、大专为2、本科为3、硕士为4、博士为5
		高管任职时间	公司高管担任现职的平均任职时间
		员工学历	公司所有员工的平均学历水平,中专或中专以下为1、大专为2、本科为3、硕士为4、博士为5
		流动资产周转率	主营业务收入/(本期流动资产 + 上期流动资产)×2
		固定资产周转率	主营业务收入/固定资产
		总资产周转率	主营业务收入/(本期总资产 + 上期总资产)×2
	创新能力	研发投入	研发投入总额加1取自然对数
		研发人员占比	研发人员数量占比
		专利申请量	年专利申请总量
		专利增长率	(本期专利申请总量 - 上期专利申请总量)/上期专利申请总量

衡量恢复能力时,财务指标对分析公司财务困境恢复有着重要作用,并且获利能力指标是反映公司财务困境恢复的重要体现 (Chatterjee et al.,2000)。杜江 (2008) 提出,企业成长能力反映企业未来发展前景,能保证企业盈利能力的提高。相较于存量信息,流量信息的财务数据能更好地反映企业财务困境时的恢复能力 (Kane et al.,2006)。因此,恢复能力强

弱可以从民营企业盈利能力、成长能力来反映。其代表性指标有：主营业务利润率、净资产收益率、成本费用利润率、销售增长率、净利润增长率、总资产增长率。对于盈利能力指标而言，主营业务利润率主要反映企业主营业务的获利能力，企业主营业务利润率越高，表示企业在竞争中占据优势地位；净资产收益率主要反映股东权益的收益水平，主要衡量公司运用自身资本的效率；成本费用利润率主要衡量企业经营耗费所带来的经营成果，该指标越高表示企业经济效益越好。对于成长能力指标而言，由于成长性高的公司主营业务表现也非常突出，为此使用销售增长率能够反映市场对公司产品的需求程度以及公司的业务恢复扩张能力；净利润作为公司经营业绩的最终结果，其增长率能够反映出公司的变动态势；由于总资产是公司赖以生存和发展的基础，总资产增长率越高表示着公司规模的扩大。具体指标定义如表 4 - 2 所示。

对于再组织能力衡量，多马迪等（Dormady et al.，2019）认为对于灾难性事件，公司可以采用弹性行动或策略来应对，作者基于生产理论框架，利用资本、劳动力、基础设施和材料组成的常数替代弹性（CES）函数，推导出企业生产的最优条件。作者从管理效率提高等角度对企业韧性策略进行了理论分析。然而，要产生组织变革，组织必须能够开发新的解决方案，并能将其妥善安排至各个部门。再组织能力即如何管理变化是企业从冲击中恢复的基础（Ates et al.，2011），与所有其他组织变革一样，应对意外事件的变革可能会导致不同类型的阻力（Dayton，2004）。对变化的抵制可能根源于个人（Piderit，2000）、团队（Janis，1982）或行政级别（Lorsch，1986）。为克服阻力，企业可以应用多种管理实践，如加强组织内的有效沟通和关系的"软管理"（Seville et al.，2007）。综合而言，民营企业再组织能力水平的高低，可以从民营企业领导能力、员工技能以及企业运营能力等方面来反映。对于企业领导能力而言，管理者特质影响着他们的信息解释力以及策略选择。就高管年龄而言，随着年龄增加，高管的知识结构会逐步老化，其认知能力也会逐步下降（何威风等，2010），对于风险的抵御倾向增加会降低管理者的应对能力；管理者学历越高，高管对环境变化的接受能力和信息处理能力也越强（姜付秀等，2009），这有助于公司组织结构再造；高管任职时间越长，在不断地信息反馈和调整过程中，其会更懂得如何与团队内部更好地沟通和合作（Fraser et al.，2006）。对于员工技能，可以使用员工学历来衡量，由于员工的学历水平越高其学习能力和技术水平也会越高，越有助于企业绩效的提高（汤二子等，2012）。对于企业运营能力而言，由于运营能力反映着企业在外部环境约束下，配置企业内部资源的能力，其可以从流动资产周转率、固定资产周转率、总资产周转率等来反映。其中流动资产周转率是评价企业资产利用率的重要指标，可以解释企业资产质量，便于企业通过该指标加强内部管理，提高流动资产的综合使用效率；固定资产周转率越高，说明企业厂房、设备等固定资产的利用率越高，管理水平越好；总资产周转率综合反映了企业整体资产的运营能力，其越高说明企业销售能力越强，资产投资的效益越好。具体指标定义如表 4-2 所示。

对于创新能力衡量而言，萨克利夫等（Sutcliffe et al.，2003）认为，企业韧性不应被视为企业拥有的属性，而是企业将不利条件转化为企业发展机会的能力，其最终目标不是从危机中恢复，而是持续发展。向刚等（2004）认为，企业可持续创新是企业主动响应市场的动态变化，其关键是构建持续创新能力，使企业不断适应环境变化并保持新的竞争优势。有研究甚至将韧性定义为随着时间的推移企业通过创新实现自我更新的能力（Reinmoeller et al.，2005）。企业只有不断创新才能保持竞争优势（王旭，2015），为此，我们从两个维度即企业创新资源吸收能力和资源利用能力来衡量民营企业韧性的创新能力。具体而言，研发资金和研发人员投入状况体现了企业对资金资源与智力资本的感知、捕获和投入能力，可以反映企业的创新资源吸收能力。专利申请总量和专利增长率能够体现公司的创新成果和创新发展态势，可用以刻画企业资源利用能力。具体指标定义如表 4-2 所示。

由于主成分分析方法的降维思路可以最大限度地反映原有指标包含的信息，更形象地刻画个体特征，故本书拟采用主成分分析方法构建民营企业韧性能力综合指标。主成分分析是一种赋权的方法，其主要思想是根据衡量主体属性的多维变量，提取出少量具有主要解释功能的主成分，然后对主成分中各原变量系数进行加权平均进而计算出原变量在主体属性中的权重，在此基础上，再对原变量加权平均计算出唯一综合得分，该得分即可衡量主体属性。依据重要性、可计量、可验证的原则，本章对民营企业韧性的抵御能力、恢复能力、再组织能力以及创新能力 4 个维度上的 22 项指标进行处理。由于部分数据缺失严重，本书利用 2004～2019 年的上市公司数据，在缩尾处理的基础上，首先对 4 个维度分年依次提取第一大主成分作为对应的能力指数，结果验证各个变量系数与预期恰好一致（见表 4-3），这也进一步验证了指标选取的合理性。其次，对 4 个维度指数取平均数衡量民营企业韧性能力水平。

表 4-3　　　　　　　民营企业韧性能力子指标因子载荷系数

类型	变量	预期符号	载荷系数	类型	变量	预期符号	载荷系数
抵御能力	资产负债率	-	-0.439	再组织能力	高管年龄	-	-0.161
	流动比率	+	0.534		高管学历	+	0.214
	速动比率	+	0.523		高管任职时间	+	0.176
	现金比率	+	0.466		员工学历	+	0.157
	利息保障倍数	+	0.206		流动资产周转率	+	0.562
恢复能力	主营业务利润率	+	0.4851		固定资产周转率	+	0.388
	净资产收益率	+	0.4535		总资产周转率	+	0.637
	成本费用利润率	+	0.5269	创新能力	研发投入	+	0.640
	销售增长率	+	0.2383		研发人员占比	+	0.376
	净利润增长率	+	0.3686		专利申请量	+	0.593
	总资产增长率	+	0.2979		专利增长率	+	0.310

　　依据上述企业韧性能力构建方法，图 4-4 展示了 2004～2019 年民营与国有上市公司年均韧性能力走势图。可知，民营上市公司韧性能力"低开高走"，2004～2011 年民营上市公司韧性能力快速上升，其中，大约在 2009 年民营上市公司韧性能力由负值转为正值，2011 年之后民营企业韧性能力进入下降通道和调整阶段，不过民营企业韧性能力水平总体维持在零值之上。对于国有上市公司而言，其公司韧性能力走势相对平缓，并且在 2017 年国有上市公司韧性能力转负为正，开始进入上升通道。综合来看，2008 年之前民营上市公司韧性能力低于国有上市公司韧性能力，之后民营上市公司韧性能力超过国有企业韧性能力，并且差距逐渐变大。不过，随着 2011 年之后民营企业韧性能力水平的下降，两类企业韧性能力的差距逐

渐变小，并且在 2017 年左右两者韧性能力出现相等的迹象，根据国有企业韧性能力上升趋势和民营企业韧性能力的震荡波动趋势，民营企业韧性能力有被反超的概率。这也为后边探讨银行相机治理对民营企业韧性能力的影响作了铺垫。

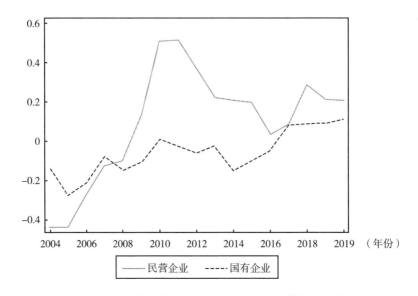

图 4 – 4　民营上市公司和国有上市公司韧性能力走势

第四节　本章小结及逻辑关系

本章在组织韧性不同维度内涵梳理上，对民营企业韧性过程、韧性结果、韧性能力的内涵进行界定，并构建相关评价指标，主要得出以下结论。

第一，基于韧性动态属性特征，本书认为民营企业韧性过程包括预期阶段、响应阶段和适应阶段。在民营企业韧过程阶段划分上，本书比较了民营上市公司在两个相邻时期的销售收入增长率与相应时期该产业部门的增长率后，把特定时期的民营上市公司划分到相应的韧性过程阶段。

第二，民营企业韧性结果强调了单次冲击发生中的韧性表现，在文献梳理基础上，本书认为冲击发生时民营企业的稳定性和灵活性两个属性能反映民营企业的韧性结果。为此，根据冲击发生时民营上市公司的股价损失程度和股价恢复时间来综合衡量民营上市公司的韧性结果。

第三，民营企业韧性能力强调了对韧性内部工作机制的洞察，本书从企业的抵御能力、恢复能力、再组织能力以及创新能力 4 个维度来衡量民营企业韧性能力，并使用主成分分析构建民营企业韧性能力综合指标。

综上分析可知，民营企业韧性过程、韧性结果和韧性能力是对民营企业韧性的多维度界定，不同维度韧性相互交织、相互影响，并且它们之间既有区别又有联系。就民营企业韧性过程和韧性结果来看，民营企业韧性结果主要对应于韧性过程中响应阶段的企业表现，民营企业韧性结果表现越好，响应阶段民营企业的表现也越佳。就民营企业韧性过程和韧性能力来看，民营企业韧性能力可以表示为不同韧性过程阶段企业的潜在能力，并且不同韧性过程阶段内企业韧性能力子能力表现会有所不同，即韧性能力结构表现会不同。就民营企业韧性结果和韧性能力来看，民营企业韧性能力水平会影响民营企业韧性结果表现，并且民营企业韧性结果会影响民营企业韧性能力结构的调整。为此，本书通过民营企业韧性过程、韧性能力和韧性结果的 3 个维度探讨能详细地构建较为立体的民营企业韧性综合概念，使民营企业韧性内涵更具丰富性、多元化。

第五章
Chapter 05

契约前：韧性过程对民营企业银行授信筛选的影响

由于韧性过程内涵体现了企业动态能力发展理论，且不同韧性过程阶段可能会影响契约前民营企业的银行授信筛选。为此，本章以企业韧性过程为基础，从公司层面实证检验韧性过程阶段中民营企业的银行授信筛选状况，以及从第三方外部推动力等角度分析银行授信的适应机制，进而理解银行信贷资源错配等深层问题。现有研究常围绕公司资本结构与投融资行为的关系开展研究，缺乏从企业发展的动态视角考察契约签订前债权人的权益保护机制，难以解释银行债权人的贷前授信筛选对动态民营企业韧性过程的适应性。为此本章将立足民营企业韧性过程理论，分析不同阶段债权人授信筛选的差异性，进而拓展和补充现有理论。

第一节
理论分析与研究假设

一、韧性过程对于民营企业银行授信筛选的影响

在授信筛选中，银行债权人关注的焦点在于借贷资本的保值增值，而

在企业韧性过程的不同阶段，企业的组织结构、经营风格、投融资行为、业绩水平等方面不仅会显示出差异性，其经营手段和财务政策也会不同，进而实施不同的融资策略，继而导致对银行信贷的需求也不同。根据融资优序理论，企业融资时首选内部资金，其次是债务融资，最后才是股权融资。银行信贷对不同韧性过程阶段的民营企业来说都是重要的融资方式，然而处于不同阶段的企业对银行信贷的需求程度和获得能力是不同的，进而使其在银企融资谈判中所处的地位也会体现出差别。总体来看，韧性响应阶段即面对冲击企业业务快速萎缩，企业经营现金流会出现短缺现象，为此，企业具有强烈的负债融资需求，即为了生存下去，企业有强烈的提高负债融资规模的需求；适应阶段即冲击后企业逐步适应发展变化，企业发展较快，有较多的投资项目，资金需求量大，由于收益越高企业经营风险也处于较高的水平，为此企业大量增加负债的愿望并不强烈，而更偏好权益性融资；预期阶段即企业经营环境较为稳定，处于"居安思危"状态的企业对未来风险积极开展防备工作，其间企业经营风险较低，生产经营较为稳定，此时企业融资意愿一般。

具体来看，对于响应阶段企业来说，负面的风险冲击会造成企业业务快速萎缩，销售业绩大幅下降，企业现金流短缺，公司内部资金匮乏，可用资金较少。面对突发事件或重大的变化，响应阶段的企业要作出快速有效的反应（Horne et al.，1998），这不仅要求企业具有快速接受问题的能力，还要求企业具有快速开发和实施解决方案的能力。能否接受问题对于企业来说也是一种认知挑战（Hamel et al.，2003），不能很好接受问题的表现使组织需要花费较多的时间来意识到事情的严重性并采取应对措施。而开发和实施解决方案需要企业不断调整内部组织资源、领导行为、组织文化、社会网络等要素（Weick et al.，2005）。由于处于韧性响应阶段的企业的生存和成长前景模糊，企业外部投资者无法准确研判企业的风险应变能力、商业模式调整能力等，因此外部投资者常持有谨慎和观望态度。据此可知，响应阶段企业较难获得银行授信筛选。

当企业处在适应阶段，即危机发生后，为了适应环境变化，企业积极利用发展机遇来实现自身目标（Limnios et al.，2014）。适应阶段对企业能力的要求包括反思和学习能力、组织变革能力（Duchek，2020）。对于反思和学习能力而言，企业可以从自身以及相关企业经历中汲取经验（Madsen，2009）。在此基础上，企业进行更高层次的学习实践，进而实现组织变革，形成新的规范、价值观和实践。该阶段的目标主要是筹集大量资金进行投资，企业快速成长进而完成转型升级，形成企业新的核心竞争力。但此时企业的盈利模式还未稳定，企业现金流流入不一定稳定，在内部融资受限的情况下，企业外部信贷融资需求较高。对于银行债权人而言，尽管适应阶段企业配置大量资源用于经营扩张，债权人会因企业的投资决策失败承受一定的债务偿还风险，然而该阶段企业积极扩大经营规模，企业未来发展前景较为明朗，银企具有较高的趋同性目标，银行会采取更为开放的心态拥抱适应阶段的企业，即银行会对其增加授信规模，降低授信价格，以实现二者长期的互利共赢。

对于预期阶段而言，企业主要加强对意外干扰的相关预防（Somers，2009）。杜切克（Duchek，2020）认为，预期阶段需要企业具备三方面的能力，即观察内部和外部事态发展的能力、识别关键事态发展和潜在威胁的能力，以及尽可能为意外事件作好准备的能力。根据韧性过程预期阶段对企业能力的要求可知，在预期阶段企业的主要任务是为不可预测的风险提前布局，在此阶段企业经营活动处于正轨状态，利润比较稳定，自由现金流较为充沛，并且企业投资稳健，此时企业内部出现较多的资源冗余，其银行信贷获得能力较强，但是在较为充足的资源储备下，企业的信贷需求可能较低。根据融资优序理论，内源融资优于外源融资，如果预期阶段企业有融资需求，应充分利用充足的留存收益。不过，考虑到企业业绩的稳定性，银行对预期阶段的授信意愿也较强。

综上所述，当企业在韧性过程演进中，由于组织结构的复杂性、资源储备等因素会随着企业的成长过程不断发生变化，对于不同韧性过程阶段的企业而言，债权人风险承担水平会显示出不同，进而债权人在授信筛选管理上会作出差异化选择。若处于适应阶段，企业对银行信贷的需求大，同时其又具有较高的发展潜力，因而该阶段企业较容易获取银行授信；对于预期阶段的企业而言，虽然企业经营较为稳健并且较容易获取银行授信，然而由于企业拥有丰盈的自有资金，企业可能有较低的外部信贷资金需求；对于响应阶段的企业而言，由于风险的意外性和冲击性会对企业造成恶劣影响，企业对银行信贷资金需求较大，然而此阶段企业状况使其银行信贷获得能力弱，据此，提出下述研究假设。

假设5.1：处于不同韧性过程阶段的民营企业，银行授信筛选存在差异，具体为银行对适应阶段企业授信最多且价格最低，预期阶段次之，响应阶段拥有的最差。

二、民营企业韧性过程、金融发展与银行授信筛选

为增进民营企业发展活力，改善民营企业融资难、融资贵问题，国家不断改善民营企业融资环境。为探讨民营企业融资难、融资贵的问题能否在金融发展的动态过程中得以缓解，有必要考虑金融发展对不同韧性过程阶段银行信贷筛选的影响。

已有研究表明，金融发展能够提高金融资源配置效率（樊纲等，2010）。国家金融发展水平越低，企业融资难度也会越大（Love，2003）。较低的金融发展水平会推高企业外部融资成本（Khurana et al.，2006）。我国各地金融发展的差异性也导致公司融资条件和治理效应出现差异（周小川，2009）。饶华春（2009）以我国上市公司为研究对象，发现金融发展水平提高有助于缓解企业尤其是民营企业的融资约束问题。魏志华等（2012）研究发现，金融生态环境改善有助于上市公司获得更低成本的债务融资，并且有助于降低民营上市公司与国有上市公司之间的融资成本差异，增强债务融资的市场化定价，提高信贷资源配置效率。金融发展水平的提高不仅意味着金融资源规模扩大，还可有效降低市场信息不对称问题，降低银企间的逆向选择和道德风险问题（沈红波等，2011）。董晓林等（2017）认为，随着金融基础设施的完善，信用贷款对抵押贷款的替代效应逐渐显现。肖作平等（2018）发现，金融发展越好，公司债券限制性条款越少。宋淑琴等（2019）发现，金融生态环境与债务重组的发生呈显著的负相关关系。总之，金融发展好的地区金融资源配置更具市场化，金融资源规模更大、成本更低、融资效率更高。为此，我们认为金融发展水平高的地方，银行信贷资金有动机去寻求广泛的外部投资机会，进而缓解企业融资约束问题；而金融发展水平低的地方，企业融资环境差，企业信

贷获得难度大。对于处于韧性过程不同阶段的企业而言，在不同金融发展环境中企业拥有的银行授信状况可能有别，而民营企业遭遇的信贷歧视问题可能随着金融发展得到一定程度的缓解。

根据以上分析可知，银行对适应阶段企业授信最多。在金融发展水平较低的时候，适应阶段企业有强烈的资金需求，由于直接金融发展水平低，即使此阶段企业盈利模式不太稳定，会推高银行授信价格，但企业仍会向银行申请信贷融资。此时，尽管银行放贷时会更加谨慎，然而相对于其他两个韧性过程阶段的企业而言，对适应阶段企业进行授信投资是更有利、更明智的选择。在金融发展水平较高的时候，由于适应阶段企业资金需求量大，企业发展势头好，在信贷供给充足的情况下，企业获取银行信贷较为容易，企业会进一步高效利用信贷资源获取竞争优势。因此，金融发展水平上升，适应阶段企业的银行授信筛选也会增加。

对于预期阶段企业来说，在金融发展水平较低的时候，企业会更多地使用留存收益，因为金融发展水平低使得银行信贷资本减少，银行授信条件趋于严苛，社会融资成本上升，抑制了企业的融资需求；在金融发展水平较高的时候，面对更便捷、低成本的信贷融资时，企业更偏好将留存收益用以支付股利等，与此同时选择银行信贷融资提高企业杠杆率。因此，金融发展水平提升，预期阶段企业有更多的融资需求，并且由于企业稳定的业绩表现，银行也偏好对其授信，为此，金融发展水平提升对预期阶段企业的银行授信行为会产生较大的改进作用。

对于响应阶段的企业来说，在金融发展水平较低的时候，处于响应阶段的企业本身发展状态较差，加上信贷资源不足，银行对投资风险异常敏感，因此响应阶段的企业难以获得信贷融资支持。在金融发展水平提高的时候，银行信贷资金可能比较充沛，银行放款门槛降低，响应阶段企业获得银行授信的可能性增大。然而，根据孙巍等（2020）的发现，与正向外生冲击相比，负向外生冲击会降低企业的融资规模，并且债权融资下滑非常显著，股权融资下降比较缓慢。而响应阶段企业面向的是负向冲击，经营业绩出现大幅下滑，尽管响应阶段企业融资需求较大，然而作为风险厌恶者，银行难以对企业未来抱持乐观态度，因此随着金融发展水平的提升，银行授信对响应阶段企业的影响相对较小。

综上可知，金融发展对适应阶段和预期阶段的企业可能影响较大，对响应阶段企业的信贷获得影响较小且影响方向不太确定，即在金融发展水平较低的时候，适应阶段和预期阶段可能获取银行信用，响应阶段企业由于经营业绩不佳，银行授信规模较小；在金融发展水平较高的时候，适应阶段和预期阶段企业的银行授信契约更为宽松，而对响应阶段企业的影响不太确定，据此，提出下述假设。

假设5.2：处于韧性过程不同阶段的民营企业受金融发展水平影响，其银行授信筛选会有所差异，具体为适应阶段和预期阶段企业的银行信贷筛选设计会随着金融发展水平的提高而更加宽松，而响应阶段企业的银行信贷筛选变动不明确。

第二节　研究设计

一、数据来源

本书研究对象为 A 股民营上市公司。根据以下标准对总样本进行了筛选：第一，剔除金融行业公司；第二，剔除 ST 公司；第三，考虑韧性过程变量设置需要两个时期的数据，以及文章撰写阶段金融发展数据的可得性，研究时间区间选择为 2013～2016 年；[①] 第四，剔除企业销售增长率有缺失值且不连续的企业；第五，剔除韧性过程变量的缺失值；第六，根据上市公司控制人属性，保留实际控制人经济性质为民营企业的公司。经过筛选与剔除，最后得到 1249 家民营上市公司的 4067 个平衡面板数据。

本书企业财务数据主要来源于锐思数据库，金融发展数据来源于王小鲁等（2018）编著的《中国分省份市场化指数报告（2018）》。另外，为防止极端值影响，所有连续变量得到了 1% 分位和 99% 分位缩尾处理。

---

① 尽管本书成稿一年左右后《中国分省份市场化指数报告（2021）》一书出版，考虑到 2019 年 12 月新冠疫情冲击会造成实证结果偏差，而 2013～2016 年的数据仍具有代表性，为此，本书未更新使用最新数据。

二、变量选取

1. 因变量为银行授信筛选指标。银行授信筛选包含授信金额、授信利息、债务期限、抵押担保等信贷要素的厘定。由于上市公司资产负债表中得到静态的长短期债务比例不能很好地衡量银行授信期限要素，并且上市公司年报对抵押担保情况披露较少，因此这些要素都不能很好地衡量银行信贷筛选。根据企业新增借款规模的流量指标与银行债权人的授信筛选宽松程度呈同向变动关系，贷款利率与银行债权人的筛选宽松程度呈反向变动关系，为此我们使用银行授信额度和授信价格来反映授信筛选指标。银行授信额度表示银行对企业的增量授信，也表示企业获得借款的能力，参考罗党论等（2012）的研究，本书从锐思数据库中公司重大事项公布中提取向银行的借贷信息，使用公司最新借贷金额衡量银行授信规模。为消除量纲影响将银行授信增量比上公司总资产，记为 dtotloa。银行授信价格表示银行对企业借款所收取的费用，参考张祎桐等（2020）的研究，本书采用企业的利息支出除以借款总额来衡量银行授信成本，记为 loacos，具体变量含义如表 5 – 1 所示。

表 5 – 1　　　　模型中的变量名称及变量定义

变量类型	变量名称	变量符号	变量定义
被解释变量	银行授信	dtotloa	公司最新借贷金额/总资产
	授信成本	loacos	利息支出/借款总额
解释变量	韧性过程阶段	respro	1 为响应阶段，2 为预期阶段，3 为适应阶段
	金融发展	findev	《中国分省份市场化指数报告（2018）》中的金融业的市场化指数
控制变量	规模	size	总资产取对数
	年龄	agelst	企业上市年限加 1 取自然对数
	资产报酬率	roa	净利润/总资产
	固定资产占比	ppe	固定资产/总资产
	托宾 Q 值	q	（股票市值＋净债务）/有形资产现行价值[①]
	市场竞争程度	hhi	$\sum$（销售收入/行业销售收入）^{2}
	机构投资者	inst	机构投资者持股比例
	年份	year	年份虚拟变量

续表

变量类型	变量名称	变量符号	变量定义
其他变量	政府干预	govmar	《中国分省份市场化指数报告（2018）》政府与市场关系指数取负值
	金融科技	digit	《北京大学数字普惠金融指数（2011～2018）》数字化程度指数

注：①来源于锐思数据库。

2. 解释变量之企业韧性过程，记为 respro。根据民营企业韧性过程衡量标准，本书分别对企业在 2013～2014 年、2015～2016 年两个相邻阶段的销售收入增长率与行业平均销售收入增长率进行比较，依据划分标准把企业划分到不同韧性过程阶段中。具体构建过程和思路已在上文阐述，在此不再赘述。

3. 解释变量之金融发展。本书选取王小鲁等（2018）编写的《中国分省份市场化指数报告（2018）》中"要素市场的发育程度"的子指标"金融业的市场化"来衡量。该项指数由"金融业的竞争"和"信贷资金分配的市场化"两个二级指标构成。前者通过非国有金融机构资产在全部金融机构资产中所占的份额来反映金融业的竞争程度，其比例越大表示地区银行业竞争程度越高。后者使用各省份非国有企业负债在总负债中的占比来反映信贷资金分配的市场化，相应地，后者比例越大表示信贷资金分配的市场化程度越高。① 金融业的市场化指数越大，企业所在地区的金融发展水平越高。由于《中国分省份市场化指数报告（2018）》仅报告了 2008 年、2010 年、2012 年、2014 年、2016 年的金融业市场化指数，本书定义 2009 年、2011 年、2013 年、2015 年指数为其前后两年指数的平均值。金融业市场化指数值越大，表明该地区金融发展水平越高。

4. 控制变量。参考赵建华（2020）的研究，本书的控制变量包含企业规模（size）、企业年龄（agelst）、资产报酬率（roa）等，具体变量定义如表 5-1 所示。

三、模型设计

参考李云鹤等（2011）的研究，为验证假设 5.1，本书构建式（5.1）

---

① 尽管指标统计口径于 2014 年发生变更，但对后面的实证结果并未有实质影响。

基准模型来估计韧性过程对民营企业银行信贷筛选的影响。

$$\text{credit}_{i,t} = \beta_0 + \beta_1 \text{respro\_2}_{i,t} + \beta_2 \text{respro\_3}_{i,t} + \beta_i \text{cv}_{i,t} + \mu_i + \text{year}_t + \varepsilon_{i,t} \quad (5.1)$$

其中，因变量 credit 表示民营企业的银行信贷筛选指标 dtotloa 和 loacos，解释变量为韧性过程指标，其中 respor_2 为预期阶段哑变量，respro_3 为适应阶段哑变量，基准组为响应阶段。控制变量 cv 包括表 5 – 1 所示的控制变量。μ_i 表示企业固定效应，year_t 表示年份固定效应，$\varepsilon_{i,t}$ 表示误差项。由于企业韧性过程变量设置具有一定程度的稳定性，而因变量银行授信筛选具有一定的动态性，本书认为采用同期计量方程可以反映银行授信筛选效果。

为考察金融发展对韧性过程不同阶段民营企业的银行授信筛选的调节效应，本书构建如式（5.2）的模型，检验金融发展（findev）对不同韧性过程阶段民营企业银行授信的影响效果。其中，因变量、控制变量的含义和构成同上。

$$\text{credit}_{i,t} = \beta_0 + \beta_1 \text{findev} \times \text{respro\_2}_{i,t} + \beta_2 \text{findev} \times \text{respro\_3}_{i,t} + \beta_3 \text{findev} +$$
$$\beta_4 \text{respro\_2}_{i,t} + \beta_5 \text{respro\_3}_{i,t} + \beta_i \text{cv}_{i,t} + \mu_i + \text{year}_t + \varepsilon_{i,t} \quad (5.2)$$

第三节
实证结果与分析

一、描述性统计分析

银行对民营企业授信筛选模型主要变量的描述性统计如表 5 – 2 所示。其中，银行授信规模的均值和中位数分别为 0.132 和 0.008，最小值和最大值分别为 0 和 0.878，可知企业银行授信规模具有较大差异。银行授信价格的平均值和中位数分别是 0.094 和 0.063，标准差为 0.121，在 0.004 ~ 0.735 之间波动，这说明民营企业银行授信价格差异较大。民营企业处于韧性过程预期阶段的比例约为 15.2%，处于适应阶段的企业约占 2%，其他类型企业处于响应阶段。金融发展水平在 0.390 ~ 10.4 之间波动，差异较大。其他控制变量的分布与现有文献基本一致，不再赘述。

表 5 – 2 　　　　　　　　　　　主要变量的描述性统计

变量	N	均值	标准差	最小值	中位数	最大值
dtotloa	4067	0.132	0.213	0	0.008	0.878
loacos	4067	0.094	0.121	0.004	0.063	0.735
respro_2	4067	0.152	0.359	0	0	1
respro_3	4067	0.020	0.141	0	0	1
findev	4067	8.147	1.961	0.390	9.070	10.400
size	4067	21.715	1.021	16.161	21.6636	25.507
roa	4067	0.046	0.058	−0.300	0.041	0.360
ppe	4067	0.246	0.157	0.002	0.225	0.759
q	4067	3.687	2.479	0.062	2.921	12.015
hhi	4067	0.043	0.070	0.009	0.010	0.381
inst	4067	0.226	0.210	0	0.154	0.865
agelst	4067	1.917	0.695	0	1.792	3.178

变量相关性检验如表 5 – 3 所示。具体而言，韧性过程与银行授信规模呈显著正向相关关系，表示民营企业韧性过程阶段值越高即增长性越好，银行授信规模越大。同时，韧性过程阶段和银行授信价格负相关关系显著，表示民营企业阶段值越高，银行授信价格越低。金融发展与银行授信规模相关性显著为正，即金融发展水平越高，银行授信额度越高，但是金融发展与银行授信价格无显著相关性。此外，银行授信价格与授信规模呈现一定的负相关性，不过不显著。为防止变量间存在多重共线性，本书使用方差膨胀因子（VIF）对解释变量和所有控制变量进行检验，最大的 VIF 值为 1.50，表明下述回归分析中不存在多重共线性问题。

二、主回归结果

本书基于式（5.1）检验不同韧性过程阶段对民营企业银行授信筛选的影响（见表 5 – 4）。对于民营企业银行授信规模而言，见列（1）、列（2），列（1）是采用混合 OLS 方法回归，在仅控制年度变量的情况下，预期阶段（respro_2）和适应阶段（respro_3）的系数分别在 1% 和 5% 的统计水平上显著为正，说明相对于响应阶段，预期阶段和适应阶段这两个

表 5 - 3　主要变量间相关性检验

变量	dtotloa	loacos	respro	findev	size	roa	ppe	q	hhi	inst	agelst
dtotloa	1.000										
loacos	-0.025	1.000									
respro	0.062**	-0.05*	1.000								
findev	0.029*	0.009	-0.012	1.000							
size	-0.037	-0.016	0.040	0.017	1.000						
roa	-0.077***	0.007	0.152***	-0.002	0.038	1.000					
ppe	0.050	0.032	-0.037	-0.023	0.004	-0.170***	1.000				
q	-0.048	0.025	0.121***	-0.040	-0.411***	0.161***	-0.195***	1.000			
hhi	-0.008	-0.043	-0.034	-0.027	-0.046	0.029	-0.314***	0.159***	1.000		
inst	-0.016	-0.026	0.033	0.034	0.205***	0.065**	-0.010	0.042	-0.033	1.000	
agelst	-0.096***	0.091***	-0.076***	-0.074***	0.295***	-0.173***	0.044	0.003	-0.069***	0.085***	1.000

注：* 表示10%的显著性水平，** 表示5%的显著性水平，*** 表示1%的显著性水平。

韧性过程阶段都有助于民营企业获得更多的银行授信。列（2）是在控制双向固定效应的基础上，加入企业规模、资产报酬率等其他控制变量后，预期阶段和适应阶段的系数分别在 5% 和 10% 的水平上显著为正，其中预期阶段的系数为 0.031，适应阶段的系数为 0.064，呈现依次增大之势。这说明相对于响应阶段，预期阶段和适应阶段对民营企业的银行授信规模有显著的促进作用，同时预期阶段的促进作用优于响应阶段，适应阶段的促进作用优于预期阶段。对于民营企业银行授信价格而言，见列（3）、列（4）。列（3）是采用混合 OLS 方法的回归结果，在仅控制年度变量而不控制其他变量的情况下，预期阶段和适应阶段的系数分别在 10% 和 5% 的水平上显著为负，说明相对于响应阶段，预期阶段和适应阶段这两种韧性过程阶段都有助于民营企业获得价格更低的银行授信。列（4）是控制双向固定效应并加入其他控制变量后，预期阶段和适应阶段的系数分别在 1% 和 5% 水平上显著为负，其中预期阶段的系数为 − 0.018，适应阶段的系数为 − 0.025，呈现依次降低之势。这说明相对于响应阶段，预期阶段和适应阶段对民营企业的银行授信价格有显著的降低作用，并且预期阶段的价格降低作用优于响应阶段，适应阶段优于预期阶段。据此假设 5.1 得验。

表 5 - 4　　　　　韧性过程阶段对银行信贷筛选的影响

变量	民营企业				国有企业	
	dtotloa (1)	dtotloa (2)	loacos (3)	loacos (4)	dtotloa (5)	loacos (6)
respro_2	0.025 *** (2.63)	0.031 ** (2.18)	− 0.010 * (− 1.85)	− 0.018 *** (− 3.89)	− 0.017 (− 1.04)	− 0.013 (− 0.73)
respro_3	0.059 ** (2.19)	0.064 * (1.67)	− 0.022 ** (− 2.22)	− 0.025 ** (− 2.18)	− 0.038 (− 1.13)	− 0.024 (− 0.76)
size		0.009 ** (2.31)		0.000 (0.07)	0.001 (0.19)	0.001 (0.15)
roa		− 0.348 *** (− 5.85)		0.006 (0.16)	− 0.367 *** (− 3.69)	0.299 *** (3.48)
ppe		0.043 (1.42)		− 0.033 (− 1.51)	− 0.024 (− 0.68)	− 0.032 (− 1.17)

续表

变量	民营企业				国有企业	
	dtotloa (1)	dtotloa (2)	loacos (3)	loacos (4)	dtotloa (5)	loacos (6)
q		0.004 *** (3.68)		0.002 *** (2.61)	−0.000 (−0.08)	0.005 ** (2.06)
hhi		−0.026 (−0.18)		−0.012 (−0.14)	0.068 (0.28)	0.067 (0.52)
inst		0.043 ** (2.35)		−0.015 (−1.54)	−0.015 (−0.64)	0.014 (0.92)
agelst		0.011 *** (2.87)		0.008 ** (2.55)	0.004 (0.17)	0.017 *** (3.88)
_cons	0.137 *** (16.23)	−0.187 ** (−1.99)	0.087 *** (23.48)	0.072 (1.03)	0.300 * (1.78)	0.012 (0.13)
个体效应		YES		YES	YES	YES
年度效应	YES	YES	YES	YES	YES	YES
N	4067	4067	4067	4067	1698	1698
R²	0.009	0.041	0.003	0.025	0.049	0.060

注：括号内为 z 值；＊表示10%的显著性水平，＊＊表示5%的显著性水平，＊＊＊表示1%的显著性水平。

此外，由于韧性过程的不同阶段主要通过业绩信息披露对民营企业的银行授信发挥作用，而国有企业可能并不主要依赖业绩之类的因素获取信贷支持，为此，本书进一步利用国有上市公司样本开展检验，表5-4的列（5）、列（6）的结果共同表明，韧性过程阶段对国有企业的银行授信并未产生显著影响，这从另一种角度印证了研究假设5.1。

本书基于式（5.2）检验了金融发展对不同韧性过程阶段的民营企业银行授信筛选的影响，如表5-5所示。对于民营企业的银行授信规模而言，列（1）显示了在仅控制年度变量后的混合 OLS 回归结果，列（2）展示了在加入控制变量以及控制年度效应和个体效应后的结果。综合来看，预期阶段与金融发展交互项的系数显著为正，并且适应阶段与金融发展交互项的系数也显著为正，这些表明金融发展分别对预期阶段和适应阶段民营企业的银行授信规模有正向调节作用，即对于韧性过程的预期阶段和适应阶段民营企业而言，金融发展水平越高，民营企业的银行授信规模会越大。由于列（1）、列（2）中的金融发展系数未通过显著性检验，为此，金融发展对基准组响应阶段企业的银行授信规模影响不显著。对于民营企业的银行授信价格而言，列（3）、列（4）分别展示了混合 OLS 回归和加了控制变量的双向固定效应模型回归结果，解释变量的系数皆不显著，金融发展对不同韧性过程阶段的民营企业银行授信价格并未有显著影响。对此的解释可能为金融发展对利率市场化影响不显著，此外，银行授信定价还依据微观企业的经营违约风险。然而，综合授信规模来看，对于预期阶段和适应阶段的民营企业而言，金融发展水平越高，民营企业的银行授信越宽松，授信规模也越大，金融发展对响应阶段民营企业的授信筛选无显著影响，假设 5.2 得验。此外，由于金融发展可以通过资源规模效应对民营企业的银行授信发挥作用，而国有企业的信贷支持受这类因素影响可能较小，为此本书进一步利用国有上市公司样本开展检验，列（5）、列（6）的结果共同表明，金融发展对不同韧性过程阶段国有企业的银行授信并未产生显著的促进作用，这从另一个角度进一步印证了研究假设 5.2。

表 5 - 5　　　　金融发展对不同韧性过程阶段企业银行信贷筛选的影响

变量	民营企业				国有企业	
	dtotloa (1)	dtotloa (2)	loacos (3)	loacos (4)	dtotloa (5)	loacos (6)
findev × respro_2	0.013 *** (3.03)	0.011 ** (1.99)	− 0.003 (− 0.97)	− 0.001 (− 0.30)	− 0.021 * (− 1.85)	− 0.005 (− 0.45)
findev × respro_3	0.007 ** (2.44)	0.006 * (1.82)	0.002 (0.47)	0.003 (0.45)	0.011 (0.52)	0.007 (1.36)
findev	0.004 (1.34)	0.004 (1.56)	0.000 (0.37)	0.001 (0.52)	− 0.000 (− 0.10)	− 0.001 (− 0.26)
respro_2	− 0.077 ** (− 2.41)	− 0.070 (− 1.55)	0.010 (0.39)	− 0.032 (− 1.36)	0.160 * (1.72)	0.043 (0.49)
respro_3	0.113 (0.83)	0.223 (1.21)	− 0.039 (− 1.11)	− 0.054 (− 0.95)	− 0.073 (− 0.57)	− 0.078 ** (− 2.06)
size		0.009 ** (2.23)		0.001 (0.33)	0.002 (0.35)	0.000 (0.06)
roa		− 0.384 *** (− 6.56)		0.018 (0.47)	− 0.215 ** (− 2.33)	0.243 *** (3.07)

续表

变量	民营企业				国有企业	
	dtotloa (1)	dtotloa (2)	loacos (3)	loacos (4)	dtotloa (5)	loacos (6)
ppe		0.051* (1.67)		-0.031 (-1.45)	-0.014 (-0.36)	-0.012 (-0.39)
q		0.005*** (3.94)		0.002*** (2.66)	-0.004 (-1.40)	0.006** (2.06)
hhi		-0.017 (-0.12)		-0.009 (-0.09)	-0.233 (-1.02)	0.035 (0.25)
inst		0.044** (2.40)		-0.018* (-1.87)	-0.012 (-0.51)	0.023 (1.37)
agelst		0.011*** (2.89)		0.007** (2.21)	-0.001 (-0.24)	0.012** (2.15)
_cons		-0.206** (-2.12)		0.050 (0.69)	0.252* (1.71)	0.027 (0.31)
个体效应		YES		YES	YES	YES
年度效应	YES	YES	YES	YES	YES	YES
N	4044	4044	4044	4044	1795	1795
R^2	0.014	0.049	0.004	0.025	0.042	0.050

注：括号内为 z 值；＊表示10%的显著性水平，＊＊表示5%的显著性水平，＊＊＊表示1%的显著性水平。

第四节 进一步分析

前述研究表明，银行对适应阶段民营企业授信最为宽松，预期阶段次之，响应阶段最差。金融发展对韧性过程不同阶段民营企业的银行授信也有不同程度的影响，具体来看，适应阶段民营企业和预期阶段民营企业所处地区的金融发展水平提高对企业银行授信筛选具有显著促进作用，而响应阶段民营企业所处地区的金融发展水平提高对企业银行授信筛选的作用效果不显著。响应阶段企业面对意外事件的发生，企业经营可能会出现原材料断供、企业生产力大幅下降、产品销售不出去等不良情况，为了生存下去，企业会积极拓展内外部资源，其融资需求旺盛，但其融资需求难以得到满足。为此，本小节将探讨在不同金融发展环境中，不同外部推力对不同韧性过程阶段的民营企业银行授信筛选是否存在影响。

一、政府干预强度

由于民营企业发展水平受制于市场经济发展水平，政府对市场经济的干预强度直接影响民营企业的发展。政府干预会通过金融体系为政策有所倾斜的集团提供融资。随着政府干预减少，非国有企业与国有企业间的贷款份额差异与贷款期限结构差异都显著缩小（方军雄，2007）。唐松等（2009）发现，在政府干预低的地区，银行对贷款决策产生的收益和风险表现更敏感。聂新伟（2017）认为，在市场运作下，作为风险厌恶者，银行会淘汰劣质项目或道德风险较高的债务人，实现市场出清。然而，由于逆向选择问题的存在，大量具有成长潜力的企业或项目融资需求仍难以得到满足。近几年来为了促进民营经济发展，政府多次强调长期坚持"两个毫不动摇"的理念，一方面采取多项措施给民营企业经营发展松绑，另一方面鼓励引导金融机构加大对民营企业的支持。我们不禁思考政府干预强度对不同韧性过程阶段民营企业的银行授信是否存在异质性影响。政府背书尽管能改善企业融资状况，然而这也容易给银行债权人形成刚性兑付预期，使部分无效率或高风险项目得到融资，信贷资源如何实现最优配置？

为探讨民营企业韧性过程中政府干预对银行授信的影响，我们使用王小鲁等（2018）编著的《中国分省份市场化指数报告（2018）》中的"政府与市场关系"来反映政府的干预强度。该指数由市场分配经济资源的比重、减少政府对企业的干预以及缩小政府规模3个子指标构建而成，"政府和市场关系"指数越大说明政府干预程度越小（李延喜等，2014），由于该指标为反向指标，为此本书在政府和市场关系指数前加负号。首先根据金融发展水平是否高于年度均值将地区划分为金融发展水平高的地区和低的地区，分析异质金融发展水平地区政府干预对韧性过程阶段的民营企业银行授信筛选的影响，具体结果如表5-6所示。

表 5 - 6 　　政府干预强度对不同韧性过程阶段民营企业银行授信筛选的影响

变量	高金融发展水平		低金融发展水平	
	dtotloa (1)	loacos (2)	dtotloa (3)	loacos (4)
govmar × respro_2	− 0. 103 *** (− 3. 89)	0. 036 *** (2. 75)	− 0. 001 (− 0. 11)	0. 002 (0. 89)
govmar × respro_3	− 0. 048 (− 0. 90)	− 0. 001 (− 0. 03)	0. 016 (0. 11)	0. 013 (0. 94)
govmar	0. 011 (0. 92)	0. 007 (0. 91)	0. 005 ** (2. 13)	0. 001 (0. 63)
respro_2	− 0. 768 *** (− 3. 81)	− 0. 302 *** (− 2. 99)	0. 017 (0. 25)	0. 086 (0. 67)
respro_3	− 0. 340 (− 0. 80)	− 0. 033 (− 0. 15)	0. 184 (0. 35)	0. 044 (0. 55)
size	0. 004 (0. 66)	0. 005 (1. 42)	0. 019 *** (3. 08)	− 0. 007 (− 1. 10)
roa	− 0. 398 *** (− 4. 86)	− 0. 051 (− 0. 99)	− 0. 371 *** (− 4. 07)	0. 127 ** (2. 05)
ppe	0. 081 * (1. 85)	− 0. 074 *** (− 2. 64)	0. 008 (0. 20)	− 0. 007 (− 0. 18)
q	0. 006 *** (3. 57)	0. 001 (1. 13)	0. 003 * (1. 77)	0. 004 *** (2. 62)
hhi	0. 098 (0. 47)	0. 152 (1. 25)	− 0. 065 (− 0. 34)	− 0. 204 (− 1. 51)
inst	0. 061 ** (2. 35)	− 0. 009 (− 0. 67)	0. 016 (0. 67)	− 0. 030 ** (− 2. 05)
agelst	0. 022 *** (4. 04)	0. 006 (1. 49)	− 0. 005 (− 0. 78)	0. 012 ** (2. 06)
_cons	− 0. 050 (− 0. 32)	0. 006 (0. 06)	− 0. 327 ** (− 2. 33)	0. 219 * (1. 69)
个体效应	YES	YES	YES	YES
年度效应	YES	YES	YES	YES
N	2430	2430	1640	1640
R^2	0. 065	0. 029	0. 049	0. 074

注：括号内为 z 值；* 表示 10% 的显著性水平，** 表示 5% 的显著性水平，*** 表示 1% 的显著性水平。

就金融发展水平相对较高的地方来看，根据表 5 - 6 的列（1）可知，政府干预强度上升会显著抑制预期阶段企业的银行授信规模，即政府干预强度下降有助于预期阶段民营企业银行授信规模的增加，然而，政府干预强度对响应阶段和适应阶段民营企业银行授信规模的影响不显著。根据平均边际效应结果显示，当企业处于预期阶段时，政府干预每下降 1 个单位，银行授信规模会在 1% 的显著性水平上增加 0.092 个单位。根据列（2）可知，政府干预强度越低越有助于预期阶段民营企业银行授信价格的下降，但对响应阶段和适应阶段民营企业银行授信价格无显著影响。根据平均边际效应结果显示，当企业处于预期阶段时，政府干预每下降 1 个单位，银行授信价格会在 1% 的显著性水平上降低 0.032 个单位。

然而对于金融发展水平低的地方来说，表 5 - 6 的列（3）显示，由于政府干预系数在 5% 的水平上显著为正，这表示对于基准组响应阶段来说，政府干预程度上升对响应阶段民营企业的银行授信规模有正向调节作用。根据平均边际效应结果显示，政府干预强度每上升 1 个单位，响应阶段企业的银行授信规模会在 5% 的显著性水平上上升 0.005 个单位，然而，政府干预对预期阶段和适应阶段民营企业银行授信规模无显著影响。根据列（4）显示，政府干预对于不同韧性过程阶段民营企业银行授信价格皆无显著影响。

综上所述，政府干预在不同金融发展水平地区以及民营企业韧性过程不同阶段的银行授信产生了不一样的效果，对于金融发展水平低的地方，政府干预强度增大会促进银行对响应阶段民营企业的信贷支持，而对于金融发展水平高的地方而言，政府干预强度减弱会促进预期阶段民营企业获取更多价格优惠的银行授信。

二、金融科技发展

根据金融发展指标的内涵，金融发展代表着传统金融的发展水平，随着金融科技的发展、征信技术水平的不断提高，我们不禁思考金融科技对银行授信的影响。因为在传统银行金融机构推进普惠金融实践时，依赖信息技术、大数据技术、云计算等的金融科技也进一步拓展了普惠金融的触达能力和服务范围。

研究表明，金融科技可以优化融资环境，缓解企业融资约束问题。首先，对于金融市场信息不对称问题，金融科技通过运用移动互联网、云计算和大数据等手段，突破了信息资源的地理限制，减少了金融市场供需摩擦（Kabakova et al.，2018；张勋等，2019）。金融科技通过改变传统社会的互动方式有助于降低传统金融供需中的信息不对称问题，增加需求方的金融可得性。其次，大数据等金融科技创新补充和完善了传统征信系统。民营企业尤其是中小民营企业往往具有规模小、经营不稳定、资质担保价值低、缺乏信用审核记录等特征，这使其融资需求较易被排斥在传统正规金融服务"门槛"外。然而，金融科技可以通过数字化技术以相对较低的成本为中小民营企业等"长尾"客户群提供高品质的金融服务，缓解信用记录不全的企业融资约束问题。

我们使用北京大学数字金融研究中心课题组（2019）编著的《北京大学数字普惠金融指数（2011～2018）》中构造的"数字化程度"指标来反映金融科技的发展水平。该研究中，数字化程度主要从移动化、实惠化、信用化和便利化四个子指标进行综合构成，更能反映金融科技的发展情况。具体回归结果如表5-7所示。

表5-7　　　金融科技对不同韧性过程阶段民营企业银行授信筛选的影响

变量	高金融发展水平		低金融发展水平	
	dtotloa (1)	loacos (2)	dtotloa (3)	loacos (4)
digit × respro_2	-0.001 (-1.14)	-0.002 (-0.67)	-0.001** (-2.22)	-0.001 (-1.63)
digit × respro_3	0.001 (1.02)	-0.001*** (-3.59)	-0.001 (-0.77)	-0.002 (-0.20)
digit	0.002** (2.02)	-0.001 (-1.44)	-0.002 (-0.80)	0.001 (0.82)
respro_2	0.099* (1.78)	-0.001 (-0.02)	0.093* (1.83)	0.018 (0.72)
respro_3	-0.031 (-0.42)	0.083*** (2.67)	0.215 (0.99)	-0.031 (-1.50)

续表

变量	高金融发展水平		低金融发展水平	
	dtotloa （1）	loacos （2）	dtotloa （3）	loacos （4）
size	0.005 （0.87）	0.005 （1.41）	0.021*** （3.42）	-0.006 （-0.93）
roa	-0.388*** （-4.72）	-0.049 （-0.97）	-0.369*** （-4.19）	0.132** （2.11）
ppe	0.085** （1.96）	-0.073*** （-2.60）	0.004 （0.11）	-0.008 （-0.21）
q	0.006*** （3.84）	0.001 （1.12）	0.003* （1.67）	0.004** （2.57）
hhi	0.068 （0.32）	0.164 （1.35）	-0.039 （-0.21）	-0.201 （-1.50）
inst	0.054** （2.05）	-0.009 （-0.71）	0.012 （0.52）	-0.031** （-2.11）
agelst	0.022*** （4.04）	0.006 （1.58）	-0.005 （-0.92）	0.012** （2.08）
_cons	-0.372** （-2.08）	0.045 （0.41）	-0.328** （-2.32）	0.196 （1.53）
个体效应	YES	YES	YES	YES
年度效应	YES	YES	YES	YES
N	2430	2430	1640	1640
R^2	0.095	0.030	0.050	0.073

注：括号内为z值；＊表示10%的显著性水平，＊＊表示5%的显著性水平，＊＊＊表示1%的显著性水平。

对于金融发展水平相对较高的地方来说，表5－7列（1）显示，金融科技水平（digit）的系数在5%的水平上显著为正值，表示金融科技对基准组响应阶段民营企业银行授信有显著的促进作用，即金融科技在一定程度上可以缓解响应阶段民营企业的融资约束问题。平均边际效应结果显示，金融科技水平每上升1个单位，响应阶段企业的银行授信规模会在5%的显著性水平上上升0.002个单位。然而金融科技水平对预期阶段和适应阶段民营企业银行授信并无显著的调节作用。根据表5－7列（2）显示，金融科技与适应阶段民营企业的交互项系数在 1% 的水平上显著为负，表示金融科技水平有助于降低适应阶段民营企业银行授信价格，这也进一步验证了金融科技发展加剧了金融供给市场的竞争。

对于金融发展水平较低的地方来说，表 5-7 列（3）显示，金融科技对预期阶段民营企业银行授信规模在 5% 的统计水平上有显著的抑制作用。对于此情况的解释是，金融科技的发展使企业纷纷寻求非传统银行金融机构的信贷服务，进而对银行信贷筛选产生了一定程度的替代效应。这也与魏志华等（2012）、聂秀华（2020）的研究结论一致，即数字金融可以直接满足中小微企业的金融服务需求，相对于传统金融，它们的风险承担力较强。不过金融科技对响应阶段和适应阶段银行授信规模的影响效果不显著。根据表 5-7 列（4）显示，金融科技对不同韧性过程阶段民营企业银行授信价格的调节作用不显著，不过这些交乘项系数为负值，也可在一定程度上表明金融科技通过增加供给有助于降低信贷市场价格。

综上所述，金融科技在不同金融发展水平地区以及民营企业韧性过程不同阶段的银行授信产生了不一样的效果。对于金融发展水平高的地方，金融科技主要起到优化征信环境，提高响应阶段民营企业的银行授信规模，降低适应阶段民营企业的银行授信价格的作用；而对于金融发展水平低的地方，金融科技对预期阶段民营企业的银行授信起到了替代效应，即对预期阶段民营企业银行授信规模起到一定的负面影响。

第五节
稳健性分析

为了确保本书基础结论的稳健性，第一，对内生性问题进行讨论。由于银行授信筛选可能与企业的韧性过程阶段存在互为因果的反向关系，为此本书将企业韧性过程阶段解释变量更换为滞后一期值后再次进行回归分析，回归结果依然稳健。

第二，更换企业韧性过程变量。参考安东尼等（Anthony et al., 1992）对企业生命周期阶段的划分方法，结合我国民营企业韧性研究特征、产业之间差异的实际情况，选用企业销售收入增长率、留存收益率和资本支出率等指标来划分民营企业韧性过程阶段（见表 5 - 8）。具体而言，根据 3 个指标的总得分，分行业把全样本由大到小进行排序，然后对每一行业样本按照总得分成 3 个部分，其中适应阶段的企业对应得分最高的约 1/3 部分企业，响应阶段的企业对应得分最低的约 1/3 部分企业，预期阶段企业即为处于中间得分的那部分企业。最后，进行汇总得到所有民营上市公司样本的韧性过程的分类结果。在韧性过程替代变量构建的基础上进行主回归分析，发现上述基本结论依然成立。

表 5 - 8　　　　　　　　　　　民营企业韧性过程的划分

阶段	销售收入增长率		留存收益率		资本支出率	
	特征	赋值	特征	赋值	特征	赋值
响应阶段	低	1	高	3	低	1
预期阶段	中	2	中	2	中	2
适应阶段	高	3	低	1	高	3

第三，变更银行授信筛选变量。无论是参考张晓玲（2012）使用企业现金流量表中的"借款收到的现金"这一指标来代表银行授信规模，还是参考罗党论等（2012）依据锐思数据库中银行借贷数据，使用银行授信金额取对数来衡量银行授信规模，依次进行主回归稳健性分析后，结果依然显著。参考李广子等（2009）通过加总"利息支出""手续费""其他财务费用"作为企业净财务费用的近似，计算净财务费用占公司借款比率来替代银行授信价格指标，进行主回归稳健性分析后，上述结果依然显著。

第四，考虑因变量截尾问题。鉴于银行信贷增量和银行授信成本没有小于零的情形，是一种典型的"截尾数据"，因此本书采取 Tobit 模型对样本数据进行了回归检验，发现主回归实证结果依然不变。

第五，变更研究样本区间。把样本区间放宽至 2012 ~ 2017 年，对于 2017 年的金融发展水平，我们采用各省份 2012 ~ 2016 年的金融业市场指数的年均变化率推算出 2017 年的数据，并把划分韧性过程阶段指标的企业销售增长率的单个时期区间变为 1 年或 3 年，主回归结果依然显著。由于篇幅问题，在此不再呈现上述回归结果。

第六，考虑行业的聚类效果，在控制行业聚类稳健标准误后，结果依然显著。

第六节 | 本章小结

本章从民营企业韧性过程、金融发展两个角度，考察不同韧性过程阶段民营企业的银行授信筛选状况，得出以下主要结论。

第一，处于韧性过程不同阶段的民营企业，银行授信筛选存在差异，具体为银行对适应阶段企业授信最多，且价格最低，预期阶段次之，响应阶段拥有的最差。

第二，处于韧性过程不同阶段的民营企业，其银行授信筛选受金融发展水平的影响，具体为适应阶段和预期阶段企业的银行信贷筛选设计会随着金融发展水平的提高而更加宽松，而响应阶段企业的银行信贷筛选变动不明确。

第三，考虑政府干预强度的异质性后发现，对于金融发展水平低的地方，政府干预强度上升有助于响应阶段民营企业银行授信规模的提升，而对于金融发展水平高的地方而言，政府干预强度的下降有助于预期阶段民营企业获得更多成本更低的银行信贷。

第四，考虑金融科技的异质性后发现，对于金融发展水平高的地方，金融科技主要起到优化征信环境，提高响应阶段的银行授信规模的作用，并且有助于降低适应阶段的银行授信价格；而对于金融发展水平低的地方，金融科技主要起到对银行授信的替代效应，表现为对预期阶段民营企业银行授信规模起到一定的抑制作用。

第六章

契约中：银行债权监督对民营企业韧性结果的影响

　　由于债务契约维持中企业会面临各种意外事件的冲击，为此，本章以单次外生冲击为背景，以民营企业韧性结果理论为基础，实证检验契约维持中银行债权监督对民营企业韧性结果的影响，进而理解民营企业韧性影响因素等深层问题。现有文献研究银行债权与企业投融资行为的关系时常忽略环境的波动性，缺乏从危机冲击背景下考察契约中债权人的权益保护机制对民营企业韧性结果的影响。为此本章将立足民营企业韧性结果理论，分析外生冲击下的债权人监督效果，进而对现有理论进行补充和拓展。

第一节　理论分析与研究假设

　　如果要了解公司如何应对系统性冲击，考虑冲击前公司的特征至关重要（Buyl et al.，2019）。因此，我们探讨了冲击发生前民营企业的银行债权监督状况如何影响企业在震荡时期的稳定性和灵活性，即企业韧性结果，从而有助于构建富有韧性的民营企业。作为民营企业的重要资金来源，银行信贷也是一种公司治理机制。由于现代公司所有权和控制权相分离，股东和经理人员间的代理问题会因为债务融资得到一定程度的缓解（Williamson，1988），企业价值也因此得以提升。

一、银行债权监督对民营企业损失的影响

损失严重程度表示企业在一般性环境冲击中短时间内经历的最大经济损失。损失程度不严重的企业反映了其更稳定的韧性系统，这是由于它们具有更强的吸收冲击的能力。企业通过保持其原有的功能结构继续维持原有的经营活动，使自己免受一般环境冲击的伤害，进而避免不利状态（如破产）的出现。我们使用公司遭受冲击后所经历的财务损失大小来评估其损失严重程度，具体而言，使用公司股票价格从紧邻危机前的收盘价到危机中单位时间内最低点的差值来衡量。

当契约维持中发生意外冲击，债权监督会使银企关系发展具有不确定性，这会影响企业在干扰中经营的稳定性，进而影响损失的严重性。这种不确定性来源于银行债权监督重构"组织系统与社会系统间的依存关系"来影响企业吸收外部干扰的能力（Desjardine et al.，2019）。这种依存的关系是由于公司与利益相关者互动引起的，这个过程常会涉及资源、价值和信息的共享（Albert et al.，2015）。

一种观点认为，银行债权监督会加剧企业损失的严重程度。作为重要的公司治理工具，史密斯等（Smith et al.，1979）认为，银行的监督力量一部分来自给企业施加短期还款的压力，一部分来自违约时银行获得的相机控制权。债权人监督治理往往不是通过直接监督方式来实现的，而是通过观察企业是否违反契约条款进行间接监督。首先，在企业能够正常还款时，银行监督力度较弱（Jensen et al.，1976），债务企业短视行为会降低公司风险吸收能力。冲击前银行监督弱可纵容管理层的短视利益行为，这种行为会降低企业对未来风险预防的资源配置，进而降低冲击中企业的稳定性。其次，银行债权人对债务企业的自救动机预期会降低企业的风险吸收能力。风险冲击中，为改善和迎合投资者预期，公司管理层需要现金流来化解公司内部亏空，预防资金链断裂（Jin et al.，2006）。然而，作为风

险厌恶型的外部投资者，银行债权人对公司潜在风险更加敏感（Chen，2016）。为此，银行债权人能够根据自己的信息优势，注意到公司内部的财富掠夺行为或不善的经营行为（肖作平等，2007），从而预判公司潜在的股价损失性（Kim et al.，2011），为此，银行债权人会采取索取更高的风险溢价或制定更严格的契约条款等措施进行调整（Chen，2016）。这样银行债权人动态调整策略可能会加剧企业的损失程度。另外，企业债务的按时还款预期会恶化企业与其他利益相关者的关系，这些都将加剧冲击中企业的亏损。高的银行信贷强度意味着企业面临着更强的流动性约束，企业需要权衡流动性成本与企业的风险收益（Johnson，2003），这会限制企业稳定股价的投入，如限制公司激励大股东、高管、员工的增持计划和大额现金分红等，同时会降低企业利益相关者的利益诉求实现预期。因此，银行债务的刚性支付特征与股价波动带来的现金流不稳定特征相冲突，进而增加企业稳定股价的流动性约束。

另一种观点认为，银行债权监督能够降低企业损失的严重性，即银行监督力度大的企业在冲击中会更稳定。首先，根据债权人治理理论，贷中银行监督力度大的企业其代理成本会越低，企业运营更有效率，能减少非系统性市场风险（王旭，2013）。债权人治理效应并不会因外部冲击的发生而发生，它依赖于签订的债务契约，债务契约会通过影响公司管理者的工作努力水平和投融资行为，以及公司控制权的分配，提升公司治理水平（王满四，2003）。因此，如果公司在系统冲击之前的一段时间内有较高的银行债务，公司治理以及投资经营等活动更具效能和效率，冲击发生时，企业更有可能表现出更强的稳定性。其次，在银行债权监督治理预期下，银行监督力度较强，企业和其他相关利益者的关系可能较为稳定，这有助于企业韧性结果稳定性的实现。这是由于银行债权人为降低风险会要求企业采用相对稳健的会计政策、投资政策等，保证债务的安全回收性。为此，债务企业盈余稳健性与债权人的监督力度呈正相关（Watts，2003）。银行监督通过提升公司治理水平，以信息传递方式提升外部投资者的信心，使企业获得稳定性股价。利兰等（1977）、罗斯（1977）认为，优质企业可以通过提高负债融资比例的方式向资本市场传递其拥有优质投资项目的信息。信息传递理论下，负债可以通过向外部投资者传递内部经营治理信息，来影响公司的稳定性。

综上所述，银行债权监督对民营上市公司的稳定性可能会产生非单一性质的促进或抑制作用，更有可能是复杂的非线性效应，这依赖于银行债权监督强度以及实施措施。相关研究表明，企业间竞争加剧对合作的影响存在负向的线性机会函数和正向的线性激励函数关系，两种关系相结合使竞争强度对合作之间形成倒"U"型关系（Ang，2008），而正向和负向机制同时发生作用会使解释变量和被解释变量间产生"U"型关系图（Richard et al.，2016），基于此，提出本章的第一个假设：

假设6.1：银行债权监督与民营上市公司损失程度呈"U"型（或倒"U"型）的非线性关系。当银行债权监督水平达到拐点时，公司损失程度调整会出现方向性变化。

二、银行债权监督与民营企业的恢复速度

恢复时间是系统恢复到原始状态所需的时间，它反映了系统韧性结果的灵活性表现。灵活性帮助企业在受到干扰后迅速适应环境的变化（Brand et al.，2007）。我们通过民营上市公司股价恢复到危机前水平所需的时间来衡量复苏的时间。韧性结果的灵活性需要民营企业具有大量灵活多样化的资源，以使企业开发出应对冲击的解决方案（Sanchez，1995）。因此，有韧性的民营企业基于它们对环境变化的预测、吸收和适应力，能更好地保护企业核心功能结构并从干扰中恢复过来（Ortiz-de-Mandojana et al.，2016）。

首先，冲击前银行通过企业自由现金流发挥监督效应，在激励约束作用下，企业代理成本下降，管理层提高短期绩效会影响公司从系统性冲击中恢复的能力。这是因为绩效提高行为会耗尽公司的内部资源，也就是说，管理层为了获得高额业绩会让公司资源用尽其能，造成公司冗余资源不足。然而，充足的内部资源以及公司的资源重新整合能力是冲击中企业恢复的重要条件（Buyl et al.，2019），在债权监督治理下，冗余资源不足限制了企业从冲击中恢复的能力。其次，银行的定期偿付预期会影响利益相关者的行动。例如，根据企业破产债权人的清偿优先顺序，商业信用提

供商为了确保信贷的可回收性，会加速企业偿还（Cuñat et al.，2012）。随着利益相关者之间集体意愿和信息共享的增加，利益相关者的预期会影响公司在面对逆境时开发的最佳解决方案。因此，在震荡前拥有高水平银行信贷的公司将在震荡中表现出更弱的灵活性，即从系统性冲击中恢复过来所需要的时间可能会更长（Desjardine et al.，2019）。为此提出如下假设：

假设6.2：风险冲击前银行信贷监督力度越大，公司从冲击中恢复过来的时间就越长。

综上而言，为了研究企业韧性结果的影响因素，我们基于图6-1探讨了冲击发生前银行债权监督如何影响企业在震荡时期的稳定性和灵活性，从而为创建富有韧性的民营企业提供有益的见解。

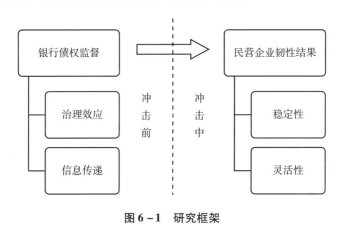

图6-1　研究框架

第二节 研究设计

一、数据来源

民营企业受到冲击后，银行债权监督治理机制发挥作用依赖于特定的冲击环境和企业状况。根据前面对冲击事件的分析，本书认为，2015年股市震荡对企业尤其是民营企业提出了考验。为此，本书以此为背景，着重研究2015年金融冲击中银行债权监督对民营企业韧性结果的影响及作用机制，探讨如何提升民营企业韧性水平。

为了检验假设，我们收集了 2014 ~ 2019 年的数据。我们认为，2015 年股市冲击的起始日期是 6 月 15 日，A 股开始大幅跳水，上证指数从 5176 点下跌 103 点，跌幅 2%，千股跌停，市场迅速陷入极大的恐慌和大面积"踩踏"中。对于民营企业韧性结果数据，我们从锐思数据库收集企业股票价格的日度数据和月度数据分别构建企业韧性结果的二元属性指标，即韧性结果稳定性表现和灵活性表现。对于银行信贷指标、公司治理层面的数据，我们从锐思数据库、国泰安数据库收集相关数据。我们只保留企业实际控制人为民营企业性质的上市公司。在此基础上，剔除金融行业上市公司和 ST 上市公司。另外，为防止极端值影响，本书对所有连续变量进行 1% 分位和 99% 分位缩尾处理。

二、变量选取

1. 因变量为韧性结果。首先是企业损失严重程度（loss18），该指标衡量企业韧性结果的稳定性表现。参考德斯贾丁等（Desjardine et al.，2019）的做法，我们以每家民营上市公司股票价格在危机前的收盘价（即 2015 年 6 月 12 日）与截至 2016 年 12 月 31 日之前达到的最低收盘价的百分比变化来计算企业损失的严重程度。对于样本跨期选择，综合企业财务数据的年度性质以及为了降低其他外部事件对股票价格波动的影响，并且根据图 4 - 2 对股票日均收盘价的观测，金融冲击中股价下跌到最低点大概是在 2015 年第三季度，为此，我们在 2016 年底结束了数据收集期。综合来看，损失程度的值越高，表明该时间段内企业股价损失越大，企业韧性的稳定性越差。

其次是企业恢复时间（t），该指标衡量的是企业韧性的灵活性。参考德斯贾丁等（2019）的做法，我们将其计算为公司每月收盘价完全恢复至危机前水平所需的时间（即 2015 年 6 月 12 日的收盘价）。根据图 4 - 3 对股票月度平均收盘价的观测，股票市场月均收盘价在 2015 年 6 月至 2016 年 12 月多次发生较剧烈的波动，这表示部分股票有可能恢复到冲击前的价格。

2. 解释变量为银行债权监督变量。首先，就银行借款规模而言，银行借款规模越高，上市公司偿债压力越大，进而对公司经理层自利行为的约束作用也越强，股东和经理层的行为响应也越敏感；并且，出于风险防御的动机，贷款规模越大的债权人对民营上市公司的监督动机也会越大，这会进一步约束经理层低效率的资源配置行为，显现出债权人的外部性治理效应（王旭，2013）。为此，本书选取银行借款总额比企业总资产的滞后一期值（ltotloa）衡量银行债权人监督强度，并且两者呈同向变动关系。

其次，就负债期限而言，相对于长期债务，短期债务允许债权人根据更新的信息调整契约条款（Diamond，1991），进而减少债务人对债权人权益的掠夺（肖作平等，2007）；并且，短期负债给债务人带来的财务风险和破产风险更高，更能抑制公司经营管理者的过度投资动机，提高经营管理者对自由现金流的使用效率（Jensen，1986）。因此，短期债务使债权人能够以最低的成本对债务公司进行有效监督（Rajan et al.，1995），是监督公司经营管理者机会主义行为的有力工具。相比于短期负债带来了较高的偿债压力，长期负债可能引致债权人治理失效，甚至使代理成本递增（王旭，2012）。因此，短期债务能对债务公司进行更有效的监督，它能更有效地抑制公司经营管理者的过度投资动机以及管理层低效率的资源配置行为，激励管理层努力工作，作出最优的财务决策（Hart et al.，2005）。因此，本书选取滞后一期的短期借款占总借款的比例（lsholoa）来衡量银行债权期限结构的监督强度，短期借款占比越大银行债权监督力度越高。

3. 控制变量。参考德斯贾丁等（2019）、萨伊科等（Sajko et al.，2020）的做法，结合中国实践，我们将以下 7 个因素纳入研究：公司规模、年龄、企业市场价值、运营效率、盈利能力、资本支出强度、行业。

公司规模（size）。公司规模是公司总资产账面价值加 1 后取自然对数来表示。这主要是由于马克曼等（2014）发现，较小的银行比较大的银行更具韧性。

年龄（agelst）。该年龄是公司的上市年龄，我们将其计算为公司上市年限加 1 后取自然对数。这主要是由于年长的公司更有可能拥有管理负面事件的资源（如人力资本）。

企业市场价值（lnmv）。资产的市场价值反映了公司无形资产的价值，包括商誉、品牌认知度和声誉。公司声誉是一项关键的无形资产（Fombrun et al.，2000），它体现在公司市值与账面价值的比率（Hall，1993），比率越高，表明声誉越强。声誉较好的公司通常会被市场评价得更高，因为声誉是未来业绩的一个强有力的指标。也就是说，市场会考虑声誉，从而对公司资产进行估值。公司声誉的差异会影响公司复苏速度，为此，我们使用企业价值取自然对数来控制公司声誉。

运营效率（totass）。运营效率是用公司的总资产周转率来衡量的。资本使用效率高的公司可能会在危机中表现得更好，因为趋利避害的投资者往往会寻找更有吸引力的投资机会。从另一种可能性来看，对于资本使用效率较低的公司，除非它们能将资产进行更好的处置进而获得更多可以被清算的资产。

盈利能力（ebitda）。这个变量是控制财务标准的差异性。具体而言，盈利能力是息税折旧摊销前利润与总资产账面价值的比率。利润更高的公司在危机时期更有可能获得投资者的支持。

资本支出强度（capex）。这个变量是控制企业投资行为的差异。吉塔尔等（Gittell et al.，2006）发现，在 2001 年 9 月 11 日美国遭受恐怖袭击之后，资本支出强度密集的航空公司相对表现较差。

此外，我们还控制了行业虚拟变量（industry）。我们使用证监会发布的上市公司行业门类控制行业属性。由于不同行业门类的周期性表现各不相同，在不利的经济环境下，投资者倾向于转向防御性股票（如公用事业）。并且，先前的研究表明，与清洁行业的同行相比，利益相关者更严厉地惩罚在所谓的肮脏行业中实施不道德劳动行为的公司（Schnietz et al.，2005）。此外，外生干扰对不同行业的冲击程度也有差异性。具体变量含义如表 6-1 所示。

表 6-1   **模型中变量名称及定义**

变量类型	变量名称	变量符号	变量定义
被解释变量	企业损失程度	loss18	（2015 年 6 月 12 日收盘价 - 2015 年 6 月 12 日至 2016 年 12 月 31 日最低股价）/2015 年 6 月 12 日收盘价
	企业恢复	$h(t)$	企业股票月度价格在 $t-1$ 时期未恢复而在 t 时期恢复的概率。如果公司在观察窗口中恢复，则为 1，否则为 0

续表

变量类型	变量名称	变量符号	变量定义
解释变量	总借款	ltotloa	滞后一期银行借款总额/企业总资产
	短期借款	lsholoa	滞后一期短期借款/总借款
控制变量	规模	size	总资产取对数
	年龄	agelst	企业上市年限加 1 取自然对数
	企业市场价值	lnmv	企业价值取自然对数[①]
	运营效率	totass	总资产周转率
	盈利能力	ebitda	息税折旧摊销前利润/总资产账面价值
	资本支出强度	capex	购建固定资产、无形资产和其他长期资产支付的现金/总资产
	行业	industry	行业虚拟变量
其他变量	高银行信贷	higloa	1 为公司银行总借款高于行业中位数，否则为 0
	高短期信贷	higssh	1 为银行短期借款高于行业中位数，否则为 0
	冗余资源	slack	企业速动资产/营业收入 – 行业均值
	融资约束	KZ	$KZ = -3.014 \times$ 现金/总资产 $- 4.4444 \times$ 经营现金流/总资产 $- 62.626 \times$ 股利/总资产 $+ 0.153 \times$ 资产负债率（李君平等，2015）
	企业战略	hsd	1 为企业战略差异程度高于行业均值，否则为 0
	知识库存	higkno	1 为企业知识库存高于行业均值，否则为 0
	社会资本	polrel	1 为上市公司高管曾在人大、政协或政府部门任职，否则为 0
	银行授信	bank	1 为当年银行对企业进行授信，否则为 0
	资产报酬率	roa	净利润/总资产
	固定资产占比	ppe	固定资产/总资产
	市场竞争程度	hhi	$\sum$（销售收入/行业销售收入）^{2}
	机构投资者	inst	机构投资者持股比例

注：①企业价值来源于锐思数据库。

三、模型设计

相关企业韧性的研究文献强调，如果想要了解公司将如何应对外部冲击，考虑系统性冲击之前公司的特征是至关重要的（Buyl et al.，2019）。

因此，我们探讨了冲击前的银行债权监督如何影响企业在震荡时期的稳定性和灵活性。由于反映企业稳定性和灵活性的指标具有不同的数据特征，为此我们针对这两者的模型设计也有所不同。

第一，对于因变量是衡量民营企业韧性结果稳定性的企业损失程度而言，我们设置了如式（6.1）所示的基准模型。其中 ldebt 代表银行债权监督变量，采用滞后一期的银行信贷规模（ltotloa）和银行短期借款占比（lsholoa）两个指标，cv 表示控制变量。为了避免共同趋势导致的伪回归问题以及可能存在的内生性问题，industry 表示行业固定效应。如果 β_1 为正值，β_2 为负值，表示银行债权监督对民营企业韧性结果损失程度的影响为倒"U"型结构，即银行债权监督增加会加大企业的损失程度，在到达临界值之后，银行债权监督增大会降低企业损失程度，反之则异。

$$\text{loss}18_i = \beta_0 + \beta_1 \text{ldebt}_i + \beta_2 \text{ldebt}_i^2 + \beta_i \text{cv}_i + \text{industry}_i \qquad (6.1)$$

第二，对于因变量是衡量民营企业韧性结果灵活性的企业恢复而言，衡量恢复时间带来了经验性挑战。经过检查数据发现，在观察窗口内并不是所有的公司都从 2015 年的股市冲击中恢复过来了，根据观察，截至 2019 年 12 月共有 257 家公司的股价曾恢复到 2015 年股市冲击前的水平，当然这可能是由于多方面原因引起的。考虑到大部分样本公司都没有恢复到 2015 年股灾冲击前的水平，若从样本中剔除这些观察结果会使我们的结果发生偏差。为此，我们可以使用生存分析法来测试企业恢复概率，因为它可以处理数据右删失问题。

对于生存分析方法来说，常见的生存分析方法有 Kaplan-Meier 法、Cox 回归法等。Kaplan-Meier 法主要开展单因素分析，它能比较显而易见地看出不同分组之间的生存情况差异，并绘制生存函数图像对结果作显著性检验。为此，本书将通过这一方法分析银行债权监督单一因素对企业恢复的影响。然而，相对于 Kaplan-Meier 法，Cox 回归法能很好地利用样本的完全数据和删失数据开展多因素分析，它的优点是不需要对生存函数的分布作出假设，使它得出的关于企业恢复时间的结果更加稳健，为此，本书选用这个模型研究控制其他变量后的银行债权监督对企业恢复的影响。

首先，关于 Kaplan-Meier 估计法的介绍。假设 $t_1 < t_2 < \cdots < t_k$ 表示样本中观测到的企业股价恢复时间。令 n_j 为在区间 $[t_{j-1}, t_j)$ 股价尚未恢复和被

删失的企业数，并令 m_j 为 t_j 时刻股价恢复的企业数。那么企业至 t_j 时股价未恢复的无条件概率等于未恢复之前每一个区间的条件概率的连乘积，即 Kaplan-Meier 估计量为式（6.2）。

$$s(t) = \prod_{j \,|\, t_i \leqslant t} \left(\frac{n_i - m_j}{n_j} \right) \tag{6.2}$$

其次，关于 Cox 比例风险模型的介绍。Cox 回归可以考察多个连续或分类预测变量的影响，为此，我们可以在控制其他影响企业股价恢复因素的前提下，对银行监督的作用做进一步检验。该模型的因变量是风险概率，即股价恢复概率，表示在风险期间内在时间 t 时股价恢复的瞬时概率。可以将时间 t 时的恢复概率指定为下式：

$$h(t) = \lim_{\Delta t \to 0} \left[\frac{p(t, t + \Delta t)}{\Delta t} \right]$$

其中，$p(t, t + \Delta t)$ 是从 t 时刻起（即风险期间开始）到 $t + \Delta t$ 期间内的恢复概率。如果将 t_0 时期的基准风险函数表示为 $h_0(t)$，$h(t, x)$ 表示具有协变量 x 的企业在存续时间为 t 时的风险概率，可将风险函数表示为下式：

$$h(t, x) = h_0(t) c(x'\beta)$$

根据比例风险假设，参数 β 并不随时间变化，故将风险函数模型扩展为：

$$h(t, x) = h_0(t) e^{x'(t)\beta}$$

两边同时取对数：

$$\ln h(t, x) = \ln h_0(t) + x'(t)\beta$$

为了考察银行信贷监督对企业恢复概率的影响，构建 Cox 回归模型如式（6.3）所示：

$$\ln h(t, x) = \ln h_0(t) + \beta_1 ldebt + \beta_i cv + industry \tag{6.3}$$

其中，被解释变量 $h(t, x)$ 表示企业在 $t - 1$ 时期未恢复而在 t 时期恢复的概率。ldebt 是核心解释变量，表示滞后一期时企业的银行监督变量。β_1 是待估计的回归参数，其余控制变量的解释同式（6.1），并且在回归时，我们使用了稳健的标准误。在生存模型中，如果风险因素的回归系数为正值，表明该因素提高了企业股价的恢复概率，从而表明解释变量对公司韧性结果的灵活性具有促进作用。相反，如果回归系数为负值，表明该风险因素降低了企业股价恢复的可能性。

第三节
实证结果与分析

一、描述性统计分析

民营企业韧性结果模型使用主要变量的描述性统计如表6-2所示。从表6-2中可以看到，18个月内企业损失严重程度（loss18）的均值为0.661，中位数也为0.661，最小值为0.100，最大值为0.918，说明尽管不同企业之间具有较大差异，但是在本次股灾冲击中民营上市公司损失程度普遍较高。企业恢复概率平均值为0.008，大部分企业都未从冲击中恢复过来。企业银行信贷规模（ltotloa）的平均值和中位数分别是0.111和0.046，标准差为0.129，数值在0~0.606之间波动，说明不同民营上市公司的银行信贷水平差异较大。企业短期借款（lsholoa）的平均值和中位数分别是0.912和1，标准差为0.233，其值在0~1之间波动，并且在25分位数及以上，短期借款占总借款的比值为1，表示民营企业银行借款主要为短期借款。其他控制变量的分布与现有文献基本一致，不再赘述。

表6-2　　　　　　　　　　　　主要变量的描述性统计分析

变量	N	mean	sd	min	p25	p50	p75	max
loss18	14246	0.661	0.118	0.100	0.610	0.661	0.724	0.918
h(t)	16256	0.008	0.087	0.000	0.000	0.000	0.000	1.000
ltotloa	16256	0.111	0.129	0.000	0.000	0.046	0.177	0.606
lsholoa	16256	0.912	0.233	0.000	1.000	1.000	1.000	1.000
size	16256	18.85	1.872	15.610	17.786	18.133	19.987	25.507
agelst	16256	2.180	0.795	0.000	1.792	1.946	3.156	3.178
lnmv	16256	18.49	2.529	14.222	17.244	17.371	19.234	24.875
totass	16256	0.908	0.570	0.0380	0.548	0.886	1.032	3.203
ebitda	16256	0.0930	0.0480	-0.111	0.086	0.090	0.096	0.298
capex	16256	0.0540	0.0740	0.000	0.011	0.030	0.059	0.374

另外，本书采用相关系数矩阵来反映变量间的相关情况。由表6-3可

表 6 - 3

主要变量间相关性检验

变量	loss18	h (t)	totloa	sholoa	size	agelst	lnmv	totass	ebitda	capex
loss18	1.000									
h (t)	-0.234***	1.000								
ltotloa	-0.005	-0.014	1.000							
lsholoa	-0.022	-0.031***	-0.125***	1.000						
size	-0.011	0.120***	0.174***	-0.309***	1.000					
agelst	0.060**	-0.056***	-0.051***	0.060***	-0.225***	1.000				
lnmv	0.083***	0.145***	0.154***	-0.286***	0.908***	-0.196***	1.000			
totass	-0.097***	-0.046***	-0.102***	0.178***	-0.315***	0.065***	-0.287***	1.000		
ebitda	-0.083***	0.005	-0.118***	0.039***	-0.014	-0.175***	-0.064***	0.158***	1.000	
capex	-0.062***	-0.007	0.085***	-0.090***	-0.114***	-0.078***	-0.108***	-0.013	0.069***	1.000

注：* 表示10%的显著性水平，** 表示5%的显著性水平，*** 表示1%的显著性水平。

知，除了企业市场价值（lnmv）与企业规模（size）的相关系数为 0.908，各变量相关系数绝对值均在 0.315 以下，变量间相关性不是很大。为防止变量间存在多重共线性问题，本书使用方差膨胀因子（VIF）分别对企业损失程度和所有控制变量间进行检验，最大的 VIF 值为 1.81，表明下述回归分析中不存在多重共线性问题。

为了展示民营上市公司股价损失程度的行业分布，表 6 - 4 报告了我们的样本在不同行业中的分布情况，并显示了每个行业的平均损失程度。从表 6 - 4 可知，民营公司分布在 16 个主要行业部门，其中占比最大的两个部门为医药制造业（占比 71.016%）和互联网及相关服务业（占比 9.086%）。平均而言，科技推广和应用服务业以及互联网和相关服务业遭受的损失最为严重，在危机中的 18 个月里，两类行业股票价值损失大于 69%。

表 6 - 4　　　　　　民营上市公司不同行业的损失程度分布

行业类别	代码	数量（家）	占比（%）	损失程度	
				均值	标准差
渔业	A	42	1.132	0.569	0.128
石油和天然气开采业	B	54	1.456	0.665	0.061
医药制造业	C	2634	71.016	0.642	0.131
电力、热力生产和供应业	D	33	0.890	0.624	0.054
土木工程建筑业	E	86	2.319	0.647	0.081
批发业	F	113	3.047	0.643	0.108
道路运输业	G	36	0.971	0.626	0.211
住宿业	H	3	0.081	0.650	0.000
互联网和相关服务	I	337	9.086	0.692	0.133
房地产业	K	133	3.586	0.639	0.097
商务服务业	L	45	1.213	0.616	0.143
科技推广和应用服务业	M	39	1.051	0.694	0.078
生态保护和环境治理业	N	60	1.618	0.673	0.106
卫生	Q	16	0.431	0.578	0.237
广播、电视、电影和影视录音制作业	R	54	1.456	0.680	0.099
综合	S	24	0.647	0.598	0.165
总计		3709	100.000		
平均				0.661	0.128

为了初步观察民营企业恢复速度与银行债权监督强度的关系，根据 Kaplan-Meier 法使用条件，我们使用 2015～2019 年的窗口期。首先，根据企业借款总额占总资产的比重按均值进行分组，高于行业中位数的为高银行信贷组（包括均值），低于行业中位数的为低银行信贷组（见表 6-1 中的 higloa 变量）。图 6-2 展示了不同信贷水平组的生存函数 Kaplan-Meier 乘积限估计。结果表明，一是企业的银行信贷有明显的时间依附效应，即随着时间的推移，企业银行信贷上的存活概率越来越小；二是相对于低银行信贷组，高银行信贷组的企业面临更高的生存概率，并且使用对数值检验后确定两个银行借贷组在企业恢复时间上有显著差别。由此可见，银行信贷越高，越不利于企业恢复正常生产经营活动以及恢复股价。为了考虑银行债权期限结构的治理强度，我们参考本分组方法，分别对企业的短期负债进行分类（见表 6-1 中 higssh 变量）。根据图 6-3 可知，在高的短期负债下，银行监督治理不利于企业股价的恢复，并且高短期负债组与低短期负债组的生存曲线差别比图 6-2 的生存曲线差别更大，可以推知，短期银行负债有更强的监督作用。

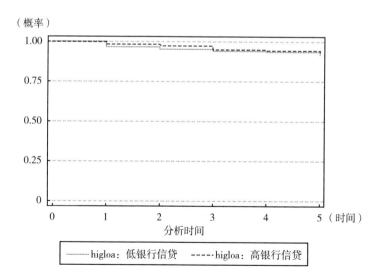

图 6-2 高银行信贷组与低银行信贷组的 K-M 存活曲线

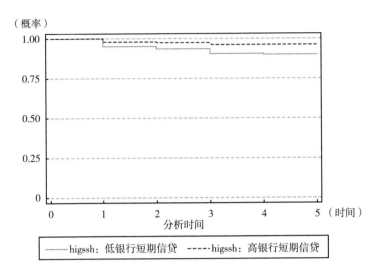

（概率）

图 6 - 3   高银行短期信贷组与低银行短期信贷组的 K - M 存活曲线

二、回归结果

第一步，根据式（6.1）分析银行信贷监督对民营上市企业韧性结果稳定性的影响，具体结果见表 6 - 5 的列（1）~列（4）。对于银行信贷规模解释变量而言，见列（1）、列（2），列（1）只加入银行信贷总额一次项时，其回归系数为正值，但统计上不显著；在此基础上，列（2）加入银行借款总额的一次项和二次项，此时二次项回归系数显著为负，一次项系数显著为正，说明银行借款总额对民营上市企业损失程度的影响呈现倒"U"型关系。对于银行短期借款来说，对于列（3）、列（4），其结果与银行借贷规模回归结果一致，即只加入银行短期借款一次项时，回归系数不显著，而加入一次项和二次项时两者系数均显著，且前者为正值，后者为负值，表示银行借款期限结构对民营企业损失程度的影响也呈现倒"U"型关系，这表明银行债权监督具有一个阈值，在阈值之前，债权监督会加剧企业的损失效应，随着债权监督水平的继续上升，超过特定的阈值之后，民营上市企业损失严重程度逐步减少，由此验证了本章假设6.1。为了从另一个角度验证假设6.1，表 6 - 5 列（5）~列（8）展示了银行债权监督对国有上市公司韧性结果稳定性的影响。就银行信贷总量解释变量而言，根据列（5）、列（6）显示，银行债权监督对国有企业韧性结果的损失程度无显著性影响，就银行短期信贷的监督效果而言，综合列（7）、列（8）显示，短期信贷占比越高国有上市企业韧性结果的损失程度会越高，但是并未显示出显著的倒"U"型关系。就银行债权监督对国有上市企业韧性结果损失程度的作用效果而言，这可能是由于借贷软约束的原因造成在冲击中银行债权监督对国有上市企业韧性的损失程度并未形成良好的正面效应，投资者对企业价值评估也持有负向评价。这也从另一个角度印证了冲击中民营上市企业银行债权显示出较强的监督治理作用。

对于银行总借款的阈值而言，根据表6-5列（2）数据结果可以计算得到银行借款总额与企业损失之间关系的阈值为0.201，即只有银行信贷达到总资产的20.1%以上时，银行总借款对企业损失的影响表现为负向相关关系。结合表6-2的描述性统计分析可知，这个阈值大约在银行信贷规模的75分位数至90分位数。这表示对于小于阈值的至少75%的民营企业，银行信贷规模加剧了企业的损失程度，而对于大于阈值的不足25%的民营企业，银行信贷会使企业的损失程度下降。对于银行短期借款的阈值而言，根据列（4）数据可以计算得到银行短期借款与企业损失之间关系的阈值为0.585。结合变量统计结果显示，民营上市公司的银行期限结构更多表现为短期借款，这个阈值大约处在5分位数与10分位数之间。这表示最多10%的民营上市公司的银行短期信贷会加剧企业的损失程度，而至少有90%的民营上市公司的银行短期信贷比例已超过阈值，银行短期信贷会使企业的损失程度下降。

表6-5　　　　　　　　　　银行债权监督与企业损失程度

变量	民营上市企业				国有上市企业			
	loss18 （1）	loss18 （2）	loss18 （3）	loss18 （4）	loss18 （5）	loss18 （6）	loss18 （7）	loss18 （8）
ltotloa	0.009 （0.49）	0.141 *** （3.10）			0.028 （0.35）	0.161 （0.64）		
ltotloa^2		− 0.351 *** （− 3.44）				− 0.480 （− 0.76）		

续表

变量	民营上市企业				国有上市企业			
	loss18 (1)	loss18 (2)	loss18 (3)	loss18 (4)	loss18 (5)	loss18 (6)	loss18 (7)	loss18 (8)
lsholoa			0.004 (0.54)	0.083 *** (2.81)			0.112 * (1.89)	0.338 ** (2.03)
lsholoa^2				−0.071 *** (−2.84)				−0.222 (−1.62)
size	−0.004 (−1.29)	−0.005 (−1.64)	−0.003 (−1.19)	−0.005 * (−1.80)	0.014 * (1.76)	0.014 * (1.77)	0.020 ** (2.20)	0.013 (1.54)
lnmv	0.010 *** (3.21)	0.010 *** (3.25)	0.010 *** (3.20)	0.011 *** (3.31)	0.011 (0.95)	0.011 (0.98)	0.006 (0.53)	0.006 (0.65)
totass	−0.015 *** (−2.80)	−0.016 *** (−3.03)	−0.015 *** (−2.80)	−0.014 *** (−2.66)	−0.083 *** (−2.98)	−0.085 *** (−3.08)	−0.098 *** (−2.96)	−0.092 *** (−2.98)
ebitda	−0.213 *** (−4.73)	−0.198 *** (−4.45)	−0.216 *** (−4.85)	−0.209 *** (−4.69)	−0.084 (−0.51)	−0.022 (−0.13)	−0.059 (−0.31)	0.048 (0.22)
capex	−0.106 ** (−2.14)	−0.103 ** (−2.09)	−0.105 ** (−2.11)	−0.112 ** (−2.25)	−0.586 (−1.59)	−0.545 (−1.49)	−0.509 (−1.63)	−0.522 * (−1.77)
行业效应	YES	YES	YES	YES	YES	YES	YES	YES
N	3512	3512	3512	3512	260	260	260	260
R^2	0.037	0.039	0.037	0.038	0.069	0.070	0.140	0.173

注：因变量为损失程度的回归模型，括号内为 t 值统计量；系数不显著变量、常数项未列出；* 表示 10% 的显著性水平，** 表示 5% 的显著性水平，*** 表示 1% 的显著性水平。

　　为了进一步印证上述结果，我们参照布鲁加德等（Brogaard et al.，2017）、孟庆斌等（2019）的研究，将每一年度民营上市公司的银行借款规模水平从低到高分为 10 组，分别计算每组企业的平均损失程度（见表 6-6 左半部分）。整体来看，对应第 1~7 组，随着银行信贷规模提高，民营上市公司的损失程度主要表现为上升趋势，但是到第 8 组后趋势出现了改变，第 8 组民营上市公司的平均损失程度显著低于第 7 组，下降趋势出现，并且第 9 组和第 10 组的民营企业平均损失程度依次递减。这说明样本期间内不足 30% 的民营上市公司到达以及超过倒"U"型关系的顶部，银行信贷规模与民营上市公司的倒"U"型关系真实存在。此外，根据银行短期借款比例由低到高分为 10 组（见表 6 - 6 右半部分），整体来看，起初随着短期信贷水平的提高，企业损失程度呈上升趋势，但第 2 组企业损失程度的均值显著高于第 3 组，下降趋势出现，之后每个组的企业损失程度也主要呈现出递减趋势。这表明样本期间内大部分民营上市公司到达及超过倒"U"型关系的顶部，银行短期借款与企业损失程度间的倒"U"型关系确实存在。

表 6 - 6　　　　　　　　　　单变量分析结果

ltotloa				lsholoa			
组别	loss18 均值	组别	loss18 均值	组别	loss18 均值	组别	loss18 均值
1	0.656	6	0.668	1	0.658	6	0.664
2	0.659	7	0.673	2	0.668	7	0.660
3	0.665	8	0.664	3	0.665	8	0.682
4	0.664	9	0.667	4	0.667	9	0.657
5	0.661	10	0.648	5	0.661	10	0.646

综合上述研究结果，银行债权监督与民营企业损失程度之间呈倒"U"型关系，即在达到某阈值之前，银行债权监督的增加能够增加企业损失程度，但是在超过该阈值之后，企业损失程度会随着银行债权监督的增加而降低。

第二步，为检验银行债权监督对民营企业恢复时间的作用效果，式（6.2）的回归结果见表 6 - 7 的列（1）~ 列（6）。对于银行信贷规模解释变量而言，列（1）只控制了行业虚拟变量，核心解释变量银行信贷系数在 5% 的显著性水平上为负值，表示随着银行信贷的增加民营企业低股价的存续期较长。列（2）加入其他控制变量后，考察银行信贷总额及控制变量对民营企业恢复的影响，可见核心解释变量银行信贷的系数在 1% 的统计水平上显著（为 -2.387），表示加入控制变量后，银行信贷总额抑制民营企业恢复的作用有所增强，并且显著性水平也提升至 1%。为了验证银行借贷总额对民营企业恢复是否存在非线性的"U"型关系，列（3）显示加入银行借贷总额的二次项后，二次项系数并不显著，这进一步验证表明银行信贷水平越高民营上市公司的恢复概率越低，即银行监督越高越不利于民营企业股价的恢复。对于银行信贷期限结构解释变量而言，

表6-7 银行信贷监督与企业恢复概率

变量	民营上市企业						国有上市企业	
	(1)	(2)	(3)	(4)	(5)	(6)	(7)	(8)
ltotloa	-1.553** (-2.36)	-2.387*** (-2.83)	-3.718*** (-2.62)				-3.511 (-1.55)	
ltotloa^2			7.303 (1.08)					
lsholoa				-0.585** (-2.34)	-0.370* (-1.74)	-0.690 (-0.50)		-1.498 (-0.79)
lsholoa^2						0.918 (0.77)		
size		-0.416*** (-4.84)	-0.402*** (-4.43)		-0.407*** (-4.66)	-0.419*** (-4.81)	-1.419*** (-2.83)	-1.771*** (-2.98)
agelst		-0.301*** (-3.56)	-0.303*** (-3.59)		-0.297*** (-3.50)	-0.301*** (-3.57)	-1.237*** (-3.80)	-1.139*** (-2.60)
lnmv		1.024*** (10.99)	1.016*** (10.45)		1.027*** (10.82)	1.032*** (10.89)	2.726** (2.49)	2.987** (2.29)
totass		-0.324 (-1.51)	-0.312 (-1.45)		-0.371* (-1.67)	-0.374* (-1.68)	2.406 (1.36)	2.930 (1.18)
ebitda		0.327 (0.25)	0.241 (0.19)		0.440 (0.35)	0.522 (0.42)	6.165 (0.68)	9.134 (1.19)
行业效应	YES	YES	YES	YES	YES	YES	YES	YES
N	12724	12713	12713	12724	12713	12713	528	528
likelihood	-1271.2586	-1108.5531	-1156.915	-1272.2115	-1107.7127	-1156.618	-19.736	-20.858

注：上述企业恢复回归已开展格菲尔德残差检验，模型符合比例风险假定；因变量为恢复概率 h(t,x) 的回归模型，括号内为 z 值；个别系数不显著
变量未列出；* 表示10%的显著性水平，** 表示5%的显著性水平，*** 表示1%的显著性水平。

为考察上一期银行短期信贷占比对民营企业恢复的影响，表6－7列（4）只控制了行业虚拟变量，表示银行短期借款比例越高反而会减弱企业恢复的概率。列（5）加入其他控制变量后，银行短期借款企业恢复概率仍在10%的显著性水平上（为－0.370），然而在列（6）加入银行短期借款的二次项后，银行短期借款的一次项系数和二次项系数在统计上都不再显著，表示银行短期借款与民营企业恢复并不存在非线性的关系。这些进一步表明，银行短期借款占比越高民营企业恢复概率越低，即银行短期借款不利于民营企业股价的恢复。为了进一步验证银行债权监督对民营企业韧性结果灵活性影响的独有性，表6－7列（7）、列（8）分别展示了银行债权总量和银行短期借款对国有上市公司恢复概率的影响，由于银行债权监督解释变量系数不显著，这表明冲击发生时银行债权监督对国有企业韧性结果灵活性表现不能产生显著性的影响，这可能受国有企业的政府背书作用影响。综合来看，我们推测在银行信贷资金属性下，银行信贷能够缓解民营企业的融资约束状况，但在银行监督治理角色下，银行信贷定期还款的硬约束以及信息传递效果下，不利于民营企业韧性结果灵活性的实现，即银行债权监督力度越大民营企业恢复概率越低，假设6.2得验。

第四节　机制检验

参考张先锋等（2020）的做法，本书基于基准回归模型，通过构建交乘项检验银行信贷对民营企业韧性结果的作用机制。具体模型如式（6.4）和式（6.5）所示，其中，mec表示待检验的机制变量。

$$\text{loss18} = \beta_0 + \beta_1 \text{ldebt} \times \text{mec} + \beta_2 \text{ldebt}^2 \times \text{mec} + \beta_3 \text{ldebt} + \beta_4 \text{ldebt}^2$$
$$+ \beta_5 \text{mec} + \beta_i \text{cv} + \text{industry} \tag{6.4}$$

$$\text{lnh}(t, x) = \text{lnh}_0(t) + \beta_1 \text{ldebt} \times \text{mec} + \beta_2 \text{ldebt} + \beta_3 \text{mec} + \beta_i \text{cv} + \text{industy}$$
$$\tag{6.5}$$

许多研究指出，在富有挑战性的情境中，企业需要大量可获得性资源来快速响应（Hamel et al.，2003；Lengnick-Hall et al.，2009）。时间、财务、人力资源等对于建立企业韧性至关重要（Duchek，2020）。财务资源可以作为缓冲器来遏制危机的负面后果（Pal et al.，2014）。吉塔尔等（Gitar，2016）分析美国航空业对"9·11"事件的响应，研究发现拥有更多财务资源的航空公司，即公司债务水平较低，手头现金水平较高，公司能够留住员工而非裁员，这样更多的人力资源可以帮助公司实现危机中的恢复。根据前边的理论分析可知，银行信贷监督会基于信息传递和债务治理理论影响企业冗余资源，这些要素对企业韧性结果的稳定性和灵活性表现具有重要的影响。为此，我们参考连军等（2018）的研究，构建冗余指标（见表6-1），进而分析冗余资源的作用机制，具体回归结果如表6-8所示。

表6-8   冗余资源机制检验

变量	slack (1)	loss18 (2)	$h(t,x)$ (3)
ltotloa	-2.575 *** (-11.33)	0.158 *** (3.41)	-3.095 *** (-4.33)
ltotloa²	4.473 *** (8.16)	-0.384 *** (-3.67)	
ltotloa × slack		0.081 *** (3.15)	-1.845 *** (-2.77)
ltotloa² × slack		-0.215 *** (-3.07)	
slack		-0.000 (-0.09)	0.227 *** (3.56)
size	-0.072 *** (-3.27)	-0.008 * (-1.93)	-0.546 *** (-6.14)
agelst	-0.075 *** (-2.94)	0.010 ** (2.29)	-0.184 ** (-2.36)
lnmv	0.030 * (1.89)	0.005 (0.79)	1.192 *** (14.06)
totass	-0.765 *** (-27.34)	-0.019 *** (-3.17)	-0.305 (-1.22)
ebitda	-1.152 *** (-4.78)	-0.135 *** (-2.96)	-0.781 (-0.57)

续表

变量	slack （1）	loss18 （2）	h（t,x） （3）
capex	− 0.583 *** （− 3.40）	− 0.081 （− 1.54）	1.987 （1.46）
_cons	1.818 *** （9.77）	0.636 *** （8.49）	
行业效应	YES	YES	YES
N	9857	3425	5440
R²	0.199	0.040	
likelihood			− 1146.747

注：因变量为 slack、loss18 的回归模型，括号内为 t 值；因变量为 h（t,x）的回归模型，括号内为 z 值；企业恢复回归已开展舍恩菲尔德残差检验，模型符合比例风险假定；* 表示 10% 的显著性水平，** 表示 5% 的显著性水平，*** 表示 1% 的显著性水平。

对于企业冗余资源的治理效应而言，根据表 6 – 8 列（1）显示，银行借款总额对企业的冗余资源影响呈现出显著的"U"型关系，即在银行监督治理下，企业冗余资源会下降，到达阈值之后，在银行监督下企业的冗余资源会进一步上升。我们推测，冗余资源"U"型关系的出现，首先可能是银行债权监督对企业代理成本的抑制作用造成"U"型曲线的下降；之后随着债权监督的增强，出于对风险的预防准备形成公司冗余资源"U"型曲线的上升。而冗余资源作为企业韧性结果表现的重要正向影响因素，该因素的变化进一步影响企业韧性结果的走势。

就冗余资源的作用机制而言，根据表 6 – 8 列（2）显示，ltotloa 一次项与 slack 交互项估计系数在 1% 显著性水平下为正，而 ltotloa 二次项与 slack 交互项估计系数为负值，且也通过 1% 水平的显著性检验。这意味着随着银行信贷的增加，其会通过冗余资源加剧银行信贷对企业损失程度的边际效应，即倒"U"型曲线的斜率更陡。根据研究结果显示，当银行信贷规模小于等于 0.2 时，随着银行信贷的增加，冗余资源对企业损失程度的边际效应逐渐增加，然而当银行信贷规模大于 0.2 时，随着银行信贷的增加，冗余资源对企业损失程度的边际效应逐渐减小。结合银行借款总额对企业冗余资源和企业损失分别产生显著的"U"型和倒"U"型关系。这意味着，银行信贷规模在未到达阈值之前，相对于银行信贷较低的企业，银行信贷越高的企业的冗余资源减少，加剧了企业的边际损失程度，在超过阈值点之后，更高的银行信贷会使企业拥有更加突出的冗余资源增加效应，企业损失程度不断降低。列（3）考察了银行信贷的冗余资源效应对民营企业恢复速度的影响。回归结果显示，银行信贷与冗余资源交互项估计系数在1%的统计水平上显著为负。这意味着，相对于较低银行信贷企业而言，高银行信贷企业的冗余资源效应能显著降低民营企业的恢复速度，延长民营企业处于低谷的时期。

第五节　异质性分析

民营企业韧性结果的表现取决于多元化的背景因素，尤其是企业层面因素。为了进一步分析企业层面因素对银行债权监督效应的影响，下边从企业战略、企业知识库、企业社会资源3个角度分别探讨民营企业异质性特征的影响。

一、企业战略异质性

企业战略是企业为了适应社会环境而采取自愿性全局性谋划（McWilliams et al.，2001），它包括慈善捐赠、增强公司治理、改善雇佣关系、实施积极的环境政策等。公司战略在短期内不一定对企业的财务业绩有改善作用，但它反映了企业与其植根的宏观环境，特别是社会环境相互作用的行动（Desjardine et al.，2019）。由于企业战略需要企业在较长时间范围内投入大量资源对企业结构进行重大调整（Bansal et al.，2015），这种战略往往深深植根于企业中，它要求企业在其系统、惯例和结构中加以调整运用，并且在一定时期企业战略保持相对的稳定。我们认为，企业战略会通过影响企业与社会自然系统的关系来影响企业韧性结果的稳定性和灵活性表现。这是由于企业战略促进了企业与外部社会环境（如利益相关者）共享愿景、价值、信息和物质资源（Alber et al.，2015），更能促进企业稳定性，降低企业的损失程度。德斯贾丁等（Desjardins et al.，2019）认为，企业战略会通过响应相关利益相关者的广泛需求，使公司对客户、供应商、贷款人作出更好的反应，从而有利于培养与利益相关者的关系。而这些更紧密的关系会使企业与其社会环境形成更多的依赖，系统也更稳定。由于异质性企业战略最终表现在差异化的企业资源配置结构（Tang et al.，2011），在此基础上，借鉴叶康涛等（2015）的做法，我们依据以下 6 个指标来反映企业的资源配置结构，即研发强度、广告强度、资本密集度、期间费用投入、固定资产更新度、企业财务杠杆。为了计算公司战略差异度，我们让每个指标减去其年度行业平均值并除以其年度行业标准差，然后取绝对值，之后把 6 个标准化后的指标加总求均值，以此表示企业战略差异程度。在此基础上我们根据行业均值，把大于行业均值的公司作为战略差异程度高的公司，反之则为战略差异程度低的公司（具体指标含义见表 6 - 1）。

对于民营企业战略的异质性作用，见表 6 - 9 列（1）~ 列（4）。对于民营企业韧性结果的稳定性而言，见列（1）、列（3），相对企业战略差异程度较低而言，当企业战略差异程度较高时，银行监督对企业韧性结果稳定性影响的阈值较小（前者为 0.231，后者为 0.192），并且银行监督对企业损失的边际效用递减程度较小（前者为 - 1.161，后者为 - 0.323）。对于民营企业韧性结果的灵活性而言，见列（2）、列（4），相对于战略差异程度较低的企业，企业战略差异程度较高时，银行监督对企业恢复概率的抑制作用较弱。综合可知，企业战略差异程度较高时，银行债权监督对企业韧性结果的稳定性和灵活性的抑制性影响较弱，这也与上面的分析结果一致。

表 6 - 9 　　　　　　　民营企业战略与民营企业知识资本的异质性

变量	高战略差异性		低战略差异性		高知识资本库存		低知识资本库存	
	loss18 (1)	h(t,x) (2)	loss18 (3)	h(t,x) (4)	loss18 (5)	h(t,x) (6)	loss18 (7)	h(t,x) (8)
ltotloa	0.124 ** (2.02)	- 2.416 *** (- 2.65)	0.537 *** (2.93)	- 5.918 ** (- 2.02)	0.071 (0.77)	0.825 (0.76)	0.173 ** (2.22)	- 3.166 ** (- 2.53)
ltotloa^2	- 0.323 ** (- 2.35)		- 1.161 *** (- 3.15)		- 0.132 (- 0.56)		- 0.406 ** (- 2.52)	

续表

变量	高战略差异性		低战略差异性		高知识资本库存		低知识资本库存	
	loss18 (1)	h(t,x) (2)	loss18 (3)	h(t,x) (4)	loss18 (5)	h(t,x) (6)	loss18 (7)	h(t,x) (8)
size	-0.002 (-0.53)	-0.429*** (-4.68)	-0.017 (-0.65)	-0.112 (-0.29)	-0.003 (-0.48)	-0.255* (-1.91)	0.001 (0.16)	-0.707*** (-3.73)
agelst	0.001 (0.11)	-0.259*** (-2.97)	-0.006 (-0.37)	-3.211*** (-4.34)	-0.000 (-0.04)	-0.477*** (-4.00)	-0.001 (-0.09)	0.028 (0.25)
lnmv	0.011*** (2.68)	1.036*** (10.58)	0.037 (0.97)	0.486 (1.42)	0.006 (0.84)	0.905*** (6.99)	0.016*** (3.20)	1.062*** (3.82)
totass	-0.019*** (-2.89)	-0.400* (-1.78)	-0.010 (-0.28)	0.021 (0.03)	-0.005 (-0.46)	-0.559 (-1.54)	-0.028*** (-3.56)	0.158 (0.61)
ebitda	-0.194*** (-3.26)	0.821 (0.62)	0.041 (0.21)	-17.415* (-1.80)	-0.158* (-1.76)	-0.190 (-0.09)	-0.198*** (-2.75)	0.699 (0.48)
capex	-0.146* (-1.88)	1.376 (1.00)	-0.094 (-0.57)	-0.572 (-0.08)	-0.123 (-1.08)	-2.774 (-1.03)	-0.148 (-1.62)	4.810*** (2.72)
行业效应	YES	YES	YES	YES	YES	YES	YES	YES
N	2286	5283	175	299	1068	4604	1393	978
R^2	0.035		0.053		0.026		0.045	
likelihood		-1070.022		-35.469		-473.852		-543.954

注：常数项未列出；因变量为 loss18 的回归模型，括号内为 t 值；因变量为 h(t,x) 的回归模型，括号内为 z 值；企业恢复回归均开展舍恩菲尔德残差检验，模型符合比例风险假定；* 表示 10% 的显著性水平，** 表示 5% 的显著性水平，*** 表示 1% 的显著性水平。

二、企业知识库的异质性

影响企业韧性的一个重要因素是企业的知识库（Duchek，2020）。在之前的文献分析中，我们已经知道，企业预期阶段的预期能力在很大程度上依赖于企业的先验知识库，这种先验知识库会促进企业对新知识的获得（Cohen et al.，1990）。同样，对于响应阶段或者适应阶段来说，企业的处理能力也取决于企业的先验知识，如对环境的认识、对以前危机的认识、对于成功应对的认识等。企业知识库越雄厚并且越具有多元化特征，越是可以帮助企业形成应对危机的多种想法，进而确定最佳解决方案（Gomes et al.，2014）。例如，在解释失败时，企业多样化的知识库可以减少对问题的肤浅分析以及减少相互指责和推卸责任，有助于改进企业组织功能（Gressgard et al.，2015）。因此，企业的先验知识库可以通过定义学习搜索的轨迹，促进企业对风险知识的获取（Rosenkopf et al.，2001）。因此，为了使企业更具有韧性，企业应提升自身知识库的水平，以更好地预测和应对内部与外部的变化。企业知识的获取可以通过探索、实验和多样化的投资来实现（Beinhocker，1999）。参考徐欣等（2012）的做法，本书使用公司以往年份的专利总量来衡量民营企业的知识资本库存。根据行业均值将企业知识库存分为高知识库存和低知识库存（具体变量含义见表6-1），然后进行分组检验。

对于企业知识库存的异质性作用，见表6-9列（5）~列（8）。对于民营企业韧性结果的稳定性而言，如列（5）、列（7）所示，对于知识库存较高的企业来说，银行信贷的一次项和二次项估计系数并未通过统计性显著检验，而对于低知识库存企业来说，银行信贷对企业韧性结果的稳定性有显著的倒"U"型关系。对于民营企业韧性结果的灵活性而言，如列（6）、列（8）所示，企业知识库存水平较低时，银行监督对企业恢复概率的抑制作用非常强，而企业知识库存水平较高时，银行监督对企业恢复概率甚至出现正向的促进作用，尽管该促进作用并未通过统计上的显著性水平检验。综合可知，民营企业知识库存较高时，银行债权监督对企业韧性结果的稳定性和灵活性的抑制作用影响较弱。

三、企业社会资源的异质性

在危机降临后，社会资源通常被认为是企业韧性的重要来源（Gittell et al.，2006）。企业拥有的雄厚社会资本可以通过为企业提供信息共享、资源交换或跨部门协作等利益来增强企业韧性（Lengnick-Hall et al.，2009）。在危机时期，社会资本有助于企业实施合作共赢的措施（McGuinness et al.，2014）。同样，也有人认为，共享目标、共享知识和相互尊重的关系有助于公司间开展高水平合作，进而促进业绩的改进（Gittell，2002）。危机期间，企业间的共同愿景也有助于实施成功的解决方案（Weick et al.，

1999）。基于社会资本和积极的社会关系，"组织在应对不良事件时可以利用它们的网络来获得所需的帮助"（Sutcliffe et al.，2003），并且也有企业社会资本与企业恢复、韧性响应之间关系的经验证据（Gittell et al.，2006）。由于产权关系不同，与国有企业相比，民营企业在获取政府扶持、外部资源等方面存在一定弱势（李敏才等，2012），这种差异性会进一步影响公司的行为。罗党论等（2009）认为，政治资本是民用企业的重要社会资本，并在衡量民营企业的社会资本时采用了民营企业的政治关系进行刻画。为此，我们从国泰安数据库中查找民营上市公司董事、监事、高级管理人员的资料，判断公司高管是否曾在人大、政协或者政府部门任职过，如果有相关经历则存在社会资本，否则不存在社会资本（具体指标见表6-1），分组回归结果如表6-10所示。

表6-10　　　　　　　　　　民营企业社会资源的异质性

变量	具有社会资本		不具有社会资本	
	loss18 (1)	h(t,x) (2)	loss18 (3)	h(t,x) (4)
ltotloa	-0.055 (-0.64)	2.128** (2.13)	0.325*** (4.14)	-1.076 (-1.10)
ltotloa^2	0.057 (0.28)		-0.740*** (-4.19)	
size	0.001 (0.30)	-0.161 (-1.06)	-0.008 (-1.63)	-0.413*** (-4.04)
agelst	0.003 (0.38)	-0.060 (-0.46)	-0.001 (-0.11)	-0.426*** (-3.60)
lnmv	0.013** (2.20)	0.022 (0.11)	0.011** (1.97)	1.214*** (12.61)
totass	-0.020** (-2.46)	-0.430 (-1.18)	-0.014 (-1.38)	-0.238 (-0.81)
ebitda	-0.197** (-2.26)	6.041*** (2.89)	-0.150** (-2.01)	-2.357 (-1.38)
capex	-0.145 (-1.52)	1.644 (0.67)	-0.139 (-1.24)	1.558 (0.89)
_cons	0.286** (2.43)		0.542*** (4.88)	

续表

变量	具有社会资本		不具有社会资本	
	loss18 （1）	h（t，x） （2）	loss18 （3）	h（t，x） （4）
行业效应	YES	YES	YES	YES
N	1198	807	1263	4475
R²	0.039		0.047	
likelihood		−432.540		−585.336

注：因变量为 loss18 的回归模型，括号内为 t 值；因变量为 h（t，x）的回归模型，括号内为 z 值；企业恢复回归已开展舍恩菲尔德残差检验，模型符合比例风险假定；＊ 表示 10% 的显著性水平，＊＊ 表示 5% 的显著性水平，＊＊＊ 表示 1% 的显著性水平。

根据表 6 - 10 可知，就民营企业韧性结果的稳定性而言，对于具有社会资本的企业来说，见列（1），银行信贷监督的企业损失程度影响竟改变了基准方程中的倒 "U" 型关系，变为 "U" 型关系，尽管相关系数并不显著；而对于没有政治资本的企业来说，见列（3），银行信贷对企业韧性的稳定性依然有显著的倒 "U" 型关系。对于民营企业韧性结果的灵活性而言，企业拥有社会资本时，见列（2），银行监督对企业恢复概率的促进作用非常强，而企业没有社会资本时，见列（4），银行监督对企业恢复概率仍为负向的抑制作用，尽管该抑制作用并未通过统计上的显著性水平检验。综合可知，民营企业具有较雄厚的社会资本尤其是政治资本时，银行债权监督对民营企业韧性结果的稳定性和灵活性具有一定的促进作用。

第六节 稳健性分析

为了结果稳健性，接下来检验本章基准回归核心结论的稳健性。

第一，企业韧性结果稳定性的 Heckman 两阶段法。在我们的基准模型中，银行信贷监督以滞后期的值来反映监督力量的大小，生存分析中的内生性都较弱，为此我们不再使用工具变量的两阶段估计来判断银行借款对韧性结果灵活性的影响。然而，由于企业的损失程度与风险冲击前企业

是否具有银行授信有关，存在一定程度上的样本选择性问题进而产生样本
选择偏误。为减少和避免样本选择的偏误问题，借鉴 Heckman 两阶段回
归法的工作原理（Heckman，1979），本书在回归方程中引入样本选择的
调整项。参考相关研究（Kroszner et al.，2001；于鹏等，2020），构建
模型6.6，将是否有银行授信作为两阶段中的选择方程的因变量进行回
归，得到 MR（Inverse Mills Ratio）值，代入基准模型中，得出的回归结
果如表6-11所示。具体而言，在 Heckman 模型第一阶段中，为估计风险
冲击前民营上市公司是否有银行授信，本书使用 Probit 模型进行估计，具
体如式（6.6）所示。

$$\text{Probit}(I_i) = \beta_0 + \beta_1 size_i + \beta_2 roa_i + \beta_3 ppe_i + \beta_4 hhi_i + \beta_5 inst_i + \beta_6 agelst_i$$

$$(6.6)$$

其中，I 为样本公司中银行授信的选择变量，若 I = 1，表示银行对企业进
行了授信；若 I = 0，表示银行未对企业进行授信。在参考了有关银行授信
影响因素后（赵建华，2020），我们纳入了以下解释变量：企业规模
（size）、资产报酬率（roa）、固定资产占比（ppe）、市场竞争程度（hhi）、
机构投资者（inst）、企业年龄（agelst）（具体变量含义见表5-1）。我们
使用预测分数来计算反米尔斯比率，然后在回归中使用它来控制样本选择
问题。具体回归结果如表6-11所示。

表6-11　　　　　　　　　　Heckman 分析

变量	OLS	Heckman-2s		Heckman-mle	
	(1)	选择方程 (2)	回归方程 (3)	选择方程 (4)	回归方程 (5)
ltotloa	0.118 ** (2.57)		0.165 *** (2.83)		0.165 *** (2.83)
ltotloa^2	-0.313 *** (-3.05)		-0.378 *** (-2.73)		-0.378 *** (-2.73)
size	-0.00852 *** (-3.07)	0.518 *** (34.34)	-0.00922 * (-1.76)	0.518 *** (34.42)	-0.00921 * (-1.78)
agelst	0.00628 (1.53)	-0.183 *** (-7.45)	-0.00402 (-0.82)	-0.183 *** (-7.45)	-0.00403 (-0.84)
lnmv	0.00765 ** (2.33)		0.0129 * (1.82)		0.0130 * (1.88)

续表

变量	OLS	Heckman-2s		Heckman-mle	
		选择方程	回归方程	选择方程	回归方程
	（1）	（2）	（3）	（4）	（5）
totass	−0. 0195 ***		−0. 0155 **		−0. 0155 **
	（−3. 44）		（−2. 19）		（−2. 19）
ebitda	−0. 153 ***		−0. 0942		−0. 0943
	（−3. 44）		（−1. 61）		（−1. 62）
capex	−0. 0900 *		−0. 176 ***		−0. 176 ***
	（−1. 72）		（−3. 16）		（−3. 17）
roa		−3. 184 ***		−3. 184 ***	
		（−10. 37）		（−10. 40）	
ppe		−0. 0635		−0. 0634	
		（−0. 51）		（−0. 51）	
q		0. 134 ***		0. 134 ***	
		（18. 34）		（18. 35）	
hhi		−0. 852 ***		−0. 852 ***	
		（−3. 09）		（−3. 09）	
inst		0. 401 ***		0. 401 ***	
		（3. 82）		（3. 86）	
行业效应	YES	YES	YES	YES	YES
mills			−0. 031 ***		
			（−2. 74）		
athrho					−0. 005 ***
					（−3. 28）
lnsigma					−2. 255 ***
					（−133. 53）
rho			−0. 00360		−0. 00466
N	3512		10271		10271

注：OLS 回归括号内为 t 值，其余括号内为 z 值；＊表示 10% 的显著性水平，＊＊表示 5% 的显著性水平，＊＊＊表示 1% 的显著性水平。

根据表 6 – 11 显示，其中列（1）汇报的是 OLS 模型的回归结果。列（2）和列（3）分别对应两阶段法的 Heckman 的选择方程和回归方程。通过第一阶段的选择模型求得反米尔斯比率，将其加入原回归方程中，以检验样本选择的偏误。根据列（3）显示反米尔斯比率是显著的，故选择性偏误是存在的。由于两步估计效率不如使用最大似然估计法，为此列（4）、列（5）汇报了最大似然估计法的结果，使用似然比检验后，拒绝原假设，故应使用样本选择模型。这个回归结果与列（1）的普通最小二乘法估计结果基本一致，即银行信贷对企业损失程度的影响呈现倒"U"型曲线，结果具有较强的稳健性。

第二，民营企业韧性结果灵活性的稳健性检验。本书假定基准生存函数符合 Weibull 分布、指数分布、冈珀茨分布后分别进行回归，具体如表 6 - 12 所示。

表 6 - 12　　　假定基准生存函数不同分布特征的稳健性检验

变量	Weibull 回归 （1）	指数回归 （2）	冈珀茨回归 （3）
ltotloa	- 2. 925 *** （ - 4. 42）	- 2. 893 *** （ - 4. 43）	- 2. 906 *** （ - 4. 43）
size	0. 638 *** （20. 08）	0. 662 *** （21. 33）	0. 652 *** （20. 69）
agelst	- 0. 031 （ - 0. 42）	- 0. 029 （ - 0. 40）	- 0. 030 （ - 0. 42）
lnmv	1. 036 *** （10. 58）	0. 905 *** （6. 99）	1. 062 *** （3. 82）
totass	- 0. 400 * （ - 1. 78）	- 0. 559 （ - 1. 54）	0. 158 （0. 61）
ebitda	0. 329 （0. 26）	0. 512 （0. 40）	0. 437 （0. 34）
capex	1. 220 （0. 92）	1. 388 （1. 05）	1. 241 （0. 93）
_cons	- 16. 816 *** （ - 21. 87）	- 17. 015 *** （ - 22. 45）	- 16. 949 *** （ - 22. 34）
ln_p	0. 304 *** （8. 31）		
gamma			0. 124 * （1. 92）
N	14028	14028	14028
log likelihood	- 982. 094	- 992. 278	- 990. 907

注：括号内为 z 值；* 表示10%的显著性水平，** 表示5%的显著性水平，*** 表示1%的显著性水平。

由于在 Cox 比例风险模型中，未知项为参数 β 和基准生存函数 $S_0(t)$，并且未有 $S_0(t)$ 任何假定，因此本书对基准生存函数做上述分布假定，根据表 6-12 显示，列（1）报告了基于 Weibull 风险模型的总体样本估计结果。可知，银行信贷对恢复的风险系数为负值，进一步证实了前面关于银行信贷增加不利于企业恢复的判断。当假定 $S_0(t)$ 为指数分布函数，其对应的回归结果如列（2）所示，结果依然稳健。当假设 $S_0(t)$ 为冈珀茨分布函数，其对应的回归结果如列（3）所示，结果依然稳健。

第三，使用不同研究期间的样本。我们的基准模型的观察时间是从 2015 年 6 月起，被解释变量韧性结果灵活性的观察是以月为单位进行，一直持续到公司退出，即公司股价完全恢复到冲击前的水平或者直到观察期结束。我们的基准模型报告了截至 2016 年 12 月的观察期（即 18 个月的窗口期）的结果。为了结果的稳健性，我们缩短或延长了该窗口期，分别计算了 12 个月、30 个月、42 个月和 54 个月窗口内民营企业的最大损失程度和恢复概率（见表 6-13），发现这些与基准模型的回归结果是相同的。

表 6-13　　　　　　不同期间窗口内因变量的稳健性检验

变量	不同期限内企业损失程度				不同期限内企业恢复			
	loss12	loss30	loss42	loss54	12 个月	30 个月	42 个月	54 个月
ltotloa	0.088 *** (3.82)	0.064 *** (2.76)	0.128 *** (5.72)	0.135 *** (6.29)	-3.625 *** (-4.21)	-3.346 *** (-4.51)	-2.925 *** (-4.42)	-2.560 *** (-3.99)
$ltotloa^2$	-0.181 *** (-3.57)	-0.192 *** (-3.75)	-0.315 *** (-6.04)	-0.308 *** (-6.05)				
_cons	0.593 *** (19.50)	0.709 *** (23.85)	1.046 *** (36.54)	1.057 *** (38.51)	-16.272 *** (-20.24)	-17.170 *** (-22.43)	-16.816 *** (-21.87)	-16.080 *** (-19.97)
N	11716	11716	11716	11716	5870	11458	14028	16090
likelihood					76734.513	-795.982	-982.094	-1070.951

注：控制变量未列出；企业损失程度回归模型括号内为 z 值；企业恢复回归模型括号内为 z 值；* 表示 10% 的显著性水平，** 表示 5% 的显著性水平，*** 表示 1% 的显著性水平。

第四，我们在基准回归模型（式 6.1）中加入银行信贷监督的三次项时，银行信贷监督的系数不再显著；我们将行业水平的标准误差聚集在一起，并指定稳健的标准误差来控制潜在的异方差时，基准回归模型中银行信贷监督的系数依然显著；我们更换部分控制变量后，结果依然显著。这些都表明本书核心结论的稳健性，由于篇幅问题这些不再展示。

| 第七节 | 本章小结 |

本章研究以 2015 年股市震荡冲击为背景，分析了银行信贷监督对民营企业韧性结果稳定性和灵活性的影响及影响机制，以及企业微观特征影响的异质性，得出以下主要结论。

第一，由于民营企业韧性结果可以用稳定性和灵活性两方面来展示，因此银行债权监督对民营企业韧性结果的影响并非表现为单一的抑制或增强作用，而是表现为多元综合效应。

第二，民营企业韧性结果的稳定性与银行债权监督的规模和期限结构呈现倒"U"型关系，即企业损失程度随着银行监督强度扩大而增加，然后到达极值点后，随着银行监督强度的扩大而减小。民营企业损失程度与银行债权规模的倒"U"型曲线的顶点处，银行信贷总额约占企业总资产的比重为 20.1%；企业损失程度与银行债权期限结构的倒"U"型曲线的顶点处，银行短期借款占总借款的比重为 58.5%。

第三，银行债权监督的规模和期限结构会削弱民营企业韧性结果的灵活性，即随着银行信贷规模的扩大、短期借款比例的增大，会进一步削弱民营企业股价从金融冲击中恢复过来的概率。

第四，在机制检验分析中发现，银行信贷监督会通过影响民营企业的冗余资源进而影响企业韧性结果的稳定性和灵活性。

第五，在企业异质性特征分析中，民营企业战略差异程度越低，银行信贷对企业韧性结果稳定性和灵活性的抑制作用越强；民营企业知识库存越少，银行信贷对企业韧性结果稳定性和灵活性的抑制作用越强；民营企业社会资源水平越差，银行信贷对企业韧性结果稳定性和灵活性的抑制作用越强。

第七章

契约后：银行相机治理
对民营企业韧性能力的影响

当前我国经济发展处于战略机遇与风险挑战并存、不确定因素逐渐增多的时期，随着外部融资环境的变化，在深化供给侧结构性改革中企业部门杠杆难以继续扩张。由于民营企业抗风险能力弱，不少民营企业存在内控、公司治理不规范的问题，使民营企业债务违约问题频发。对于银行债务而言，由于债务违约涉及企业控制权的相机转移以及银行债权人的相机治理，现有研究常围绕银行相机治理对企业投融资行为的影响开展研究，缺乏从债权人相机治理机制对民营企业韧性能力影响的研究，加上民营企业的韧性能力对于企业可持续发展具有重要影响，为此本章将立足民营企业韧性能力理论，以民营上市公司债务违约为背景，试图检验民营企业韧性能力受银行相机治理的影响，拓展现有研究。

第一节　理论分析与研究假设

一、银行相机治理对民营企业韧性能力的影响

史密斯等（Smith et al., 1979）认为，银行对企业的治理力量一部分

来自短期借款的还款压力，另一部分来自当企业违反信贷契约时银行所获得的控制权，我们称后一种为银行的相机治理。由于银行债权人的权益来自债务契约的安排，民营企业债务融资过程就是一个关系到信贷双方权益与责任的信贷契约的设计、签订、执行和违约处理的过程。在这个过程中，信贷契约设计处于核心地位，其内容的完善程度直接关系违约时银行债权人对公司的相机治理程度以及银行权益的保护程度。为了实现有效的保护，债权人在债务契约中设计多类条款，就积极性限制条款而言，债权人要求债务人承诺在债务存续期间必须做什么，这通常涉及债务人要履行定期的财务报告、信息披露、支付相关税费等公司管理行为（Lloyd，1990）；消极性限制条款一般要求债务人承诺在债务存续期间不得做什么，如限制资产处置、股息分配、投资、开展额外债务、管理层变更等（William，2016）；财务指标条款，主要是为了要求债务人确保自身处于良好的财务状况，设置了一些关于净资产、债务负担、营业收入等方面的财务指标条款以预测债务人是否发生违约，保障契约的正常维持（William，2016）；违约条款，主要是指债务人违背契约条款后，债权人可享有的债券回购、贷款加速到期等权利。正是这些要求借款人在契约维持期间必须遵守的限制性条款，一旦公司触发了契约条款限制的"红线"，便视为技术违约发生。此时根据协议规定，企业部分控制权转向债权人。因此，债权人对公司的相机治理作用发挥也往往不是通过直接监督、观察经理人行为来实现，而是通过观察企业是否违反契约中重要的会计指标等进行相机治理，这依赖于剩余控制权的相机转移。

在分析银行相机治理前，有必要分析企业债务违约的动机和违约背景。企业债务违约行为可分为两类：一类是由于资不抵债等原因造成债务人企业无法履行契约规定的按期还款义务所造成的流动性违约，该类行为又称被动违约；另一类债务人企业有能力履行债务契约，但其主观采取故意违约即策略性违约（张晓玲，2012）。对于流动性违约的分析，可追溯至奥尔特曼（Altman，1968）的简约模型分析，具体为作者基于企业营运资本比率、留存收益率等企业财务指标构建 Z – score 模型来分析债务企业违约风险。在此基础上，杰诺等（Giano et al.，1995）又发展提出现代简约模型预测方法，在无套利情况下，与无风险债券价格差可推算出公司违约概率，而违约强度决定了违约事件是否发生。之后其他学者也对简约化模型进行探索改进。尽管简约化模型能较好地计算公司违约概率，但是不易解释公司违约发生的机理。对于策略性违约而言，这可追溯至默顿（Merton，1974）提出的结构模型，具体为其基于实物期权理论框架预测企业违约，预测因子包括权益市值、资产价值波动率等股票市场指标，其中企业权益是企业资产价值的看涨期权，行权价格等于企业债务的账面价值。当资产价值低于债务价值时，权益的市场价值为零，企业发生债务违约。之后，弗朗西斯（Francis，1990）提出现时的付款义务大小会让债务企业作出是否履行债务合约的决策。当与企业负债发行票面利率有关的利率下降时，企业对于现有负债的未来偿付义务很高，并且获得资金来进行债务履约的成本也高，在此情况下企业才会违约。近年来，学者们考虑到宏观经济因素、公司治理因素等不断延伸结构模型的应用，公司债务违约行为会受外部国内生产总值（GDP）增长率、政府财政支出等因素的影响（Wilson，1998）。当宏观经济周期处于下行阶段时，债务企业的违约概率变大（Guha et al.，2002）。杨国旗（2017）研究发现，公司治理水平越高，企业发生债务违约的可能性越小。尽管企业发生债务违约的原因具有多元性，但是企业债务违约的发生从一定程度上反映出企业面临不同程度的财务困境。这是由于依据契约条款，债务违约的发生会赋予债权人行使提前部分或全部偿付本息、提高利率等权利，这会增加企业在借贷活动中的再协商成本和重组成本（Beneish et al.，1993）。此外，债权人还可以通过明文规定或加速偿付为由威胁公司，来限制公司未来的投融资活动，进而影响企业的长期发展（Nini et al.，2009）。当双方冲突难以协调时，债权人可以依据债务契约提请诉讼，要求拍卖抵押品等。因此，债务违约后或契约事后，债权人和债务人通过重新谈判等方式对初始债务契约进行调整，进行帕累托改进。然而这种帕累托改进是以债务企业部分控制权从股东手中转移到债权人手中为条件的（Chava et al.，2008；Gu et al.，2017）。彭兴韵（2019）认为债务违约后，相对于很多国有企业等着政府来救助，民营企业更偏好通过自筹方式进行兑付。因此，我们推测债务违约后，银行相机治理对民营企业的影响会更深远。

对于民营企业韧性能力而言，根据前面对民营企业韧性能力的构成分析，民营企业韧性的抵御能力主要指企业吸收风险的能力，而这主要体现在民营企业自身偿债能力的强弱方面，公司偿债能力越强，企业抵御整体风险的能力越高，韧性能力也相应越高；恢复能力是指企业依靠自身力量恢复到冲击之前水平的能力，恢复能力的强弱主要与企业成长能力、盈利能力的大小有关，企业自身盈利能力、成长能力越高，企业自我恢复能力也越强，相应的其韧性能力也越强；再组织能力指企业为积极适应和转型而重构内部结构与功能的能力，而这主要体现为企业治理特征以及运营管理能力的高低，一般来说企业运营管理能力越高，其再组织能力越高，相应的企业韧性能力也越强；创新能力是指企业为采取新的发展模式和路径而完全改变或更新原有结构的能力，这可以从企业创新资源吸收能力和资源利用能力两方面来体现。根据前面对民营企业韧性能力的子能力构成指标分析可知，企业偿债能力、盈利能力和运营管理能力可表现为企业现金流的充沛程度，而企业创新能力主要体现为企业创新水平的高低。为此，后面银行相机治理对企业韧性能力影响的分析主要从企业现金流和创新两个角度进行分析。

对于企业韧性能力而言，债权人相机治理会通过影响企业经营现金流以及创新水平等对民营企业韧性能力产生影响。首先，对于公司经营现金流而言，有学者以 2002 ~ 2006 年东南亚资本市场中的上市企业为研究对象，发现发生债务违约后企业在相关债权人的压力下倾向于持有大量的现金以进行债务偿还工作（Cornaggia et al.，2008）。查娃等（Chava et al.，2008）发现公司发生债务违约后，公司的融资约束状况会更加严峻，公司资本性支出也会得到削减。债务企业违约行为会削弱企业的商业信用，这是因为商业合作伙伴考虑债务违约公司可能延缓付款速度等，也会降低对违约公司的信心（Engelmann et al.，1988）。如果上市公司控制人遭到媒体的负面报道，公司声誉受损，而由于债权人在作贷款决策时会考虑借款企业最终控制人的声誉，进而使公司融资规模下降（叶康涛等，2010）。为此，债务企业发生违约后，企业社会关系网络也会遭受很大程度的损伤，这会进一步加剧企业在融资链条中的弱势地位（许浩然等，2016）。刘慧等（2016）发现，相对于国有上市公司，存在未决诉讼的非国有上市公司获取债务融资的成本会更高。为此，我们认为公司一旦发生债务违约，债权人会对借款人实施控制甚至提前收回贷款，企业能够自用的现金受到限制；并且违约后企业开展新的融资时，潜在债权人也因其历史违约记录而对其否决或与其签订更为严苛的债务契约，企业再融资会变得更加困难或者融资条件更为苛刻，企业现金流也会变得更加"捉襟见肘"。

其次，对于公司创新活动而言，由于企业创新活动具有风险高、周期长、投入成本大等特点，作为风险厌恶型的银行债权人不偏好对创新型公司融资。然而，由于企业银行信贷获得了更多的银企关系，即债权人银行通过与债务企业的频繁接触性学习，可以获得公司更多的信息（尤其是作为企业商业机密的创新活动信息），因此债权人银行能更好地评估企业创新项目价值（Berger et al.，1995）。然而，正是由于银行具有一定的信息优势，对于债务公司创新项目的回报率，银行也具有了一定的讨价还价能力，这可以表现为银行以收取信息租金的形式抑制企业的创新活动（Rajan et al.，1992）。由于债权人对创新的厌恶以及其利益攫取行为，会使债务违约公司在资金缺乏的状况下不断缩减研发投入，使债务违约与企业研发投入之间呈现显著的负相关（Chava et al.，2008）。有研究认为，企业发生债务违约时会导致外部投资者和相关债权人对企业的经营与管理产生怀疑态度，进而缩减对企业的投资或设置较高的融资约束，使企业没有充足的资金开展研发工作，同时融资受到约束后会导致企业资金链出现断裂的可能，从而导致企业缩减研究投入（Hsu et al.，2006）；并且债务违约后，银行相机治理也会纠正企业基于自利行为在创新项目上的过度投资（Gu et al.，2017）。通过上述分析可以看出，债务违约行为通过多方面作用对企业韧性能力产生抑制作用，故提出下述假设。

假设 7.1：债务违约后，银行相机治理会降低民营企业的韧性能力。

二、银行相机治理与民营上市公司管理

为了保护自身权益，对于债务企业的违约行为，债权人可以以诉讼或非诉讼形式要求债务人开展资产拍卖、变更债务期限等重组活动，甚至是开展破产清算等。相对于债务公司破产清算耗时长、成本高等特点，债务双方更偏好重组方式，而这会对公司经营管理活动以及财务政策等产生影

响，进而影响企业韧性能力。为此本书构建如图 7 – 1 所示的分析框架。

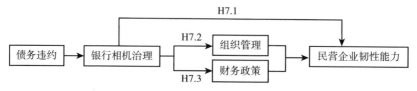

图 7 – 1　银行相机治理与民营企业韧性能力分析框架

债务契约维持中，由于双方信息不对称，债务公司经理层在自利动机驱动下可能会作出损害银行债权利益的决策，例如，风险偏好型的公司股东会增加对高风险项目的投资即进行风险转移活动（Jensen et al.，1976），而有的公司股东因为债权人较为优先的利润分配顺序，而放弃净现值等于或者小于债务资本成本的项目，造成企业投资不足（Myers，1977），股东对债权人利益的侵害除了资产替代、投资不足问题之外，还包括债权价值稀薄化和股利操作政策，前者为企业发行同等或更高优先权的证券，降低现有债权的求索权价值，后者为企业通过增加股东收益降低债权价值（Smith et al.，1979）。风险转移、投资不足、债权价值稀释等之类的代理问题都会不利于债权人利益的实现，这不仅增加了债务违约风险，也为违约后债权人相机治理提供了空间（童盼等，2005）。

首先，债务违约后，银行会通过组织管理渠道降低企业代理冲突问题，进而影响民营上市公司的韧性能力。作为一种公司治理机制，债权人比股东拥有更严厉的控制权（Philippe et al.，1992）。尼尼等（Nini et al.，2012）认为公司债务违约发生后，为了保护自身权益，债权人一般以两种方式行使其权利，一种是他们通过修改现有的信贷协议，对公司行为施加更强的合约限制；另一种是债权人可以建议公司如何更好地进行管理，走出不良业绩影响。如果公司能认真听取债权人建议，则有助于其在契约重新谈判中获得债权人更多的宽容。债权人的管理建议可能为公司需要更好的信息披露、流动性管理等，对于组织结构问题严重的公司而言，债权人可能会要求公司雇佣转型咨询公司、更换高层管理人员等，进而对企业产生更大的影响。查娃等（2008）分析企业技术性违约与控制权转移问题时，通过设计断点回归，展示了随着企业债务违约，企业的资本投资会急速减少，并且企业投资的减少主要是由于企业存在严重的代理问题。此外，债权人还可以通过加速或终止借贷关系、提高利率、限制投融资等方式限制公司管理层活动（Roberts et al.，2009），防止公司管理层的机会主义行为，实现利益由股东向债权人转回。债务违约后，债权人可通过债务重组或清算来获得企业控制权，这意味着公司管理者的职位或利益会遭到损害（John et al.，2008）。为减弱自身不利影响，加快改善企业业绩，企业管理者的投资经营决策也会更加务实和高效（Nini et al.，2012）。在内部管理上，企业管理层会通过裁员降低企业运营成本，增强债权人信心（Falato et al.，2016）。银行相机治理效果会挤出企业严重的代理问题（Chava et al.，2008）。因此，债权人在某种程度上拥有比公司股东更严厉的控制权，使公司治理水平得到更有效的提高（Aghion et al.，1992）。基于上述认识，提出下述假设。

假设7.2：债务违约后，银行会通过降低企业组织管理成本进而降低民营企业的韧性能力。

其次，企业技术违约后，银行会通过企业财务政策影响企业韧性。尼尼等（2012）研究认为，债务违约后，债权人通过修改现有的信贷协议，对公司行为施加更强的合约限制。修订后的协议几乎涵盖了企业财务决策和投资决策的所有方面，包括对营运资本和有形资产的投资、收购、资产出售、股息支付、获取新的融资等；并且债务违约后，企业的财务政策更趋于保守，如企业持有更多的现金、发行更少的债务或者保持更低的财务杠杆率（Nini et al.，2012；王琴，2016）。基于上述认识，提出下述假设。

假设7.3：债务违约后，银行可能会通过企业财务政策降低民营企业的韧性能力。

第二节　研究设计

一、数据来源

本部分研究对象为 A 股民营上市公司。对于债务违约数据的处理，首先从 A 股上市公司诉讼仲裁数据中保留银行作为诉讼主体，企业作为被告，欠款未还为案由的数据。然后剔除公司为担保人以及金融行业公司的数据，得到446个数据。之后，保留公司实际控制人经济性质为民营企业的上市公司，同时剔除同一公司同一年度的重复数据，得到218个公司年度数据。

其次，本书从锐思数据库获得公司财务方面的数据，从国泰安数据库获得公司综合治理方面的数据，从万德数据库获得宏观经济方面的数据。考虑到会计准则变更，本书保留了2007～2019年间的数据。为防止极端值的影响，所有连续变量都得到了1%分位和99%分位缩尾处理。

二、变量选取

1. 因变量为民营企业韧性能力指标。本书基于韧性能力理论，分别从抵御能力、恢复能力、再组织能力以及创新能力4个层面，使用主成分分析构建企业韧性能力综合指标，指标构建详如表4-2所示。

2. 自变量为银行相机治理类变量。包含违约事件、债务违约发生、债务违约公司等（见表7-1）。

3. 控制变量。借鉴陈德球等（2013）、顾等（Gu et al. , 2017）的做法，此部分控制变量包括公司规模、资产报酬率、托宾Q值、年龄、融资约束、机构投资、负债占利润比重、市场竞争程度等（见表7-1）。

表7-1 变量名称及含义

变量类型	变量名称	变量符号	变量定义
因变量	企业韧性能力	resabl	使用主成分分析综合企业4个方面的能力
解释变量	违约事件	debvio	1为公司上一年无债务违约诉讼，但当年有债务违约诉讼，反之为0
	债务违约发生	post	1为公司违约事件发生当年及之后的年份，反之为0
	债务违约公司	treat	1为公司曾发生违约事件，反之为0
控制变量	规模	size	总资产取对数
	资产报酬	roa	净利润/总资产
	托宾Q值	q	（股票市值＋净债务）/有形资产现行价值
	年龄	agelst	企业上市年限加1取自然对数

续表

变量类型	变量名称	变量符号	变量定义
控制变量	融资约束	KZ	KZ = -3.014×现金/总资产 -4.4444×经营现金流/总资产 -62.626×股利/总资产 +0.153×资产负债率
	机构投资	inst	机构投资者持股比例
	负债比利润	debebitda	负债/息税折旧摊销前利润
	市场竞争程度	hhi	∑（销售收入/行业销售收入）^{2}
其他变量	管理层持股	mansha	管理层持股数量/公司总股份
	货币资金	cash	企业的现金、银行存款等货币资金/年初总资产
	宏观经济波动	higcon	1 为经济上行期，即高于经济景气一致指数均值的年份，相反 0 为经济下行期间
	经济政策不确定性	higepu	1 为高经济政策不确定性，即高于经济政策不确定指数均值的年份，反之为 0
	契约制度水平	hmarinter	1 为高契约制度水平地区，即高于年度契约均值水平的地区，反之为 0

三、模型设计

由于企业韧性能力和银行信贷违约可能存在反向因果关系，即当企业面对风险冲击时，由于公司韧性能力较低会使公司难以偿还债务本息，进而发生债务违约，并且一些不可观察的因素也可能会造成分析结果有一定的偏误。为更好地识别银行相机治理对民营企业韧性能力的影响，我们使用双重差分模型，这是由于该模型能较好地处理遗漏变量偏误、反向因果关系等问题。为此，我们使用双重差分模型比较债务违约前后，民营公司韧性能力的变化。为了实现对照组与处理组除了债务违约外，其他方面具有的可比性，我们借鉴顾等（2017）、刘瑞明等（2016）的研究，在使用双重差分模型前，先使用倾向值匹配方法构造具有可比性的处理组和对照组，即将债务违约公司作为处理组，其他方面具有相似性但未发生债务违约的公司作为对照组，进而满足双重差分模型的平行趋势假设。

首先，倾向匹配得分模型通过能够反映企业债务违约特征的协变量，找到与处理组协变量最相似的但未发生债务违约的对照组公司。为防止选择性偏误，本书以银行借款比企业总资产的行业中位数为界限，超过中位数并且没有违约诉讼案件记录的企业作为对照组。在完成匹配之后得到债务违约即债权相机治理的平均处理效应。根据倾向值匹配模型的处理原则，本书使用 Logit 模型来估算个体进入处理组的概率，详见式（7.1）。

$$p(\text{debvio}_{i,t}=1)=\Phi(\text{size}_{i,t-1},\text{roa}_{i,t-1},q_{i,t-1},\text{agelst}_{i,t-1},\text{KZ}_{i,t-1},$$
$$\text{inst}_{i,t-1},\text{debtebitda}_{i,t-1},\text{hhi}_{i,t-1}) \tag{7.1}$$

对式（7.1）进行估计后可以得到民营企业发生债务违约的倾向值得分，或者称为概率预测。然后我们使用最近邻匹配原则，选择匹配集合，具体见式（7.2）。

$$\Theta(i)=\min_{j}\parallel p_i - p_j \parallel \quad j\in(\text{debvio}=0) \tag{7.2}$$

其中，p_i 和 p_j 分别表示处理组与对照组的概率预测值，$\Theta(i)$ 表示与处理组相对应的来自对照组企业的匹配集合，对于 1∶1 最近邻匹配而言，对于每个处理组 i，仅有唯一的对照组 j 落入到匹配集合中，显然对于 1∶3 最近邻匹配而言，对于每个处理组 i，有 3 个对照组个体落入到匹配集合 $\Theta(i)$ 中。

其次，在倾向值匹配的基础上，我们使用双重差分模型。具体而言，依据倾向值匹配模型（7.1），保留违约事件前一年具有共同趋势的债务违约公司和未有债务违约事件的公司。我们将倾向值匹配后的样本分为两组，一组是债务违约民营企业（记为处理组），另一组是具有可比性的从未发生债务违约事件的民营企业（记为对照组），为此我们构建二元虚拟变量 $\text{treat}_i=\{0,1\}$，其中当民营企业 i 发生过违约事件时 treat 取值为 1，否则取值为 0。另外，我们构造时间虚拟变量 $\text{post}_t=\{0,1\}$，其中，$\text{post}_t=0$ 表示当年没有违约事件，$\text{post}_t=1$ 表示违约事件发生及之后的年份。为了分析债务违约后银行相机治理对民营企业韧性能力的实际影响，鉴于不同民营公司债务违约事件的年份不同，借鉴刘瑞明等（2016）的研究，本书构建如式（7.3）的两组多期 DID 模型。我们重点关注系数 β_1，因为它反映了企业信贷违约后银行相机治理对民营企业韧性能力影响的净效应。式（7.3）中，cv 为控制变量，具体释义见表 7 - 1 中的控制变量，yeat_t 变量为年度效应，μ_i 变量为个体固定效应。

$$\text{resabl}_{i,t}=\beta_0+\beta_1\text{treat}_i\times\text{post}_t+\beta_i\text{cv}_{i,t}+\text{year}_t+\mu_i+\varepsilon_{i,t} \tag{7.3}$$

实证结果分析

一、描述性统计分析

依据变量描述性统计分析（见表 7 – 2），民营企业韧性能力（resabl）的均值为 0.152，中位数为 0.003，最小值为 – 2.493，最大值为 2.778，说明民营企业韧性能力差异较大。样本期间民营企业违约事件（debvio）均值为 0.2%，相对而言发生违约事件的民营上市公司只占少部分，这也为后边的倾向值匹配方法提供了参考依据。此外，样本期间民营企业的资产规模均值大致为 3435 万元，托宾 Q 值的中位数是 0.855，民营企业上市年龄的中位数约为 8 年。

表 7 – 2　　　　　　　　　　　主要变量的描述性统计

变量	N	mean	sd	min	p25	p50	p75	max
resabl	44376	0.152	0.864	– 2.493	– 0.370	0.003	0.598	2.778
debvio	44376	0.002	0.060	0.000	0.000	0.000	0.000	1.000
size	44376	19.655	2.083	15.610	17.914	19.540	21.348	25.507
roa	44376	0.057	0.088	– 0.300	0.024	0.047	0.086	0.360
capex	44376	0.053	0.070	0.000	0.011	0.029	0.063	0.374
q	44376	2.074	2.480	0.062	0.512	0.855	2.814	12.015
KZ	44376	1.647	0.774	– 0.490	1.592	1.622	1.622	13.668
agelst	44376	2.061	0.861	0.000	1.701	2.079	2.944	3.178
inst	44376	0.134	0.205	0.000	0.000	0.020	0.188	0.865
debtebitda	44376	4.599	5.538	– 16.674	2.865	4.030	4.749	36.085
hhi	44376	0.086	0.108	0.000	0.009	0.011	0.186	0.439

二、PSM 过程与共同趋势假设检验

首先，使用倾向值匹配方法为处理组寻找匹配对象。根据统计，2007 ~

2019 年存在债务违约诉讼案件的公司有 157 家，根据本书违约事件变量（debvio）的定义（见表 7 - 1），经过处理后违约事件值为 1 的企业有 92 家。本书根据式（7.1）匹配模型对企业债务违约发生前一年的数据进行匹配。由于存在违约事件的企业样本少，在倾向得分基础上，本书选择 1∶1 有放回的最近邻匹配方法。结果显示，有 806 个 post 值等于 1 的数据，处理组即 treat 值等于 1 的有 1206 个数据，匹配过程不存在违约事件企业与自己历史数据匹配的现象，对照组全部为不存在违约事件的企业。

由于使用 DID 需要满足平行趋势假设，为此，在倾向值匹配之后本书对协变量的平行趋势进行检验。首先，比较协变量在处理组和对照组的偏差在违约事件前后的变化差异和显著性水平，进而判断匹配后的协变量是否满足平行趋势假设。根据表 7 - 3 可知，处理组和对照组在企业规模、资产报酬率、市场竞争程度、托宾 Q 值等协变量上的偏差由匹配前的显著差异变为匹配后的差距不再显著。为此，倾向值匹配后协变量具有平行趋势，可以开展 DID 分析，并且在解释银行相机治理对民营企业韧性能力变化影响时更具说服力。

表 7 - 3　　　　匹配前后协变量在对照组和处理组间的偏差变化

变量	U（匹配前） M（匹配后）	均值		偏差变化		t-test	
		处理组	对照组	偏差绝对值	缩减率（%）	t	p > t
size	U	21.219	21.124	59.5		4.92	0.000
	M	21.244	21.552	-16.8	71.8	-1.17	0.242
roa	U	-0.08204	0.04445	-113.1		-14.87	0.000
	M	-0.07954	-0.06147	-16.2	85.7	-0.88	0.378
hhi	U	0.02706	0.05256	-36.3		-2.97	0.003
	M	0.02682	0.02655	0.4	99.0	0.03	0.975
q	U	4.6232	1.9624	95.8		12.10	0.000
	M	4.5495	4.2764	9.8	89.7	0.51	0.608
agelst	U	2.506	1.864	106.5		8.72	0.000
	M	2.5037	2.5887	-14.1	86.8	-1.19	0.236
KZ	U	1.9615	1.6572	27.6		3.95	0.000
	M	1.9626	1.7121	22.7	17.7	1.58	0.117

续表

变量	U（匹配前）	均值		偏差变化		t-test	
	M（匹配后）	处理组	对照组	偏差绝对值	缩减率（%）	t	p＞t
inst	U	0.26653	0.13594	62.5		6.16	0.000
	M	0.26634	0.2776	−5.4	91.4	−0.32	0.746
debtebitda	U	4.5498	5.7305	−11.7		−1.60	0.000
	M	4.6698	6.883	−22.0	−87.5	−1.22	0.223

其次，为了进一步检验匹配后协变量是否存在平行趋势，我们将匹配前后处理组和对照组的倾向值得分作了对比，具体如图 7 - 2 所示。从图 7 - 2（a）中可以清晰地看出，匹配前，处理组（实线）和对照组（虚线）的倾向值得分的密度分布图差距较为显著。经过倾向值匹配处理后，从图 7 - 2（b）可以看到，匹配后，处理组（实线）和对照组（虚线）的倾向值得分的密度分布图比较趋同。总体而言，经过倾向值匹配后处理组债务违约公司和对照组没有债务违约事件公司的特征较好地满足了双重差分的共同趋势假定。

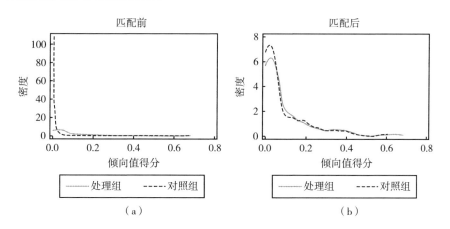

图 7 - 2 匹配前和匹配后处理组和对照组的倾向值得分比较

三、银行相机治理的双重差分分析

为了判断研究假设 7.1 的结论，在倾向值匹配的基础上，根据模型

（7.3），在控制行业聚类稳健标准误后，表 7 - 4 展示了银行相机治理后企业韧性能力的双重差分回归结果。对于民营上市公司而言，见列（1）~列（3），在不控制其他变量的情况下，根据列（1）可知债务违约后，银行相机治理使民营企业韧性能力指标在 1% 的水平上显著下降 24.4%；列（2）加入控制变量，但是没有控制年度效应下，显示银行相机治理对民营企业韧性能力影响的回归系数为 -0.149，且在 5% 的水平上显著；列（3）为控制相关变量并加入年度效应的情况下，债务违约后民营企业韧性能力在 5% 的统计显著性水平上下降 14.1%，这些都表示债务违约后银行相机治理会使民营企业韧性能力显著性下降，假设 7.1 得验。为了进一步验证银行相机治理对民营企业韧性能力影响的独有性，表 7 - 4 列（4）~列（6）展示了国有上市公司债务违约后，银行相机治理对国有企业韧性能力的影响。在不控制其他变量的情况下列（4）展示了银行相机治理使国有企业韧性能力指标下降 12.9%，并且这是在 10% 的统计水平上显著，然而加入控制变量后，银行相机治理对国有企业韧性能力的影响不再显著，见列（5）、列（6）。这些从另一个角度表明，银行干预对民营企业韧性能力有显著抑制作用的独有性。

表 7 - 4　　　　　　　银行相机治理对企业韧性能力的影响

变量	民营企业			国有企业		
	resabl (1)	resabl (2)	resabl (3)	resabl (4)	resabl (5)	resabl (6)
treat × post	-0.244 *** (-2.87)	-0.149 ** (-2.10)	-0.141 ** (-2.02)	-0.129 * (-1.68)	-0.052 (-0.93)	-0.063 (-1.12)
size		0.149 *** (5.05)	0.137 *** (4.34)		0.086 *** (4.36)	0.058 ** (2.50)
roa		5.303 *** (21.83)	5.313 *** (21.73)		4.925 *** (20.95)	4.949 *** (20.84)
capex		-0.079 (-0.22)	0.009 (0.02)		0.161 (1.07)	0.208 (1.36)
hhi		-0.004 (-0.60)	-0.004 (-0.52)		-0.724 *** (-2.62)	-0.512 * (-1.71)
q		-0.062 (-1.45)	-0.135 *** (-2.60)		0.018 *** (2.68)	0.014 * (1.86)

续表

变量	民营企业			国有企业		
	resabl (1)	resabl (2)	resabl (3)	resabl (4)	resabl (5)	resabl (6)
agelst		-0.008 (-0.71)	-0.008 (-0.73)		-0.046 ** (-2.12)	-0.095 *** (-4.35)
KZ		0.183 ** (2.21)	0.062 (0.67)		0.027 *** (2.64)	0.025 ** (2.45)
inst		-0.002 (-1.06)	-0.002 (-1.08)		0.219 *** (4.57)	0.073 (1.16)
debtebitda		-0.149 ** (-2.10)	-0.141 ** (-2.02)		-0.002 (-0.95)	-0.002 (-0.95)
_cons	-0.250 *** (-67.07)	-3.308 *** (-5.73)	-3.055 *** (-4.82)	-0.040 *** (-17.28)	-2.096 *** (-5.05)	-1.407 *** (-2.84)
年度效应			YES			YES
个体效应	YES	YES	YES	YES	YES	YES
N	34974	25403	25403	10178	9100	9100
R^2	0.002	0.317	0.334	0.001	0.265	0.274

注：括号内为 z 值；* 表示10%的显著性水平，** 表示5%的显著性水平，*** 表示1%的显著性水平。

四、稳健性检验

根据上述分析可知，银行相机治理会造成民营企业韧性能力的显著下降。为保证结果的稳健性，接下来从以下几个方面开展分析。

第一，进行反事实检验。通过构造假想的处理组和对照组，如果交乘项 treat × post 的估计系数不显著，表明债务违约时，处理组和对照组的企业韧性能力不存在系统差异，也间接验证了债务违约后银行相机治理对民营企业韧性能力有显著影响的稳健性。鉴于债务违约企业主要为传统制造行业，因此，我们试图以制造业来构建反事实检验，发现交乘项系数并不显著，具体见表 7-5 列（1）。另外，我们把债务违约时间提前一年，同样发现交乘项系数并不显著，具体见表 7-5 列（2）。这些从另一个侧面支撑了本书的逻辑结果。

表7-5　　　　银行相机治理对民营企业韧性能力影响的稳健性检验

变量	resabl (1)	resabl (2)	resabl (3)	resabl (4)	resabl (5)	resabl (6)	resabl2 (7)
treat × post	-0.114 (-1.29)	-0.082 (-1.22)		-0.100* (-1.67)	-0.036* (-1.80)	-0.114*** (-2.58)	-0.067*** (-2.76)
debvio			-0.410*** (-4.62)				
size	0.141*** (6.64)	0.139*** (6.66)	0.145*** (7.59)	0.132*** (4.61)	0.138*** (4.36)	0.011 (0.72)	0.031*** (3.36)
roa	5.040*** (32.04)	5.024*** (31.88)	4.944*** (33.52)	4.813*** (23.10)	5.327*** (21.76)	3.365*** (32.40)	1.710*** (29.59)
capex	0.140 (1.01)	0.068 (0.51)	-0.093 (-0.81)	-0.034 (-0.10)	0.016 (0.04)	-0.171* (-1.89)	-0.096* (-1.84)
hhi	-0.433* (-1.80)	-0.315 (-1.33)	-0.464** (-2.43)	-0.001 (-0.11)	-0.004 (-0.53)	-0.077 (-0.62)	-0.033 (-0.45)
q	0.008** (2.07)	0.008** (2.10)	0.012*** (3.36)	-0.123*** (-2.65)	-0.138*** (-2.64)	0.006*** (2.70)	0.005*** (3.81)
agelst	-0.271*** (-12.79)	-0.275*** (-13.02)	-0.213*** (-12.04)	-0.001 (-0.15)	-0.008 (-0.76)	-0.101*** (-8.59)	-0.067*** (-9.24)
KZ	-0.020 (-1.09)	-0.019 (-1.04)	-0.008 (-0.46)	0.060 (0.71)	0.064 (0.69)	-0.145 (-1.21)	-0.095 (-1.30)
inst	0.115** (2.06)	0.115** (2.07)	0.106** (2.26)	-0.002 (-1.11)	-0.002 (-1.08)	0.093*** (3.19)	0.062*** (3.40)
debtebitda	-0.005** (-2.40)	-0.005** (-2.44)	-0.006*** (-3.23)	-0.100* (-1.67)	0.138*** (4.36)	0.001 (0.54)	0.000 (0.54)
_cons	-2.580*** (-6.28)	-2.569*** (-6.34)	-2.754*** (-7.56)	-2.947*** (-5.10)	-3.096*** (-4.85)	0.092 (0.25)	-0.335 (-1.56)
年度效应	YES	YES	YES	YES	YES	YES	YES
个体效应	YES	YES	YES	YES	YES	YES	YES
N	24847	25437	34249	34249	25403	16258	25403
R²	0.342	0.339	0.330	0.330	0.341	0.370	0.340

注：括号内为 z 值；*表示10%的显著性水平，**表示5%的显著性水平，***表示1%的显著性水平。

第二，对基础数据进行 OLS 回归后结果仍然显著，具体见表 7 - 5 列
（3），根据结果显示 debvio 的系数在 1% 的显著性水平时为 - 0.410，表示
随着债务违约事件的发生，在银行相机治理下，民营企业韧性能力会显著
下降 0.410。

第三，使用不同的倾向值匹配方法。首先，使用 Probit 回归来估算个
体进入处理组的概率，之后进行双重差分检验，交乘项回归系数依然显
著，见表 7 - 5 列（4），银行相机治理下，民营企业韧性能力在 10% 的显
著性水平上下降 0.1。其次，对于控制组企业的匹配集合来说，如果使用
1∶3 最近邻匹配，结果依然成立，见表 7 - 5 列（5）。

第四，更换样本区间，根据第五章的研究成果，考虑到 2015 年股市震
荡以及供给侧结构性改革中去杠杆的时代背景，加大了民营企业陷入债务
违约的概率，为此本书以 2015 ~ 2019 年为研究区间，具体结果见表 7 - 5
列（6），可知债务违约后，民营企业韧性能力依然显著性下降，结果仍然
稳健。

第五，替代性因变量，参考张晓玲（2012）的文章，使用因子分析方
法，删除冗余信息，提取民营企业韧性能力因子，建构民营企业韧性能力
综合指标 resabl2，具体结果见表 7 - 5 列（7），可知结果依然稳健。

第四节　影响机制检验

本书的一个重要发现是，债务违约后银行相机治理会显著降低民营企
业韧性能力。那么银行相机治理究竟通过什么渠道降低企业韧性能力？为
了进一步验证相关机制，我们将构建中介效应模型检验其中可能存在的作
用渠道。根据尼尼等（2012）的研究，发现公司债务违约后，债权人相机
治理会从公司投资政策、财务政策和管理方面等对公司产生影响，参考查
娃等（Chava et al.，2008）、顾等（Gu et al.，2017）的研究，本书分别选
取公司管理层持股（mansha）和公司货币资金规模（cash）作为公司内部
治理和财务政策变化的代理变量，进而分析内部治理和财务政策在影响企

业韧性能力上的中介效应，指标具体含义如表 7 - 1 所示。根据中介效应模型的估计程序，本书构建如模型（7.4）所示的方程组。

$$resabl_{i,t} = \beta_0 + \beta_1 treat_i \times post_t + \beta_i cv_{i,t} + year_t + \mu_i + \varepsilon_{i,t}$$

$$mansha_{i,t} = b_0 + b_1 treat_i \times post_t + b_i cv_{i,t} + year_t + \mu_i + \varepsilon_{i,t}$$

$$cash_{i,t} = c_0 + c_1 treat_i \times post_t + c_i cv_{i,t} + year_t + \mu_i + \varepsilon_{i,t}$$

$$resabl_{i,t} = d_0 + d_1 treat_i \times post_t + \theta mansha_{i,t} + \delta cash_{i,t} + d_i cv_{i,t} + year_t + \mu_i + \varepsilon_{i,t}$$

$$(7.4)$$

表 7 - 6 报告了中介效应检验结果，其中列（1）是对基准模型（7.3）即模型（7.4）第一个方程的估计结果，交乘项估计系数依然显著为负，这再次表明银行相机治理削弱了民营企业韧性能力。列（2）以企业内部管理水平 mansha 为因变量，我们发现交乘项 treat × post 的估计系数为正且在 10% 水平上显著，说明银行相机治理有利于民营企业内部管理水平的提升，这也与之前提出的假设 7.2 相一致。列（3）报告了因变量为企业现金政策 cash 的估计结果，交乘项的估计系数在 5% 的统计水平上显著（为 - 0.832），这意味着银行相机治理下民营企业的财务政策出现了显著的收缩效应，这也与尼尼等（2012）的研究结论相一致。列（4）进一步报告了因变量为民营企业韧性能力时基本解释变量即交乘项和两个中介变量的回归结果。可以发现，中介变量 mansha 的估计系数在 1% 的显著性水平上为 0.347，这与公司管理能力有助于企业韧性能力提升的预期是一致的。中介变量 cash 的估计系数为 0.008，且也通过 1% 的显著性检验，表示保守的财务政策确实是阻碍企业韧性能力的关键因素。

表 7 - 6　　　　银行相机治理对民营企业韧性能力影响的机制检验

变量	resabl (1)	mansha (2)	cash (3)	resabl (4)
treat × post	- 0.141 ** (- 2.02)	0.006 * (1.67)	- 0.832 ** (- 1.97)	- 0.059 (- 1.00)
mansha				0.347 *** (3.35)

续表

变量	resabl （1）	mansha （2）	cash （3）	resabl （4）
cash				0.008 *** （2.63）
size	0.137 *** （4.34）	−0.002 （−0.69）	0.939 ** （2.39）	0.102 *** （3.97）
roa	5.313 *** （21.73）	−0.005 （−0.39）	3.507 ** （2.56）	4.857 *** （24.67）
hhi	0.009 （0.02）	0.054 （1.42）	0.700 （0.70）	−0.625 ** （−2.00）
q	−0.004 （−0.52）	0.001 （0.84）	0.037 （0.83）	0.007 （1.01）
agelst	−0.135 *** （−2.60）	−0.086 *** （−22.79）	−0.249 （−1.01）	−0.403 *** （−12.97）
KZ	−0.008 （−0.73）	−0.002 ** （−2.38）	−0.034 （−0.79）	−0.012 （−0.58）
inst	0.062 （0.67）	0.014 （1.63）	−3.213 （−1.10）	0.078 （1.16）
debtebitda	−0.002 （−1.08）	−0.000 * （−1.76）	−0.010 ** （−2.06）	−0.002 （−1.04）
_cons	−3.055 *** （−4.82）	0.333 *** （6.19）	−18.251 ** （−2.26）	−1.234 ** （−2.19）
年度效应	YES	YES	YES	YES
个体效应	YES	YES	YES	YES
N	25403	16282	17324	13467
R^2	0.341	0.264	0.005	0.316

注：括号内为 z 值；＊ 表示 10% 的显著性水平，＊＊ 表示 5% 的显著性水平，＊＊＊ 表示 1% 的显著性水平。

需要指出的是，表 7 - 6 中列（4）与列（1）相比，在加入 mansha 和 cash 中介变量之后，即列（4）交乘项估计系数的数值大小和统计上的显著性水平均出现了下降，这也从另一种角度说明 mansha 和 cash 变量存在中介效应。为了更具严谨性，本书采用索贝尔（Sobel，1987）检验方法，即检验

$H_0 : \theta b_1 = 0$ 和 $H_0 : \delta c_1 = 0$ 是否显著。若拒绝原假设，则中介效应显著，否则不显著。根据乘积项 θb_1 和 δc_1 的标准差分别为 $s_{\theta b_1} = \sqrt{\theta^2 s_{b_1}^2 + b_1^2 s_\theta^2}$ 和 $s_{\delta c_1} = \sqrt{\delta^2 s_{c_1}^2 + c_1^2 s_\delta^2}$，结合表 7 - 6 的估计结果，可计算 θb_1 和 δc_1 的标准差分别为 0.0014472 和 0.00424754，为此可计算两项的 z 值分别是 $z_{\theta b_1} = 1.4975815$ 和 $z_{\delta c_1} = -1.4699991$，前后两者都分别在 10% 的水平上通过显著性检验，这进一步表示存在"企业内部治理"以及"企业财务政策"的中介效应。综合来看，债务违约后，民营企业内部治理水平提升，管理层的业绩观更加短视，企业财务政策趋于保守，这些是债务违约后银行相机治理降低民营企业韧性能力的两个重要的渠道，即假设 7.2 和假设 7.3 得验。

第五节 异质性分析

由于银行相机治理是企业债务违约后银行保护自身权益的需求，那么影响企业债务违约的宏观因素以及债权人权益保护制度水平等因素都可能会对银行相机治理的效果造成差异化影响，进而对民营企业韧性能力产生不同的影响效果。

一、宏观经济波动

宏观经济波动对企业财务行为会产生影响，有研究发现，企业的债务违约风险受宏观经济周期的影响。若宏观经济周期处于下行阶段，企业债务违约发生概率会变大（Guha et al., 2002）。江曙霞等（2011）研究发现，若经济处于复苏阶段，企业违约概率降低会增大最优的银行信贷投放量。有研究发现，若经济处于上行期，货币政策扩张会引起利率下降，进而降低企业融资成本，为了弥补由此造成的收益下降，银行会提高企业杠杆水平，银行风险增加（Angeloni et al., 2015）。那么，在不同的宏观经济波动以及企业债务违约风险背景下，银行相机治理水平会做如何调整？

为了全面反映宏观经济波动，结合社会经济景气指数内涵，即其能够反映出社会供需方面的状况，并且能够反映企业家的未来经济预期，参考李亚超等（2020）使用经济景气指数的一致指数作为衡量宏观经济波动的代理变量，根据研究需求，我们将高于经济景气一致指数均值的年份称为经济上行期间，反之为经济下行期间，具体变量的释义如表7-1所示，进行分组回归的结果如表7-7所示。表7-7列（1）、列（2）展示了宏观经济上行和下行期间的异质性分析。根据列（1）结果显示，在宏观经济上行期间，债务违约后，银行相机治理对企业韧性能力的影响系数为-0.162，且在1%的水平上通过显著性检验。这表示在宏观经济上行期间，债务违约后，银行相机治理对民营企业韧性能力产生抑制作用，并且相对于表7-6列（1）基准回归结果而言，宏观经济上行期间对企业韧性能力产生的抑制作用更大。而表7-7列（2）展示了宏观经济处于下行阶段时，债务违约后银行对企业韧性能力的影响系数为-0.005，其绝对值不仅远小于经济上行期间的银行相机治理系数的绝对值，而且该结果未通过统计上的显著性检验，表示在宏观经济下行期间，债务违约后银行相机治理对企业韧性能力不产生显著性影响。通过对比可知，宏观经济处于上行阶段的时候，银行干预对企业韧性能力的抑制作用较强。据此，我们作出的推测是，在宏观经济上行阶段，由于企业债务违约发生概率较低、事件发生较少，银行能够较好地保护自身权益，其相机治理作用也能够发挥作用，然而在宏观经济下行阶段，企业债务违约发生概率较高、事件较多时，由于一些大银行的国有控股背景，以及银行担负的社会责任等因素的作用下，银行相机治理难以发挥作用。

表7-7　　　　银行相机治理对民营企业韧性能力影响的异质性检验

变量	宏观经济波动		经济政策不确定性		契约制度水平	
	higcon = 1 (1)	higcon = 0 (2)	higepu = 1 (3)	higepu = 0 (4)	hmarinter = 1 (5)	hmarinter = 0 (6)
treat × post	-0.162** (-2.54)	-0.005 (-0.10)	-0.080 (-0.92)	-0.155** (-2.03)	-0.167** (-2.34)	-0.094 (-1.01)
size	0.109*** (3.47)	0.259*** (3.98)	0.157*** (4.87)	0.153*** (5.30)	0.169*** (6.63)	0.177*** (4.75)
roa	4.485*** (19.67)	5.020*** (11.00)	4.355*** (23.57)	5.070*** (20.44)	4.643*** (27.06)	5.590*** (15.03)

续表

变量	宏观经济波动		经济政策不确定性		契约制度水平	
	higcon = 1 (1)	higcon = 0 (2)	higepu = 1 (3)	higepu = 0 (4)	hmarinter = 1 (5)	hmarinter = 0 (6)
hhi	0.525 (0.97)	− 0.382 (− 0.32)	0.128 (0.61)	− 1.483 *** (− 2.77)	0.136 (0.56)	− 2.805 *** (− 3.31)
q	− 0.003 (− 0.44)	0.007 (0.38)	− 0.001 (− 0.44)	0.008 (1.32)	0.002 (0.47)	0.025 *** (2.80)
agelst	− 0.170 *** (− 2.88)	0.042 (1.01)	− 0.082 *** (− 3.28)	− 0.302 *** (− 12.09)	− 0.244 *** (− 10.01)	− 0.362 *** (− 8.81)
KZ	− 0.009 (− 0.94)	− 3.528 *** (− 6.25)	− 0.067 (− 0.77)	0.003 (0.30)	− 0.016 (− 0.79)	− 0.005 (− 0.17)
inst	0.001 (0.01)	0.068 (0.61)	0.299 *** (3.31)	0.103 (1.09)	0.143 ** (2.14)	0.219 ** (2.08)
debtebitda	− 0.003 * (− 1.69)	− 0.003 (− 0.70)	0.005 (0.20)	− 0.003 * (− 1.73)	− 0.008 *** (− 2.72)	− 0.001 (− 0.43)
_cons	− 2.396 *** (− 3.70)	0.671 (0.41)	− 2.991 *** (− 4.66)	− 2.699 *** (− 4.73)	− 3.136 *** (− 6.36)	− 3.168 *** (− 4.30)
年度效应	YES	YES	YES	YES	YES	YES
个体效应	YES	YES	YES	YES	YES	YES
N	14266	11137	13436	11967	18994	6409
R^2	0.332	0.310	0.362	0.324	0.316	0.385

注：括号内为 z 值；∗ 表示 10% 的显著性水平，∗∗ 表示 5% 的显著性水平，∗∗∗ 表示 1% 的显著性水平。

二、经济政策不确定性

目前我国正处于经济发展转型时期，即肩负着供给侧结构性改革、构建经济双循环、防控金融风险、区域协同发展等多项历史重任，在复杂的外部环境下，政府追求的目标不仅较多，而且一些目标还存在不一致性。经济政策不确定性会因为政府宏观调控政策在多目标间频繁切换而不断上升（孟庆斌等，2017）。当经济政策不确定性较高时，由于投资项目的不可逆性，减少投资的企业也相应会较多（Gulen et al. ，2016），并且环境不确定性也会增加企业债务违约的风险（张靖等，2018）。马续涛等

（2017）研究发现，经济政策不确定性也会显著增加商业银行的风险承担水平。那么在不同的经济政策不确定性水平下，银行相机治理的水平会进行何种程度的调整？

对于经济政策不确定性的度量，本书采用 Economic Policy Uncertainty（经济政策不确定性）网站公布的中国经济政策不确定性指数。由于公布的经济政策不确定性指数是月度数据，为此本书对月度数据取平均值后得出年度数据，之后将经济政策不确定性样本分为高于均值的部分和低于均值的部分进行分组回归，具体变量含义如表 7-1 所示。表 7-7 列（3）、列（4）展示了经济政策不确定性的异质性分析，具体而言，根据列（3）展示，经济政策不确定性较强的时候，债务违约后，银行相机治理对民营企业韧性能力的影响系数为 -0.080，但未通过显著性检验。而列（4）展示，经济政策不确定性较低的时候，债务违约后银行相机治理对民营企业韧性能力的影响系数为 -0.155，且在 5% 的水平上通过显著性检验。通过对比可知，在经济政策不确定性较低时，民营企业韧性能力受到银行相机治理影响的负面效果越强。为此我们推测，在经济政策不确定水平较低时，较好的外部条件便于银行保护自身权益，银行相机治理水平较高，民营企业韧性能力下降较大。

三、契约制度水平

契约制度对债务契约保护有一定程度的影响（Acemoglu et al.，2005）。由于公司投资机会增加能够影响公司股东资产替代行为，这会损害债权人的利益（江伟等，2005）。参考李俊青等（2017）、余明桂等（2013）的研究成果，我们采用王小鲁等（2019）提供的"市场中介组织的发育和法律制度环境"指数来衡量契约制度环境，对于中间缺失年份数据采用线性插值的方法进行补充。然后，我们根据年份契约制度均值，把高于均值的归为契约制度保护较好的省份，把低于均值的归为契约制度保护较弱的省份，然后进行分组检验，具体变量含义如表 7-1 所示。

表 7-7 列（5）、列（6）展示了契约制度的异质性结果。具体而言，根据列（5）结果可知，债权人保护越好的地区，债务违约后，银行相机

治理对民营企业韧性能力的影响越大。从中可以看到交乘项 treat × post 的估计系数值为 0.167，且在 5% 的水平通过显著性检验，表示契约保护较强的地区，银行相机治理下企业韧性能力下降 16.7%。这个系数大于表 7 - 6 列（1）基准回归中银行相机治理对企业韧性能力的平均影响效应，可知，契约保护制度强化了银行相机治理对民营企业韧性能力的抑制作用。列（6）展示了契约制度保护较弱地区银行相机治理对企业韧性能力的影响。银行相机治理，即 treat × post 的估计系数为 - 0.094，但未通过显著性水平检验。通过比较可知，相对于契约保护较强的地区，契约制度保护较弱地区的银行相机治理对民营企业韧性能力的影响较弱，且影响不显著，即金融契约保护制度强化了银行相机治理对民营企业韧性能力的抑制作用。对此可能的解释是，高的金融契约制度水平在某种程度上意味着对银行债务契约实行更严格的保护，债务违约以后银行相机治理会对企业的投资、财务政策等产生较大影响，进而保护银行自身权益（李俊青等，2017），这样银行对企业的相机治理强度越大，对民营企业韧性能力的影响程度也越大。

第六节　本章小结

本章以债务违约诉讼为契机，分析银行相机治理对民营企业韧性能力的影响及影响渠道，以及从债权人权益保护角度等宏观因素影响开展异质性分析，得出以下 3 个主要结论。

第一，债务违约后，银行相机治理对民营企业韧性能力产生显著的负面影响，即债务违约后，银行相机治理会造成民营企业韧性能力显著下降 14.1%。

第二，中介效应分析发现，银行相机治理主要通过提高企业管理水平和降低企业财务政策的激进程度两个渠道降低民营企业韧性能力。

第三，异质性检验发现，对于宏观经济波动影响而言，当经济处于上行期间，银行相机治理会显著抑制民营企业韧性能力，但当经济处于下行期间，银行相机治理对民营企业韧性能力影响不显著。对于经济政策不确定而言，相对于较高的经济政策不确定性水平，经济政策不确定性水平较低时，银行相机治理对民营企业韧性能力的抑制作用更大。对于地区契约制度水平影响而言，相对于契约制度水平较低的地区，契约制度水平较高的地区银行相机治理对民营企业韧性能力的抑制作用更大。

第八章
Chapter 08

研究结论与政策建议

第一节
研究结论

为了提升民营企业韧性水平，增强民营企业发展质量，本书结合组织韧性理论和债权人理论，在构建民营企业韧性评价体系的基础上，研究银行债权治理对民营企业韧性的影响，具体表现为：一是阐述了开展本研究的原因，即阐述民营企业韧性以及银行债权治理的研究背景、研究意义、研究框架和研究方法。二是开展文献研究综述以及构建本书理论基础，系统梳理不同学科视角的组织韧性研究成果、银行债权治理以及债权治理与民营企业经营管理互动影响的研究成果。在文献梳理的基础上，分析民营企业韧性内涵以及银行债权治理对民营企业韧性的作用机理。三是根据组织韧性内涵，对民营企业韧性过程、韧性能力和韧性结果3个维度分别进行界定和衡量。四是采用中国民营上市公司数据实证研究韧性过程对民营企业的银行授信筛选影响。五是以2015年资本市场震荡为例，探讨银行债权监督治理对民营企业韧性结果的影响。六是利用债务违约诉讼事件，分析银行债权相机治理对民营企业韧性能力的影响。得出以下7个主要结论。

第一，分别对民营企业韧性过程、韧性能力和韧性结果的内涵进行界定和衡量。对于民营企业韧性过程而言，其强调企业动态发展过程，包括预期阶段、响应阶段和适应阶段。预期阶段主要指不利情况或危机发生前的一段时间，在此阶段民营企业需要积极主动地预测潜在威胁、有效应对潜在意外事件并从这些事件中学习以提升企业的潜在韧性；响应阶段，主要指由于未来意外事件的不可完全预测性，企业还需有效地应对突发的意外状况；适应阶段主要指意外事件发生之后的阶段，它不仅指企业功能的恢复，更强调企业创新能力的发展，创新作为企业韧性动态能力的重要组成部分，能够使企业主动适应新的环境。本书在比较两个相邻时期民营上市公司销售收入增长率与该产业部门的增长率后，把不同时期的民营上市公司划分到其对应的韧性过程阶段。对于民营企业韧性结果而言，本书认为，其强调冲击发生时民营企业的韧性表现，并认为冲击发生时民营企业的稳定性和灵活性两个属性表现能反映民营企业的韧性结果。为此本书根据外部冲击发生时民营上市公司的股价损失程度和股价恢复时间来衡量民营上市公司的韧性结果。对于民营企业韧性能力而言，其强调对企业内部工作机制的洞察，它应包括抵御能力、恢复能力、再组织能力以及创新能力 4 个维度的能力。具体而言，抵御能力主要指企业吸收风险的能力，面对外部意外冲击时，民营企业能够维持自身基本结构和功能保持不变的能力；恢复能力指面对风险冲击时，民营企业在不改变自身内部结构和功能的前提下，依靠自身能力恢复到冲击之前的水平；再组织能力指民营企业为积极适应和转型发展而重构企业内部结构与功能的能力，即企业为了适应变化进而调整组织结构实现企业长期稳定发展；创新能力指民营企业为适应变化实施新的发展模式和路径而更新原有内部结构的能力，民营企业通过识别危机中的发展机遇，通过涅槃重生式创新，实现更高层次的发展。为此本书从企业的抵御能力、恢复能力、再组织能力以及创新能力 4 个维度来构建指标衡量民营企业韧性能力，并使用主成分分析法降维来构建民营企业韧性能力综合指标。此外，民营企业韧性过程、韧性结果和韧性能力是民营企业韧性在不同维度的界定，它们相互交织、相互影响。

第二，就韧性过程对民营企业银行授信筛选的影响而言，本书在构建民营企业韧性过程哑变量的基础上，采用固定效应面板模型、Tobit 模型等方法分析银行授信筛选对民营企业韧性过程的适应。总体来看，处在韧性过程不同阶段的民营上市公司银行授信筛选存在显著性差异。具体而言，银行对适应阶段企业授信最多，且价格最低，预期阶段企业次之，响应阶段企业拥有的最差。为了探究民营企业融资难、融资贵的问题能否在金融动态发展中得以缓解，本书探究了金融发展对韧性过程不同阶段民营企业的银行授信影响，发现银行的授信筛选受金融发展水平的影响。具体而言，适应阶段和预期阶段企业的银行授信筛选设计会随着金融发展水平的提高而更加宽松，响应阶段企业的银行授信筛选变动不显著。

第三，由于处于韧性过程不同阶段的民营企业，银行授信筛选存在差异，为探究外部环境对韧性过程不同阶段民营企业银行授信筛选的影响，本书考虑政府干预和金融科技对上述两者的关系存在潜在影响，为此引入调节效应模型检验发现，政府干预和金融科技分别对两者的关系存在异质性影响。具体而言，首先，就政府干预强度而言，研究发现对于金融发展水平低的地方，政府干预强度增大会促进银行对响应阶段民营企业的信贷支持；对于金融发展水平高的地方，政府干预强度减弱会促进预期阶段民营企业获得更多价格低的银行授信。其次，考虑金融科技的异质性后，研究发现对于金融发展水平高的地方，金融科技主要起到优化征信环境的作用，促进响应阶段民营企业的银行授信，降低适应阶段民营企业的银行授信价格；而对于金融发展水平低的地方，金融科技对预期阶段民营企业的银行授信起到了替代效应，即在一定程度上抑制了银行的授信。

第四，就银行债权监督治理对民营上市公司韧性结果的影响而言，本书以 2015 年股市震荡为契机，从稳定性和灵活性两个角度来衡量民营上市公司韧性结果，通过采用生存分析法的 Kaplan-Meier 法与 Cox 回归法、二次项分析、Heckman 两阶段法等方法，分析银行债权人监督对民营企业韧性结果的灵活性和稳定性的多元综合效应，研究发现，银行债权监督对民营企业韧性结果的稳定性影响呈倒"U"型关系，即企业损失程度随着银行监督强度的增加而增加，在到达极值点后，随着银行监督强度的增加而减小。并且，银行债权监督强度会削减民营企业韧性结果的灵活性，即随着银行信贷规模的扩大、短期借款比例的增大，会进一步削弱民营企业股价从冲击中恢复过来的概率。银行债权监督对民营企业韧性结果的影响表现为多元的综合效应。

第五，由于银行信贷监督对民营企业韧性结果稳定性和灵活性存在显著影响，考虑民营企业韧性结果的表现取决于多元化的背景因素，为探究风险冲击中民营企业异质性特征对银行债权监督治理的影响，尤其是企业层面的因素，为此本书采用分组回归方法从企业战略、企业知识资本、企业外部资源 3 个角度出发分别探讨民营企业异质性特征的影响。具体而言，对于企业战略而言，企业战略差异程度越低，银行债权监督对民营企业韧性结果的稳定性和灵活性抑制作用越强；对于企业知识库存水平而言，企业库存水平越低，银行债权监督对民营企业韧性结果的稳定性和灵活性抑制作用越强；对于企业拥有社会资源水平而言，企业社会资源水平越差，银行债权监督对民营企业韧性结果的稳定性和灵活性抑制作用越强。

第六，就银行相机治理对民营企业韧性能力的影响而言，由于债务违约涉及企业控制权的相机转移以及银行债权人的相机治理，本书以企业债务违约诉讼为契机开展研究，采用倾向值匹配方法为债务违约公司寻找匹配对象，并且匹配后检验发现协变量具有平行趋势。在此基础上，本书使用双重差分模型、反事实检验等分析银行相机治理对民营企业韧性能力的影响。研究发现债务违约后，银行相机治理对民营企业韧性能力产生显著的负向影响。为了探究银行相机治理究竟通过什么渠道降低企业韧性能力，本书采用中介效应模型研究分析发现，银行债权相机治理主要通过提高企业管理水平和降低企业财务政策的激进程度两个中介渠道来降低民营企业韧性能力。

第七，在发现银行相机治理能显著异质民营企业韧性能力的基础上，考虑到银行相机治理是企业债务违约后银行保护自身权益的需求，那么影响企业债务违约的宏观因素以及债权人权益保护制度水平等因素都可能会对银行相机治理的效果造成差异化影响，进而对民营企业韧性能力产生不同的影响效果。为了探究银行债权相机治理强度受外部宏观环境变动和债权人保护的影响，本书采用分组回归方法，对宏观经济波动、经济政策不确定性、地区契约制度水平进行检验。具体而言，对于宏观经济波动而言，研究发现，当经济处于上行期间，银行相机治理会显著抑制民营企业韧性能力，但当经济处于下行期间，银行相机治理对民营企业韧性能力影响不显著；对于经济政策不确定性而言，相对于较高的经济政策不确定性水平，经济政策不确定性水平较低时银行相机治理对民营企业韧性能力的抑制作用更大；对于契约制度水平的影响而言，研究发现相对于契约制度水平较低的地区，契约制度水平较高的地区银行相机治理对民营企业韧性能力的抑制作用更大。

第二节　政策建议

在银行债权治理对民营上市公司韧性影响的研究上，基于债权契约的不同阶段以及民营企业多维韧性的衡量基础上，本书发现银行债权治理通过影响公司治理水平、公司资金来源等对民营企业韧性建设产生了一定程度的不利影响。为了提升民营企业韧性使民营企业实现高质量发展，以及优化债权治理使银行在维护金融安全和更好服务实体经济目标间找到最佳平衡点，本书将从宏观层面、中观层面及微观层面分别提出以下策略建议。

一、宏观层面

（一）完善民营企业金融统计监测和发布制度

尽管民营上市公司的债权治理问题具有一定代表性，然而这对于普通民营企业来说并不完全具有普适性。为更好地发挥民营企业的债权治理功能，还需要进一步健全民营企业金融统计监测制度，定期发布民营企业金融统计数据，进而为完善民营企业治理提供数据支撑，积极发挥数据作为生产要素的作用。此外，还需要建立健全以民营企业为调查对象的融资状况调查统计制度，编制民营企业融资条件指数。明确划分统计指标类型，加强统计指标系统设计，统一相关部门的统计口径。加强民营企业结构化分析，提高统计监测分析水平。相关部门要切实引导和规范民营市场主体，按照《中华人民共和国统计法》和国家相关规定上报统计数据。探索利用大数据等手段开展民营企业运行监测分析，加强统计调查队伍建设。

完善《民营企业主要金融统计数据》手册，研究编制民营企业发展指数。

（二）健全民营企业信用制度

由于处于韧性预期阶段和相应阶段民营企业的银行授信不足，为了更好地支持民营企业发展，需要利用好政府和市场两种方式、两种资源，在政府与市场之间的良性互动可持续的前提下，逐步建立民营企业信用信息的收集、共享、查询机制，并依托全国信息信用共享平台整合相关数据。就具体措施而言，一是普及诚信教育，加强信用意识建设，在各类教育、培训和宣传工作中进一步增添诚信教育内容，教育引导民营企业培育以诚信为核心理念的企业精神。二是积极拓宽征信数据源，相关部门通过出台相关政策积极引导民营企业实现数字化转型和数据上链，一方面使民营企业经营流程得到规范，另一方面使企业财务信息电子化，通过信用信息系统的建设，为商业银行调查、评价民营企业的经营状况提供安全可信的依据。三是进一步健全民营企业的信用评级体系，加快建设以多维度大数据分析为基础的完备的评级系统，缓解商业银行与民营企业之间存在的信息不对称问题。通过提高民营企业信用评级的可信度，一方面使优质民营企业更便捷地获得融资，另一方面使劣质企业无所遁形，同时也降低了银行办理贷款业务的难度、成本和风险。四是在完善信用体系建设中创立"黑名单"和"白名单"管理机制。利用区块链等前沿数字技术将存在失信行为的企业纳入"黑名单"，将具有良好信用记录的企业纳入"白名单"。对"黑名单"上的企业进行更加严厉的监督和管制，对"白名单"上的企业给予一定程度上的奖励和表扬。同时要将相关信息及时公开，以便金融机构对民营企业作出便捷的贷前调查，对于不同名单上的企业采取不同的信贷政策。

（三）优化民营企业货币信贷政策，降低民营企业融资成本

综合运用结构性货币政策工具，使用适当宽松的货币政策，通过货币政策的传导机制，逐步引导商业银行增加对民营企业的信贷投放。与此同时，不断推动银行间同业拆借市场的发展，培育市场主体，以发挥利率的市场定价功能，逐步放开对市场的不合理限制，充分发挥市场在定价过程

中的主导作用，疏通利率传导渠道，确保贷款市场报价利率（LPR）有效传导至商业银行的贷款利率，实现利率传导渠道和信贷传导渠道互为补充的调控模式。此外，还要促进商业银行公开相关信贷信息，确保信贷利率和费用公开透明，完善不同市场信息的传递机制，促进不同层次利率间市场化传导链条的形成，从而使商业银行贷款更具针对性，促进民营企业贷款成本始终处于合理水平。

（四）强化民营企业金融差异化监管激励机制

鉴于银行债权治理对民营企业韧性影响的多元和复杂性，应健全商业银行监管服务民营企业的长效机制。考评商业银行，不仅要从民营企业授信服务以及贷款质量把控情况入手，还要综合考察动态风险冲击路径下的民营企业韧性能力、结果等的金融服务情况，引导银行业金融机构探索建立授信尽职免责负面清单制度，建立"敢贷、愿贷、能贷"长效机制。督促商业银行优化内部信贷资源配置和考核激励机制，提高动态服务民营企业韧性的考核权重，加大正向激励力度。单列民营企业信贷计划，改进贷款服务方式，鼓励金融机构对信用良好的民营企业给予融资优惠；规范使用失信"黑名单"管理制度措施，积极实施跨部门多层级失信联合惩戒，完善相机治理机制。建立健全民营企业贷款尽职免责和容错纠错机制，明确对基层机构和基层人员的尽职免责认定标准及免责条件，设立内部问责申诉通道。

（五）完善银行债权人治理的相关法律

为了使银行更好地服务民营企业韧性建设，政府可以进一步完善相关法律，允许银行开展多元化的治理手段，进而提高债权筛选标准的多元化、债权监督的应变性、债权相机治理功能的规范化，把强事后治理变为强过程治理。目前，银行债权人治理手段主要依据债务契约，在信息不对称的情境下，银行债权人为了保护自身利益，难以兼顾特定环境下的民营企业利益，如企业韧性建设。在我国银行体系的风险隔离机制日趋完善时，可在适当时机修改现行《中华人民共和国商业银行法》《中华人民共和国证券法》等有关内容，进一步发挥银行的强公司治理作用，例如，探索商业银行战略性持股，债权人参与公司董、监事会，约定债权人参与公司内部监督的条例等，强化债权人的知情权和参与度，这对提高民营企业韧性而言可能是一项较好的选择，并且这在国际上也是常用的手段。为此，应当推进市场化改革，把市场治理体系纳入考量范围，提升银行债权与其他市场治理主体互动的广泛性、深刻性，发挥银行债权与公司控制权市场机制间的互动治理效应，进而优化银行债权协同治理效应。由于推动市场化改革是持续改进公司治理结构、增强市场活力、建设现代化经济体系的首要任务，因此，银行需要在充分发挥自身信息优势和人才优势的基础上，切实加强体系内的互动以强化协同治理，从而最大程度上实现市场化改革的目标，释放经济主体的活力和创造力。

（六）对银行信贷配置制定差异化的干预政策

除了取消对于非国有企业的歧视性规定，促进市场的公平有序竞争，让市场成为资源配置的有效手段外，为解决市场难以调和的矛盾，政府对于民营企业韧性的培育要因地施策，尤其是对于金融发展水平参差不齐的地方。为提升民营企业韧性建设水平，政府应对银行信贷资源配置制定差异化的干预政策。整体来看，金融发展较好的地区，政府在积极发挥市场经济在资源配置的主体作用时，尤其要加大对适应阶段和部分响应阶段民营企业的银行信贷投入引导。对于处于韧性过程预期阶段的民营企业，可以在保证政府监管不缺位的情况下，适当减少不必要的政府干预，给商业银行和民营企业自由合作创造一个更加安全、可靠的有利环境，进而为民营企业发展提供更宽广、更和谐的发展空间。另外，政府也应坚决摒弃"一刀切"的政策，采用一地一策、一企一策的方针，对不同地区、不同行业的企业进行差异化管理，准确把握民营企业提升韧性的真实需求。在金融发展较弱的地区，地方政府在照顾到部分响应阶段民营企业融资需求的同时，加大对适应阶段和预期阶段民营企业的信贷投入引导，积极提高信贷资源配置效率。

（七）完善民营企业直接融资支持制度

目前，间接融资在我国民营企业融资领域依旧处于优势地位，间接融资依旧是民营企业获得资金支持的最重要手段。相对于银行信贷间接融资，发行债券等直接融资所涉及的环节少，相关程序较为简便，融资成本更低，并且公司债券的债权人风险承担能力和意识相对较强，普遍具有较高的风险容忍度。为此，完善民营企业发行债券等直接融资支持制度，逐步实现金融领域的供给侧结构性改革，促使企业融资方式多元化具有重要性和必要性。因此相关单位需要不断加强法治建设，健全支持民营经济发展的法治环境，提升风险防控能力，为民营企业提高直接融资比例提供制度支持。

（八）完善市场机制，充分发挥资本市场作用

面对民营企业中长期融资需求，银行可以积极运用信用风险缓释凭证等创新型金融工具，支持民营企业更好地开展发债直接融资，帮助企业解决融资难、融资贵的问题。鼓励其他金融机构以多种方式参与民企融资，如投资企业股权、债权基金、资产支持计划等。一方面可以更好地发挥银行债权治理的协同效应，另一方面可以为民营企业提供资金支持。另外，进一步完善多层次资本市场建设，持续推动投贷联动、科技信贷、科技保险等业务发展，为提升民营企业韧性提供更加全面、更多元化的金融服务，助力金融更好地支持实体经济。

二、中观层面

（一）因地制宜精准提供金融产品和服务

对于生产经营严重受困的民营企业，银行要严格落实"不抽贷、不断贷、不压贷"以及征信保护措施，支持企业快速恢复生产经营；对于由于营收下降而暂遇流动资金困难的企业，可以提供无还本续贷业务支持；对于"1＋N"场景中的上下游小微企业，银行可与各类平台、核心企业等密切合作，共议民营小微企业帮扶方案等。总之，针对重点领域和薄弱环节提供个性化、差异化、定制化精准服务。

（二）充分利用金融科技手段开展融资赋能

根据现有研究，伴随着信息技术、大数据和云计算等新技术的兴起，

金融科技对于优化金融生态环境起着积极的促进作用，在民营企业改革发展的大背景下，金融科技有助于降低市场中的信息不对称问题，进而降低交易成本，增强韧性过程不同阶段民营企业金融服务的可得性，另外，金融科技驱动的普惠金融体系具有更强的客户触达能力以及地理穿透性等优势，对传统银行信贷服务也是一种有效的补充。为此，要进一步发展金融科技，强化科技赋能数字化建设，提高金融发展水平。

此外，在金融智能化转型趋势下，各类金融机构要继续拓展线上服务渠道和服务能力，助力金融服务模式和效能转型升级。通过对科技手段、数字技术的深度运用，促进金融更好地服务民营企业韧性。继续完善"全客户、全产品、全渠道"的服务体系，精准识别民营企业韧性建设偏好，关注弱势民营企业主体需求，综合应用数字技术，将个性化服务嵌入各类合作场景，满足民营企业韧性建设中的多元化金融需求。

（三）创新金融产品和服务

一般小型民营企业没有足够的不动产，银行要减轻对抵押担保的过度依赖，根据民营企业的各种权益和生产经营特点创新金融产品。一方面，银行可以开发民营企业权益等动产质押贷款产品，如根据民营企业存货、应收账款、知识产权等权益，开办以这些动产为质押的金融产品，进而实现产品的灵活性和适应性；另一方面，银行可以多与企业服务平台合作，开发纯信用贷款，如鼓励银行与"天猫""淘宝"等网络平台小微企业对接，根据企业平台信用、销售流水等提供纯信用"无接触贷款"。

此外，积极发挥保险公司的社会"稳定器"和经济"助推器"功能，利用自身的投资和险种创新优势，介入支持民营企业健康发展和改革创新。鼓励保险机构为有需求的民营企业提供纯信用保证保险、质押贷款保证保险等产品，助力民营企业融资增信；为从事进出口贸易的民营企业提供出口信用保险和关税保证保险等保险产品，保障企业经营安全，提高经营效率；持续研发和推广科技保险、专利保险、知识产权保险等产品，支持科创型民营企业进行技术创新。

（四）创新现代银行业发展，支持民营企业韧性服务水平

银行业要坚持构建中长期的银企关系的理念，增强对民营企业韧性建

设的服务水平。为缓解民营企业融资难、融资贵等问题，银行要做长线投资，积极发挥银行的治理约束作用，使银行变被动参与为主动参与，兼顾公司治理改善和民营企业韧性增强。同时，监管部门要进一步提高银行风险容忍度，精准施策，鼓励创新。对于一般性意外事件造成的部分企业逾期贷款，银行也可以实施在一定延缓期内还款不计入不良贷款，允许银行在特定条件下提高不良贷款的容忍度。对于不可抗力因素造成企业不能还款，银行可对经办人员和相关管理人员落实尽职免责要求。

目前，银行对于授信中的企业监督存在的滞后性和短期性，给银行的不良贷款带来很大的压力，为此建议银行：一是运用大数据技术监督贷款公司经营情况，保证银行资产的安全性。大数据技术可以凭借极低的成本获取大量信息资源，商业银行使用大数据技术进而以最小的代价获得借款公司的经营情况以及贷款资金的具体流向，从而提高银行资产的安全性。二是发展互联网金融业务。互联网金融业务具有吸纳长尾市场用户的天然优势，在竞争日趋激烈的金融市场，中小民营企业等长尾市场的作用也愈加凸显，因此发展互联网金融业务也是当下商业银行必须重视的任务。三是加强与民营企业客户之间的合作，同时改变一些岗位的工作流程。银行必须了解民营企业的实际经营情况，可采用供应链金融的方式进一步密切产业链条上各个环节客户的基本情况，减少企业的机会主义行为，提高银行风险管理的有效性。

（五）支持银企服务对接的第三方机构发展

为更好地降低银企信息不对称，提升银行债权监督质量，推动民营企业韧性建设，应充分发挥第三方服务机构的作用。一是充分发挥国家融资担保基金以及政府性融资担保机构对民营企业融资支持的作用。鼓励银行业金融机构加大与担保机构的合作，通过合理确定担保贷款风险权重和风险分担比例，提升民营企业融资可获得性。为此，融资担保机构要积极落实国家民营企业融资担保降费奖补政策，进一步完善风险补偿机制和绩效考核激励机制。进而扩大民营企业尤其是民营中小微企业融资担保业务规模、降低担保费率水平。二是进一步发挥国家产融合作平台、全国中小企业融资综合信用服务平台等服务平台的作用。充分运用新一代信息技术，整合线上、线下服务资源，通过整合企业信用信息，支持银行开展投贷联动、政银企联动等信贷模式，为民营企业提供精准、有效的金融支持，进而形成一批可推广的数字服务模式。

三、微观层面

（一）加强民营企业战略建设

加强民营企业战略建设，增强民营企业韧性。企业战略反映了企业与社会环境相互作用的行动规划。根据研究，民营企业战略差异程度较高时，能较好地化解风险，有助于企业韧性结果的稳定性和灵活性的实现。面对快速多变的企业经营环境，企业韧性要求企业战略与外部变化保持同步节奏。为此，民营企业在战略上要积极建立稳定的商业生态系统，在提高企业竞争力的同时，增强企业的抗风险能力。

随着数字经济的发展，要加快民营企业数字战略建设，为金融介入打造便利条件。数字化加速了金融与产业链的跨界融合，推动了企业组织结构和商业模式的变革重塑。数字金融助力整合共享各参与方的信息，实现融资链上下各环节的信息互通和透明化。民营企业需要加快实现数字化转型，以数字化带动企业生产方式、管理模式和组织架构升级，降低企业经营成本和融资成本，纾解外部冲击带来的影响。一是建立健全民营企业数字化转型体制机制和基础设施，从法律法规、技术创新和信息安全等多角度规划民营企业的数字化转型。二是优先培育一批数字化转型领先企业，充分发挥其示范引领作用，以点带面，快速实现民营企业的全面数字化转型。三是优化数字化人才培养体系。健全民营企业创新人才引进机制，完善引进人才的配套措施，支持校企人才联合培养，培养民营企业数字化转型领域的专业人才。

（二）提升民营企业知识库存

民营企业需要提升知识库存水平，增强民营企业韧性。企业知识资本越丰富，其对风险的认知水平和风险的应对水平越高，企业的韧性水平也会越高。根据研究，民营企业知识库存水平越高，风险冲击对企业韧性结果的稳定性和灵活性的影响便越会得到削弱。为此，民营企业要加大知识资本建设，在提升组织绩效的同时增强企业的韧性水平。

企业知识库存除了经营管理上的内容以外，还需要积累对韧性管理的知识库存。为此，企业应建立民营企业韧性指标体系，合理评价企业自身的韧性水平，以便能够及时发现和调整其应对冲击过程的"短板"，并给予合理的对策支持。相关研究指出，企业不同的财务指标在外部风险冲击之下对于企业韧性有着不同程度的强化作用，经营性现金净流量比率、现金比率等流动性指标对企业韧性作用最强，其次是流动比率、清偿比率、资产负债率等偿债能力指标，其后则是企业盈利指标。可以在此基础上构建中小企业韧性指标体系，将不同的财务指标赋予不同的权重，合理评价企业的韧性，及时更新数据，实时监控中小企业韧性的情况。

（三）拓宽民营企业社会资源

民营企业需要积极扩充其社会资源。社会资源是企业韧性的重要来源，雄厚的社会资本可以给企业提供信息共享、资源交换等利益。根据研究，风险冲击下，民营企业社会资本较雄厚时，能有效缓解风险冲击对企业韧性结果稳定性和灵活性的负面影响。因此，为了增强民营企业的抗风险能力和恢复能力，民营企业需要积极开拓社会资源尤其是政治资源，增强民营企业韧性。

对于风险冲击应对，企业社会资源应用在很大程度上体现在企业财务韧性上。为了能够灵活应对外部环境冲击，适应新的市场结构，创造更多的经济效益，民营企业需要良好的现金流控制和管理能力，建立良好的财务韧性，以增强其抵御风险的能力。一是引导民营企业建立起以现金流计划为核心的现金流管理体系，包括投融资现金计划和经营现金计划。针对企业的经营特点和实际情况，建立健全现金流管理控制的指标评价体系。二是加强对企业经营项目和融资项目中的现金流的过程控制。依托信息技术对产生现金流的每个环节进行实时监控，设置严谨的审核流程，通过考核与收益质量分析，确保现金稳定性，最终实现效益最大化。三是拓宽企业现金流管理内容。实时监测、分析经营活动和投融资活动过程中与现金流相关的因素，将其中与企业盈利水平相关的因素纳入现金流管理中，及时掌握现金流动态，保证企业流动性充足，提高民营企业的财务韧性。

（四）培育管理者韧性

作为企业的负责人和决策人，企业管理者的个人特质对企业的经营活动和战略选择有着巨大的影响。因此，政府相关部门应着力培养最适宜孕育企业管理者抗逆力、复原力和超越力的肥沃"土壤"。

一是打造良好的政策环境，特别注重要优化政策的宣传和解读方式，帮助企业管理者全面充分地了解政府出台的有关政策，使管理者在面对不确定的外部环境时，不会轻易受到影响，能够有信心、有勇气面对困境，并能从困境中敏锐地捕捉到政府政策信号，及时把握市场信号，实现快速反弹恢复。二是营造公平公正的营商环境，保障民营企业能平等地参与市场竞争。进一步厘清政府和市场的边界，规范政府行为，构建政企沟通长效机制，帮助企业管理者在企业受到外部冲击时，能够准确预测和把握未来的发展趋势，适时作出战略调整应对冲击，带领企业快速复工复产。三是政府相关部门应着力增强政策引导，打造良好的创新环境。建立和完善相应的制度，如完善知识产权保护制度、税收优惠政策等，激励民营企业创新发展，释放企业管理者创新潜能，使企业管理者可以有效发挥自身的敏锐性，准确识别市场环境的变化，并及时作出科学决策，实现企业在不确定环境中的反超越。

（五）优化现行破产程序

当公司出现严重的财务问题时，往往会选择进行破产清算，在破产清算中债权人的权益往往难以得到很好的保障。为此在破产执行时，应适当减少企业上级部门之间的破产干预，并在破产清算中对债权人合法权益进行清晰明确的界定，必要时商业银行可以将专业人员进驻到企业的经营管理中，从而实时监控资金去向，确保不会出现不必要的资金损失；另外，当企业进入清算重组阶段时，商业银行可以派驻清算工作人员参与监督，使破产清算的过程更加可控与透明。

（六）赋予银行董事会权力

民营企业中的董事会作为民营企业的高级管理层，董事会的决议对于企业的发展具有重要意义。为了更好地解决银行与企业之间存在的信息不对称问题，降低银企之间的代理成本，就需要银行能够深入企业监督管理层，对一些投资项目有全面的了解。目前来看，在我国大部分企业中，很少有银行以股东的身份参与公司董事会，为此可以推广银行专业人员入驻企业董事会，这样不仅能够为企业的经营管理提供基于金融视角下更专业的见解，还能利用债权关系对企业经理人行为达到一个良好的监督作用。因此，可以创新尝试赋予银行董事会权力来保障债权人权益。

第三节
研究不足与未来展望

作为经济学和管理学的交叉研究，由于笔者学识水平和能力受限，本书仍存在一些不足，未来还需作做一步的研究。

一是样本受限的影响。首先，在研究银行授信筛选方面，本书研究对象选择了民营上市公司。然而，相对于非上市民营企业尤其是中小民营企业而言，民营上市公司可以开展直接融资，其间接融资需求可能不是很旺盛。而融资意愿强、融资更难的非上市民营中小企业的数据却难以获得，这可能会影响研究结果的应用范围。其次，在研究银行债权监督治理的影响时，由于企业韧性结果使用日度数据和月度数据来反映，而获得的企业财务数据等不能详细到月份，为此使用年度数据来反映银行债权监督变量，这会出现财务类指标等数据类型与企业韧性结果指标的期限不匹配，影响分析结果的精准性。

二是民营企业韧性指标构建。首先，对于民营企业韧性能力而言，韧性能力主要洞察企业韧性某方面的特定能力，其更多属于组织管理范畴。相对于问卷调查法，尽管面板数据能够反映出企业动态能力的演化过程，然而受限于数据指标类型，使用公司财务、治理、创新等方面的结果类数据来反映企业韧性能力，创新度可能不够，未来可在此进行突破和创新。其次，对于民营企业韧性结果而言，未来可以尝试使用较长的时间跨度，如使用10年或20年的时间跨度，根据民营企业生存表现来研究民营企业韧性结果。

三是在研究债权监督对民营企业韧性结果的影响时，本书以 2015 年股市震荡的金融侧冲击为例，未来可以研究不同冲击类型对企业韧性结果的影响，如供应链中断冲击等。

四是银行相机治理手段的研究。由于银行相机治理方式具有多样性，如债务重组、资产重组、市场化债转股等，未来的研究可以针对不同的债权相机治理手段来开展研究，得到更加具体的研究结论。

参 考 文 献

［1］白俊、连立帅：《信贷资金配置差异：所有制歧视抑或禀赋差异?》，载于《管理世界》2012 年第 6 期。

［2］陈德球、刘经纬、董志勇：《社会破产成本、企业债务违约与信贷资金配置效率》，载于《金融研究》2013 年第 11 期。

［3］陈耿、周军、王志：《债权融资结构与公司治理：理论与实证分析》，载于《财贸研究》2003 年第 2 期。

［4］邓建平、曾勇：《金融关联能否缓解民营企业的融资约束》，载于《金融研究》2011 年第 8 期。

［5］邓莉、张宗益、李宏胜、刘伟：《银行在公司控制权市场中的作用研究——来自中国上市公司的证据》，载于《金融研究》2008 年第 1 期。

［6］邓路、刘瑞琪、廖明情：《宏观环境、所有制与公司超额银行借款》，载于《管理世界》2016 年第 9 期。

［7］杜颖洁、曾泉：《政治联系、银行关系与银行借款：基于民营上市公司的经验证据》，中国会计学会学术年会会议论文，2011 年 7 月。

［8］樊雪梅、卢梦媛：《新冠疫情下汽车企业供应链韧性影响因素及评价》，载于《工业技术经济》2020 年第 10 期。

［9］方军雄：《所有制、制度环境与信贷资金配置》，载于《经济研究》2007 年第 12 期。

［10］方昕、张柏杨：《小微企业正规融资效果研究——基于匹配模型的估计》，载于《金融研究》2020 年第 9 期。

［11］龚德华、王宗军：《基于 AHP 方法的民营企业短寿原因分析及对策》，载于《科技进步与对策》2015 年第 4 期。

［12］关培兰、罗东霞:《女性创业者积极心理资本与创业发展》,载于《经济管理》2009 年第 8 期。

［13］何融、刘少波:《破产威胁视角的债权治理与大股东掏空抑制》,载于《产经评论》2018 年第 5 期。

［14］胡海峰、宋肖肖、郭兴方:《投资者保护制度与企业韧性:影响及其作用机制》,载于《经济管理》2020 年第 11 期。

［15］胡旭阳、孟顺杰:《市场深化弱化了民营企业政治关系的作用吗?——来自民营上市公司政治关系贷款效应的经验证据》,载于《财经论丛》2019 年第 11 期。

［16］胡奕明、周伟:《债权人监督:贷款政策与企业财务状况——来自上市公司的一项经验研究》,载于《金融研究》2006 年第 4 期。

［17］黄轲、朱莹:《银行信贷歧视是政府干预的结果吗——来自改革进程中的经验证据》,载于《当代财经》2020 年第 3 期。

［18］黄志雄:《银行授信、治理效应与资信再认定》,载于《现代财经（天津财经大学学报)》2017 年第 7 期。

［19］惠祥、李秉祥、李明敏:《经理层管理防御、股权激励与企业外源融资结构》,载于《商业研究》2017 年第 8 期。

［20］姜付秀、黄继承:《经理激励、负债与企业价值》,载于《经济研究》2011 年第 5 期。

［21］姜帅帅、刘慧:《危机冲击下全球价值链嵌入对企业出口韧性的"双刃剑"效应》,载于《国际商务（对外经济贸易大学学报)》2021 年第 1 期。

［22］兰艳泽:《中国国有控股上市公司债券治理功效研究》,中国社会科学出版社 2006 年版。

［23］李斌、江伟:《金融发展、融资约束与企业成长》,载于《南开经济研究》2006 年第 3 期。

［24］李广子、刘力:《债务融资成本与民营信贷歧视》,载于《金融研究》2009 年第 12 期。

［25］李敏才、刘峰:《社会资本、产权性质与上市资格——来自中小板 IPO 的实证证据》,载于《管理世界》2012 年第 11 期。

［26］李欣：《家族企业的绩效优势从何而来？——基于长期导向韧性的探索》，载于《经济管理》2018 年第 5 期。

［27］李延喜、陈克兢：《终极控制人、外部治理环境与盈余管理——基于系统广义矩估计的动态面板数据分析》，载于《管理科学学报》2014 年第 9 期。

［28］李云鹤、李湛、唐松莲：《企业生命周期、公司治理与公司资本配置效率》，载于《南开管理评论》2011 年第 3 期。

［29］连军、吴霞、刘星：《货币政策、财务冗余与企业 R&D 投资》，载于《贵州社会科学》2018 年第 6 期。

［30］林炳华、陈琳：《公司如何获得银行授信——基于公司财务和公司治理的视角》，载于《经济管理》2015 年第 10 期。

［31］刘浩、唐松、楼俊：《独立董事：监督还是咨询？——银行背景独立董事对企业信贷融资影响研究》，载于《管理世界》2012 年第 1 期。

［32］刘慧、张俊瑞、周键：《诉讼风险、法律环境与企业债务融资成本》，载于《南开管理评论》2016 年第 5 期。

［33］刘井建、焦怀东、南晓莉：《高管薪酬激励对公司债务期限的影响机理研究》，载于《科研管理》2015 年第 8 期。

［34］刘军、王旭、张东潇：《企业动态技术创新能力与债权人治理极限——来自高科技上市公司的经验证据》，载于《宏观经济研究》2015 年第 8 期。

［35］刘林平：《企业的社会资本：概念反思和测量途径——兼评边燕杰、丘海雄的〈企业的社会资本及其功效〉》，载于《社会学研究》2006 年第 2 期。

［36］罗党论、唐清泉：《政治关系、社会资本与政策资源获取：来自中国民营上市公司的经验证据》，载于《世界经济》2009 年第 7 期。

［37］罗党论、应千伟、常亮：《银行授信、产权与企业过度投资：中国上市公司的经验证据》，载于《世界经济》2012 年第 3 期。

［38］罗付岩：《银行关联对企业并购决策及并购市场绩效的影响研究》，西南交通大学学位论文，2015 年。

［39］罗韵轩：《基于契约理论的公司债务融资治理效应研究》，武汉

大学学位论文，2009 年。

[40] 马君潞、周军、李泽广：《双重代理成本与债务治理机制的有效性——来自我国上市公司的证据（1998～2006）》，载于《当代经济科学》2008 年第 3 期。

[41] 聂新伟：《刚性兑付、债务展期与债务违约——兼论市场与政府在信贷资源配置中的作用》，载于《财经问题研究》2017 年第 1 期。

[42] 乔朋华、张悦、许为宾、石琳娜：《管理者心理韧性、战略变革与企业成长——基于香港交易所中资上市公司的实证研究》，载于《管理评论》2021 年第 1 期。

[43] 任碧云、杨克成：《引入金融背景高管人员与企业资本结构调整——基于民营上市公司的证据》，载于《财经理论与实践》2020 年第 3 期。

[44] 沙叶舟、唐伟霞、李实：《外部冲击与中国上市公司韧性——来自"中国制造 2025"企业的事件研究证据》，载于《福建论坛（人文社会科学版）》2020 年第 12 期。

[45] 邵国良、任梦、王满四：《银行债权监督与公司外部治理：研究综述》，载于《中国集体经济》2014 年第 15 期。

[46] 沈红波、曹军、高新梓：《银行业竞争、债权人监督与盈余稳健性》，载于《财贸经济》2011 年第 9 期。

[47] 宋淑琴、孙志超：《金融生态环境、债务重组与非效率投资》，载于《财经问题研究》2019 年第 8 期。

[48] 苏灵、王永海、余明桂：《董事的银行背景、企业特征与债务融资》，载于《管理世界》2011 年第 10 期。

[49] 孙巍、董文宇、宋南：《外生冲击、融资模式选择与制造业升级——兼论经贸摩擦和新冠肺炎疫情下的金融供给侧改革》，载于《上海财经大学学报》2020 年第 4 期。

[50] 谭劲松、简宇寅、陈颖：《政府干预与不良贷款——以某国有商业银行 1988～2005 年的数据为例》，载于《管理世界》2012 年第 7 期。

[51] 谭燕、蒋华林、吴静、施赟：《企业生命周期、财务资助与银行贷款——基于 A 股民营上市公司的经验证据》，载于《会计研究》2018 年第 5 期。

[52] 汤敏、李仕明、刘斌：《突发灾害背景下组织韧性及其演化——东方汽轮机有限公司应对"5·12"汶川地震与恢复重建的案例研究》，载于《技术经济》2019年第1期。

[53] 王林、杨勇、王琳、赵杨：《管理者韧性对企业——员工共同感知的影响机制研究》，载于《管理学报》2019年第6期。

[54] 王满四：《负债融资的公司治理效应及其机制研究》，浙江大学学位论文，2003年。

[55] 王满四、徐朝辉：《银行债权治理与公司内部治理间的互动效应研究——基于管理层代理成本的实证分析》，载于《中国软科学》2017年第12期。

[56] 王维、宋芳菲、乔朋华：《企业家心理韧性对企业成长的影响——探索式创新与社会连带的中介调节作用》，载于《科技进步与对策》2021年第3期。

[57] 王雄元、刘焱、全怡：《产品市场竞争、信息透明度与公司价值——来自2005年深市上市公司的经验数据》，载于《财贸经济》2009年第10期。

[58] 王旭：《中国上市公司债权人治理机制及效应研究》，山东大学学位论文，2013年。

[59] 王勇、蔡娟：《企业组织韧性量表发展及其信效度验证》，载于《统计与决策》2019年第5期。

[60] 魏志华、王贞洁、吴育辉、李常青：《金融生态环境、审计意见与债务融资成本》，载于《审计研究》2012年第3期。

[61] 夏传文、兰茜茜、曾杰雄：《债务资本对公司治理的影响机理研究》，载于《湖南财政经济学院学报》2018年第6期。

[62] 肖作平、刘辰嫣：《两权分离、金融发展与公司债券限制性条款——来自中国上市公司的经验证据》，载于《证券市场导报》2018年第12期。

[63] 许浩然、荆然：《社会关系网络与公司债务违约——基于中国A股上市公司的经验证据》，载于《财贸经济》2016年第8期。

[64] 杨国超、李晓溪、龚强：《长痛还是短痛？——金融危机期间经济刺激政策的长短期效应研究》，载于《经济学（季刊）》2020年第3期。

［65］ 杨棉之、张中瑞：《上市公司债权治理对公司绩效影响的实证研究》，载于《经济问题》2011 年第 3 期。

［66］ 于鹏、闫洁冰：《银行背景独立董事监督上市公司了吗？——企业债务融资视角》，载于《财经论丛》2020 年第 5 期。

［67］ 曾冰：《金融危机背景下我国省域经济韧性的影响因素研究》，载于《金融理论与教学》2018 年第 4 期。

［68］ 曾宏、王后华、汪莹莹：《债务融资行为对产品市场竞争的影响——内部资本市场作用下的分析》，载于《系统工程》2008 年第 5 期。

［69］ 翟胜宝、张胜、谢露、郑洁：《银行关联与企业风险——基于我国上市公司的经验证据》，载于《管理世界》2014 年第 4 期。

［70］ 张宝建、裴梦丹：《企业韧性战略的双重选择——基于可持续创新理论》，载于《现代经济探讨》2020 年第 9 期。

［71］ 张靖、肖翔、李晓月：《环境不确定性、企业社会责任与债务违约风险——基于中国 A 股上市公司的经验研究》，载于《经济经纬》2018 年第 5 期。

［72］ 张先锋、刘婷婷、吴飞飞：《高行政层级城市能否延长企业存续期》，载于《财贸研究》2020 年第 1 期。

［73］ 张晓玲：《政治关联债务契约有效性分析》，西南财经大学学位论文，2012 年。

［74］ 张秀娥、滕欣宇：《组织韧性内涵、维度及测量》，载于《科技进步与对策》2021 年第 1 期。

［75］ 赵建华、宋金、夏越冰、陈艳青、王雨鹏、慎少东：《货币政策、金融发展水平与债务融资成本》，载于《投资研究》2020 年第 4 期。

［76］ 赵玉珍：《中国上市公司债务治理绩效的实证研究》，内蒙古农业大学学位论文，2012 年。

［77］ 周元春、李珊珊、石奇、那仁图亚：《信贷诉讼中商业银行的债权保护——基于 887 份司法判决书的实证研究》，载于《金融论坛》2021 年第 1 期。

［78］ 诸彦含、赵玉兰、周意勇、吴江：《组织中的韧性：基于心理路径和系统路径的保护性资源建构》，载于《心理科学进展》2019 年第 2 期。

[79] 祝继高、陆岿、岳衡:《银行关联董事能有效发挥监督职能吗?——基于产业政策的分析视角》,载于《管理世界》2015 年第 7 期。

[80] Acar W. and Winfrey F. L., The Resilient Organization: Sustaining Organizational Renewal and Performance. *Journal of Strategic Change*, Vol. 3, No. 3, 1994, pp. 165 – 173.

[81] Acquaah M., Amoako-Gyampah K. and Jayaram J., Resilience in Family and Nonfamily Firms: An Examination of the Relationships between Manufacturing Strategy, Competitive Strategy and Firm Performance. *International Journal of Production Research*, Vol. 49, 2011, pp. 5527 – 5544.

[82] Aghion P. and Bolton P., An Incomplete Contracts Approach to Financial Contracting. *The Review of Economic Studies*, Vol. 59, No. 3, 1992, pp. 473 – 494.

[83] Akgün A. E. and Keskin H., Organisational Resilience Capacity and Firm Product Innovativeness and Performance. *International Journal of Production Research*, Vol. 52, No. 23, 2014, pp. 6918 – 6937.

[84] Amann B. and Jaussaud J., Family and Non-Family Business Resilience in an Economic Downturn. *Asia Pacific Business Review*, Vol. 18, 2012, pp. 203 – 223.

[85] Ates A. and Bititci U., Change Process: A Key Enabler for Building Resilient SMEs. *International Journal of Production Research*, Vol. 49, No. 18, 2011, pp. 5601 – 5618.

[86] Azevedo S. G., Govindan K., Carvalho H., et al., Ecosilient Index to Assess the Green-Ness and Resilience of the Upstream Automotive Supply Chain. *Journal of Clean Production*, Vol. 56, No. 10, 2013, pp. 131 – 146.

[87] Bechky B. A. and Okhuysen G. A., Expecting the Unexpected? How SWAT Officers and Film Crews Handle Surprises. *Academy of Management Journal*, Vol. 54, No. 2, 2011, pp. 239 – 261.

[88] Bhamra R., Dani S. and Burnard K., Resilience: The Concept, a Literature Review and Future Directions. *International Journal of Production Research*, Vol. 49, 2011, pp. 5375 – 5393.

［89］ Bingham C. B. and Davis J. P. , How Do Capabilities Emerge and Why Do Some Firms Develop Them While Others Do Not? *Academy of Management Annual Meeting Proceeding*, Vol. 1, 2007, pp. 1 – 6.

［90］ Blackwell D. W. , Noland T. R. and Winters D. B. , The Value of Auditor Assurance: Evidence from Loan Pricing. *Journal of Accountingresearch*, Vol. 36, 1998, pp. 57 – 70.

［91］ Boone C. A. , Craighead C. W. , Hanna J. B. , et al. , Implementation of a System Approach for Enhanced Supply Chain Continuity and Resiliency: A Longitudinal Study. *Journal of Business Logistics*, Vol. 34, No. 3, 2013, pp. 222 – 235.

［92］ Brand F. S. and Jax K. , Focusing the Meaning (s) of Resilience: Resilience as a Descriptive Concept and a Boundary Object. *Ecology and Society*, Vol. 12, No. 1, 2007, pp. 458 – 489.

［93］ Burnard K. and Bhamra R. , Organisational Resilience: Development of a Conceptual Framework for Organisational Responses. *International Journal of Production Research*, Vol. 49, No. 18, 2011, pp. 5581 – 5599.

［94］ Carmeli A. and Markman G. D. , Capture, Governance, and Resilience: Strategy Implications from the History of Rome. *Strategic Management Journal*, Vol. 32, No. 3, 2011, pp. 322 – 341.

［95］ Carvalho A. , Ribeiro I. , Cirani C. , et al. , Organizational Resilience: A Comparative Study between Innovative and Non – Innovative Companies Based on the Financial Performance Analysis. *International Journal of Innovation*, Vol. 4, No. 1, 2016, pp. 58 – 69.

［96］ Chava S. and Roberts M. R. , How Does Financing Impact Investment? The Role of Debt Covenants. *The Journal of Finance*, Vol. 63, No. 5, 2008, pp. 2085 – 2121.

［97］ Clement V. and Rivera J. , From Adaptation to Transformation: An Extended Research Agenda for Organizational Resilience to Adversity in the Natural Environment. *Organization & Environment*, Vol. 30, 2017, pp. 346 – 365.

［98］ Crichton M. T. , Ramsay C. G. and Kelly T. , Enhancing Organizational Resilience through Emergency Planning: Learnings from Cross – Sectoral Lessons. *Journal of Contingencies and Crisis Management*, Vol. 17, No. 1, 2010, pp. 24 – 37.

[99] Danes S. M. , Lee J. and Amarapurkar S. , Determinants of Family Business Resilience after a Natural Disaster by Gender of Business Owner. *Journal of Developmental Entrepreneurship*, Vol. 14, No. 4, 2010, pp. 333 – 354.

[100] Demmer W. A. , Vickery S. K. and Calantone R. , Engendering Resilience in Small-and Medium-Sized Enterprises (SMEs): A Case Study of Demmer Corporation. *International Journal of Production Research*, Vol. 49, No. 18, 2011, pp. 5395 – 5413.

[101] Desjardine M. , Bansal P. and Yang Y. , Bouncing Back: Building Resilience through Social and Environmental Practices in the Context of the 2008 Global Financial Crisis. *Journal of Management*, Vol. 45, No. 4, 2019, pp. 1434 – 1460.

[102] Dewald J. and Bowen F. , Storm Clouds and Silver Linings: Responding to Disruptive Innovations through Cognitive Resilience. *Entrepreneurship Theory Practice*, Vol. 34, No. 1, 2010, pp. 197 – 218.

[103] Diamond D. W. , Financial Intermediation and Delegated Monitoring. *Review of Economic Studies*, Vol. 3, 1984, pp. 393 – 414.

[104] Dormady N. , Roa-Henriquez A. and Rose A. , Economic Resilience of the Firm: A Production Theory Approach. *International Journal of Production Economics*, Vol. 208, 2019, pp. 446 – 460.

[105] Duchek S. , Organizational Resilience: A Capability-based Conceptualization. *Business Research*, Vol. 13, No. 1, 2020, pp. 215 – 246.

[106] Farjoun M. , Beyond Dualism: Stability and Change as a Duality. *Academy of Management Review*, Vol. 35, 2010, pp. 202 – 225.

[107] French S. L. and Holden T. Q. , Positive Organizational Behavior: A Buffer for Bad News. *Business Communication Quarterly*, Vol. 75, No. 2, 2012, pp. 208 – 220.

[108] Gittell J. H. , Cameron K. , Lim S. and Rivas V. , Relationships,

Layoffs, and Organizational Resilience: Airline Industry Responses to September 11. *The Journal of Applied Behavioral Science*, Vol. 42, No. 3, 2006, pp. 300 – 329.

[109] Grossman S. J. and Hart O. D. , The Costs and Benefits of Owner-ship: A Theory of Vertical and Lateral Integration. *Journal of Political Economy*, Vol. 94, No. 4, 1986, pp. 691 – 719.

[110] Gunderson L. H. and Holling C. S. , Resilience and Adaptive Cycles. Gunderson L. H. and Holling C. S. , *Panarchy-Understanding Transformations in Human and Natural Systems*. Washington: Island Press, 2002, pp. 25 – 62.

[111] Gu Y. , Mao C. X. and Tian X. , Banks' Interventions and Firms' Innovation: Evidence from Debt Covenant Violations. *Journal of Law and Economics*, Vol. 60, No. 4, 2017, pp. 637 – 671.

[112] Hamel G. and Välikangas L. , The Quest for Resilience. *Harvard Business Review*, Vol. 81, No. 9, 2003, pp. 52 – 63.

[113] Hart O. and Moore J. , Debt and Seniority: An Analysis of the Role of Hard Claims in Constrain in Management. *The American Economic Review*, Vol. 85, No. 3, 1995, pp. 567 – 583.

[114] Herbane B. , Exploring Crisis Management in UK Small-and Medi-um-Sized Enterprises. *Journal of Contingencies and Crisis Management*, Vol. 21, 2013, pp. 82 – 95.

[115] Holling C. S. , Engineering Resilience versus Ecological Resili-ence. Schulze P. C. , *Engineering within Ecological Constraints*. Washington: National Academy Press, 1996, pp. 31 – 45.

[116] Holling C. S. , Resilience and Stability of Ecological Systems. *Annual Review of Ecology, Evolution, and Systematics*, Vol. 4, No. 1, 1973, pp. 1 – 23.

[117] Holling C. S. , Understanding the Complexity of Economic, Ecolog-ical, and Social Systems. *Ecosystems*, Vol. 4, No. 5, 2001, pp. 390 – 405.

[118] Ignatiadis I. and Nandhakumar J. , The Impact of Enterprise Sys-tems on Organizational Resilience. *Journal of Information Technology*, Vol. 22, No. 1, 2007, pp. 36 – 43.

[119] Ingrisch J. and Bahn M. , Towards a Comparable Quantification of Re-

silience. *Trends in Ecology & Evolution*, Vol. 33, No. 4, 2018, pp. 251–259.

[120] Ismail H. S., Poolton J. and Sharifi H., The Role of Agile Strategic Capabilities in Achieving Resilience in Manufacturing-Based Small Companies. *International Journal of Production Research*, Vol. 49, 2011, pp. 5469–5487.

[121] Jensen M. C., Agency Cost of Free Cash Flow, Corporate Finance, and Takeovers. *American Economic Review*, Vol. 76, No. 2, 1986, pp. 323–329.

[122] Jensen M. C. and Meckling W. H., Theory of the Firm: Managerial Behavior, Agency Costs and Ownership Structure. *Journal of Financial Economics*, Vol. 3, No. 4, 1976, pp. 305–360.

[123] Kendra J. M. and Tricia W., Elements of Resilience after the World Trade Center Disaster: Reconstituting New York City's Emergency Operations Center. *Disasters*, Vol. 27, No. 1, 2003, pp. 7–53.

[124] Kiuchi T. and Shireman B., Metrics for Business in the New Economy: An Economic Change of Seasons Creates Demands for New Business Metrics. *Environment Quality Management*, Vol. 9, 1999, pp. 79–90.

[125] Lampel J., Bhalla A. and Jha P. P., Does Governance Confer Organisational Resilience? Evidence from UK Employee Owned Businesses. *European Management Journal*, Vol. 32, No. 1, 2014, pp. 66–72.

[126] La Porta R. F. and Andrei S., Investor Protection and Corporate Governance. *Journal of Financial Economics*, Vol. 58, 2000, pp. 3–37.

[127] Leland H. E. and David H. P., Information Asymmetries, Financial Structure, and Financial Intermediation. *The Journal of Finance*, Vol. 32, 1977, pp. 371–387.

[128] Lengnick-Hall C. A., Beck T. E. and Lengnick-Hall M. L., Developing a Capacity for Organizational Resilience through Strategic Human Resource Management. *Human Resource Management Review*, Vol. 21, No. 3, 2011, pp. 243–255.

[129] Levine R., Lin C. and Xie W., Corporate Resilience to Banking Crises: The Roles of Trust and Trade Credit. *Journal of Financial and Quantitative Analysis*, Vol. 53, No. 4, 2018, pp. 1441–1477.

[130] Limnios E. A. M., Mazzarol T., Ghadouani A. and Schilizzi S. G. M., The Resilience Architecture Framework: Four Organizational Archetypes. *European Management Journal*, Vol. 32, No. 1, 2014, pp. 104 – 116.

[131] Linnenluecke M. K. and Griffiths A., Beyond Adaptation: Resilience for Business in Light of Climate Change and Weather Extremes. *Business & Society*, Vol. 49, No. 3, 2010, pp. 477 – 511.

[132] Linnenluecke M. K., Griffiths A. and Winn M., Extreme Weather Events and the Critical Importance of Anticipatory Adaptation and Organizational Resilience in Responding to Impacts. *Business Strategy and the Environment*, Vol. 21, No. 1, 2012, pp. 17 – 32.

[133] Lloyd R. M., Financial Covenants in Commercial Loan Documentation: Uses and Limitations. *Tennessee Law Review*, Vol. 58, No. 3, 1990, pp. 335 – 366.

[134] Marcus A. A. and Nichols M. L., On the Edge: Heeding the Warnings of Unusual Events. Organization Science, Vol. 10, 1999, pp. 482 – 499.

[135] Markman G. M. and Venzin M., Resilience: Lessons from Banks that Have Braved the Economic Crisis and from Those that Have Not. *International Business Review*, Vol. 23, No. 6, 2014, pp. 1096 – 1107.

[136] Marwa S. M. and Milner C. D., Underwriting Corporate Resilience via Creativity: The Pliability Model. *Total Quality Management Business*, Vol. 23, 2013, pp. 835 – 846.

[137] Mcdonald N., Organizational Resilience and Industrial Risk. Hollnagel E., Woods D. D. and Leveson N., *Resilience Engineering: Concepts and Precepts*. Surrey: Ashgate Publishing, 2006, pp. 155 – 181.

[138] Mcmanus S., Seville E., Vargo J. and Brunsdon D., Facilitated Process for Improving Organizational Resilience. *Natural Hazards Review*, Vol. 9, No. 2, 2008, pp. 81 – 90.

[139] Mistry J., Sarkis J. and Dhavale D. G., Multi-Criteria Analysis Using Latent Class Cluster Ranking: An Investigation into Corporate Resiliency. *International Journal of Production Economics*, Vol. 148, No. 1, 2014, pp. 1 – 13.

［140］Molina-Azorń J. F. , Microfoundations of Strategic Management: Toward Micro-Macro Research in the Resource-based Theory. *Business Research Quarterly*, Vol. 17, No. 2, 2014, pp. 102 – 114.

［141］Nini G. , Smith D. C. and Sufi A. , Creditor Control Rights and Firm Investment Policy. *Journal of Financial Economics*, Vol. 92, No. 3, 2009, pp. 400 – 420.

［142］Nini G. , Smith D. C. and Sufi A. , Creditor Control Rights, Corporate Governance, and Firm Value. *The Review of Financial Studies*, Vol. 25, No. 6, 2012, pp. 1713 – 1761.

［143］O'Hara S. , Murphy L. and Reeve S. , Action Learning as Leverage for Strategic Transformation: A Case Study Reflection. *Strategic Change*, Vol. 16, 2007, pp. 177 – 190.

［144］Omidvar M. , Mazloumi A. , Mohammad F. I. and Nirumand F. , Development of a Framework for Resilience Measurement: Suggestion of Fuzzy Resilience Grade (RG) and Fuzzy Resilience Early Warning Grade (REWG) . *Work*, Vol. 56, No. 3, 2017, pp. 463 – 474.

［145］Ortiz-de-Mandojana N. and Bansal P. , The Long-Term Benefits of Organizational Resilience through Sustainable Business Practices. *Strategic Management Journal*, Vol. 37, No. 8, 2016, pp. 1615 – 1631.

［146］Pal R. , Torstensson H. and Mattila H. , Antecedents of Organizational Resilience in Economic Crises——An Empirical Study of Swedish Textile and Clothing SMEs. *International Journal of Production Economics*, Vol. 147, No. 1, 2014, pp. 410 – 428.

［147］Pellissier R. , The Implementation of Resilience Engineering to Enhance Organizational Innovation in a Complex Environment. *Global Management Journal*, Vol. 6, No. 1, 2011, pp. 145 – 164.

［148］Ponomarov S. Y. and Holcomb M. C. , Understanding the Concept of Supply Chain Resilience. *International Journal of Logistics Management*, Vol. 20, No. 1, 2009, pp. 124 – 143.

［149］Richtnér A. and Löfsten H. , Managing in Turbulence: How the Capacity for Resilience Influences Creativity. *R&D Management*, Vol. 44, No. 2, 2014, pp. 137 – 151.

[150] Seville E., Brunsdon D., Dantas A., Masurier J. L., Wilkinson S. and Vargo J., Organisational Resilience: Researching the Reality of New Zealand Organisations. *Journal of Business Continuity Emergency Planning*, Vol. 2, No. 2, 2007, pp. 258 – 266.

[151] Somers S., Measuring Resilience Potential: An Adaptive Strategy for Organizational Crisis Planning. *Journal of Contingencies and Crisis Management*, Vol. 17, 2009, pp. 12 – 23.

[152] Sullivan-Taylor B. and Branicki L., Creating Resilient SMEs: Why One Size Might Not Fit All. *International Journal of Production Research*, Vol. 49, No. 18, 2011, pp. 5565 – 5579.

[153] Sutcliffe K. M. and Vogus T. J., Organizing for Resilience. Cameron K. S., Dutton J. E. and Quinn R. E., *Positive Organizational Scholarship: Foundations of a New Discipline*. San Francisco: Berrett-Koehler, 2003, pp. 94 – 110.

[154] Townsend R., Optimal Contrasts and Competitive Markets with Costly State Verification. *Journal of Economic Theory*, Vol. 21, No. 2, 1979, pp. 265 – 293.

[155] Walker B. F., Carpenter S., Anderies J. M., Abel N., Cumming G., Janssen M. H. M., Lebel L., Norberg J., Peterson G. D. and Pritchard R., Resilience Management in Social – Ecological Systems: A Working Hypothesis for a Participatory Approach. *Ecology and Society*, Vol. 6, No. 1, 2002, pp. 14 – 31.

[156] Walker B., Gunderson L. H. and Kinzig A., A Handful of Heuristics and Some Propositions for Understanding Resilience in Social – Ecological Systems. *Ecology and Society*, Vol. 11, No. 1, 2006, pp. 709 – 723.

[157] Weick K. E. and Roberts K. H., Collective Mind in Organizations: Heedful Interrelating on Flight Decks. *Administrative Science Quarterly*, Vol. 38, No. 3, 1993, pp. 357 – 381.

［158］Whiteman G. and Cooper W. H. , Ecological Sensemaking. *Academy Management Journal*, Vol. 54, 2011, pp. 889 –911.

［159］Whitman Z. R. , Kachali H. , Roger D. , et al. , Short – form Version of the Benchmark Resilience Tool（Brt – 53）. *Measuring Business Excellence*, Vol. 17, No. 3, 2013, pp. 3 – 14.

［160］Wildavsky A. B. , Searching for Safety. *Journal of Risk and Insurance*, Vol. 57, No. 3, 1988, P. 564.

［161］Williamson O. E. , Corporate Finance and Corporate Governance. *The Journal of Finance*, Vol. 43, No. 3, 1988, pp. 567 –591.

［162］Williams T. A. , Gruber D. A. , Sutcliffe K. M. , et al. , Organizational Response to Adversity: Fusing Crisis Management and Resilience Research Streams. *Academy of Management Annals*, Vol. 11, No. 2, 2017, pp. 733 – 769.

［163］Winn M. , Kirchgeorg M. , Griffiths A. , et al. , Impacts from Climate Change on Organizations: A Conceptual Foundation. *Business Strategy and the Environment*, Vol. 20, No. 3, 2011, pp. 157 – 173.

［164］Zsidisin G. A. , Wagner S. M. , Do Perceptions become Reality? The Moderating Role of Supply Chain Resiliency on Disruption Occurrence. *Journal of Business Logistics*, Vol. 31, No. 2, 2011, pp. 1 – 20.